Josef Giebel
Morgen im Brennpunkt

Josef Giebel

Morgen im Brennpunkt – Prophezeiungen und Prognosen

Ariston Verlag · Genf

Andere Werke aus unserem Verlagsprogramm
finden Sie am Schluß dieses Buches verzeichnet.

CIP-Kurztitelaufnahme der Deutschen Bibliothek

GIEBEL, JOSEF:
Morgen im Brennpunkt: Prophezeiungen u. Prognosen/Josef
Giebel. – Genf: Aristion Verlag, 1986.
(Ariston-Paperback)
ISBN 3-7205-1368-8

Gestaltung des Einbandes:
Werbeatelier Jürgen Richter

Printed in Austria Mai 1986

ISBN 3-7205-1368-8

Inhaltsverzeichnis

1 Einleitung

Wenn ein Autor und mit ihm sein Verlag es unternehmen, ein Buch über *Prophezeiungen im Spiegel wissenschaftlicher Fakten und Prognosen* – die das Schicksal der Erde und von uns Menschen zum Inhalt haben – dem Publikum vorzustellen, erscheint es angebracht, den Leser über die Person des Verfassers nicht im unklaren zu lassen. Dem dient dieses Vorwort.

Der Verfasser ist Geophysiker, der im Umweltschutz tätig ist. Von der Ausbildung und beruflichen Erfahrung her ist er daher wissenschaftliches Arbeiten gewohnt. Andererseits ist er aber aufgrund seiner persönlichen Erfahrung von Jugend an auch mit den Phänomenen der außersinnlichen Wahrnehmung (ASW) vertraut.

Als Geophysiker kennt er die Fakten, die die Wissenschaft über die Erde, über Eiszeiten, Erdbeben, Vulkanismus usw. zusammengetragen hat, ist er gewohnt, in größeren Zusammenhängen und Wandlungen zu denken. Der Blick in einen Steinbruch, in übereinanderlagernde, emporgefaltete Schichten der Erdkruste, die sich am Boden vergangener Meere abgelagert haben, ist gleichzeitig ein Blick in die erdgeschichtlichen Vorgänge des Emporfaltens und Abtragens von Gebirgen und Überschwemmungen durch die Meere. Versteinerungen lassen die Evolution des Lebens auf der Erde lebendig werden. Ascheschichten aus Vulkanausbrüchen, von Gletschern zerkratzte Felsen und Meteoritenkrater erinnern an die Katastrophen der Vergangenheit und verweisen zugleich auf jene, die dieses Leben bedrohen.

Aufgrund der Tätigkeit des Verfassers im Umweltschutz wurde seine Aufmerksamkeit aber auch auf die Gefahren gelenkt, die dem »Raumschiff Erde« und seiner Besatzung infolge der Aktivitäten des Menschen selbst drohen. Er hatte sich mit den Prognosen und Katastrophenwarnungen zu befassen, die aufgrund zunehmender Umweltverschmutzung, Erschöpfung der Rohstoff- und Energiequellen und anderer bedrohlicher Entwicklungen im Umlauf sind. Dabei wurde ihm klar, wie unsicher diese Voraussagen vielfach sind. Die wirksamen Faktoren, ihre Verflechtungen und Rückkopplungen können nur zum Teil erfaßt werden, und über die Auswirkungen gehen die Annahmen der Fachleute bisweilen weit auseinander.

Auf der Suche nach Kriterien zur Beantwortung der Frage, welchen der einander widersprechenden Prognosen die größere Wahrscheinlichkeit zukommt, besann sich der Verfasser auf eine Informationsquelle, von der man zwar nicht weiß, wie sie funktioniert, wohl aber, daß sie funktioniert und aufschlußreiche Einblicke in zukünftiges Geschehen zu liefern vermag. Diese Informationsquelle ist die Präkognition (Vorauswissen, Zukunftsschau), also die außersinnliche Wahrnehmung zukünftiger Ereignisse (ASW in die Zukunft).

Der Verfasser war von Kind an mit außersinnlichen Wahrnehmungen konfrontiert. Sein Vater besaß eine auffallende paranormale Begabung, die während des Zweiten Weltkrieges und in der anschließenden entbehrungsreichen Gefangenschaft zum Durchbruch kam. Danach haben ihn dann mehr als dreißig Jahre lang jeden Tag Menschen aufgesucht und ihm alle möglichen Fragen gestellt. Lange Zeit hat er sich gegen die Rolle eines Sehers oder »Wahrsagers« gewehrt und viele der Ratsuchenden zurückgeschickt. Aber die Hartnäckigen gingen einfach nicht weg, so daß er ihnen schließlich seine Eindrücke schilderte, nur um die Bittsteller wieder loszuwerden. Nach und nach hat er dann seine Seherrolle akzeptiert und war sogar stolz auf seine Erfolge und vielfach auch fasziniert und tief beeindruckt von seinen Gesichten. Eine seiner bekanntgewordenen Vorhersagen betraf die Ermordung von John F. Kennedy einige Monate vor dem Attentat. Erregt sprach er zum Zeitpunkt des Attentates schon von den weiteren Morden, die das Attentat nach sich ziehen würde.

Da die Präkognition unserem naturwissenschaftlich etablierten Weltverständnis widerspricht, hat der Verfasser zunächst versucht, in die Zukunft hineinreichende paranormale Wahrnehmungen mit Hilfe näherliegender Faktoren wie dem Kombinationsvermögen des menschlichen Gehirns oder mit Erwartungshaltung oder auch Erfüllungszwang usw. zu erklären. Doch dem widersprachen einfach zahlreiche Fälle außersinnlicher Wahrnehmungen, und zwar eben präkognitiven Vorauswissens, von denen er als Zeuge genau wußte, wie sie sich zugetragen hatten. Sie zeigten ihm, daß solche näherliegende Erklärungsmöglichkeiten ausgeschlossen waren.

Es blieb nur der Schluß, daß es die Präkognition als echtes paranormales Phänomen gibt, und weiter auch, daß es möglich ist, aufgrund außersinnlicher Wahrnehmung drohende Gefahren zu erkennen und Unheil abzuwenden.

In dem vorliegenden Buch werden die Zukunftsprognosen der Wissenschaftler den Vorhersagen bewährter Seher gegenübergestellt, die über längere Zeit hinweg Welt- und Menschenschicksal verkündet haben. Ziel dieser Gegenüberstellung ist es zu erkennen, welchen der von den Wissenschaftlern entworfenen Prognosen und Szenarien die größere Wahrscheinlichkeit zukommt. Bei der Auswahl und Interpretation der durch außersinnliche Wahrnehmung gewonnenen Vorhersagen war sich der Verfasser der vielen Fehlermöglichkeiten – die schließlich von der Parapsychologie selbst aufgezeigt und herausgestellt wurden – voll bewußt.

Das Ergebnis der Vergleiche ist jedoch in vielen Fällen überraschend. Gar nicht so selten ergibt sich nämlich eine verblüffende Übereinstimmung zwischen den Prognosen der Wissenschaftler und der Zukunftsschau der Sensitiven, die ihr Wissen aus einer ganz anderen, nämlich seelisch-geistigen Quelle beziehen.

Der Verfasser glaubt mit dieser Verknüpfung von wissenschaftlicher und paranormaler Zukunftsschau, trotz aller Vorbehalte, ein Tor aufgestoßen zu haben, das die Menschheit auf einen neuen Weg führen könnte, ihre Zukunftsprobleme besser zu bewältigen.

2
Gibt es Prophezeiungen, die Kollektivschicksale zum Inhalt haben?

Dieses Buch befaßt sich im besonderen mit Prophezeiungen, die irdisches Welt- und Menschenschicksal vorwegnehmen. Sie überbrücken vielfach längere Zeiträume und enthalten Aussagen, die Kollektivschicksale, also das Schicksal größerer Menschengruppen, betreffen. Meist reichen Zukunftsprognosen – sofern sie überhaupt den Wert echter außersinnlicher Wahrnehmung haben – nicht weit in die Zukunft hinein und betreffen auch nur das Schicksal einzelner Menschen. Naturgemäß kommen Prophezeiungen, aus denen Kollektivschicksale erschlossen werden können, nicht so häufig vor wie Erlebnisse außersinnlicher Wahrnehmung, die »bloß« die Zukunft einzelner Menschen betreffen.

Das Phänomen der außersinnlichen Wahrnehmung (ASW)

Zunächst gilt es noch klarzustellen, was unter der außersinnlichen Wahrnehmung (ASW) – geläufiger unter der Bezeichnung Telepathie und Hellsehen – zu verstehen ist: Es handelt sich um Informationsempfang ohne Mitwirkung der Sinnesorgane über die Schranken der Zeit und des Raumes hinweg. ASW in die Vergangenheit nennt man Retrokognition, ASW in die Zukunft Präkognition. Von allen paranormalen Phänomenen ist jenes der außersinnlichen Wahrnehmung am besten gesichert. Die Parapsychologen haben deren Echtheit in zahlreichen streng kontrollierten Laborexperimenten bewiesen.

Ein Großteil der Menschen »glaubt« an Telepathie und Hellsehen, allerdings weniger, weil die Parapsychologen die Echtheit der ASW dem Phänomen nach nachgewiesen haben, vielmehr, weil die Menschen selber entsprechende Erfahrungen gemacht haben, und zwar gewöhnlich in Grenzsituationen des Lebens wie in Unglücks- oder Todesfällen und dergleichen mehr. ASW gelangt dabei gewöhnlich als Traumerlebnis oder als Ahnung ins Bewußtsein. Darüber hinaus gibt es eine ganze Reihe anderer Möglichkeiten, in der sich ASW-Erlebnisse äußern, etwa als akustische Eindrücke (Stimmen) oder optisch als Visionen, ferner als Handlungsantriebe, spontanes Wissen, vorhergefühlter körperlicher Schmerz u. a. m.

In der Zukunft liegende Ereignisse vorherzusehen, die ganz vom »Zufall« abhängen und beim besten Willen nicht auf rationale Weise erschlossen werden können, das geht dem sogenannten »gesunden Menschenverstand« wider den Strich. So sehr scheint die Möglichkeit des Vorauswissens außerhalb von dem zu liegen, was wir sonst über die Welt zu wissen glauben, daß gewöhnlich nur diejenigen Menschen das Phänomen akzeptieren, die selber wiederholt eindeutige, nicht wegzudiskutierende präkognitive Erlebnisse und somit Erkenntnisse gehabt haben, deren Vorhersehbarkeit oder Zufälligkeit ausgeschlossen war. Die Anzahl dieser Menschen ist gleichwohl relativ groß. Sie wissen, daß es Präkognition gibt, daß sie zur »Ausstattung« unserer Welt gehört, auch wenn sie noch so sehr jenseits des scheinbar Bekannten und Vertrauten zu liegen scheint und es bisher an einer gültigen Erklärung des Phänomens mangelt. Präkognition gibt es, weil die Erfahrung das zeigt. Die Erfahrung ist maßgebend. Theorien sind demgegenüber zweitrangig.

Darüber hinaus ist die Präkognition nur scheinbar unverständlicher als viele andere Tatsächlichkeiten unserer Welt. Unser vermeintlich so sicheres Verständnis der sogenannten materiellen Natur ist nur Oberflächenkenntnis. Die Natur manipulieren zu können – wie wir das ja tun – heißt noch lange nicht, sie wirklich zu verstehen. Wir verstehen weder zu erklären, wie ein Magnet es fertigbringt, den Raum zu überbrücken und einen Nagel zu sich heranzuziehen, noch verstehen wir den Mechanismus, aufgrund dessen ein Apfel zur Erde fällt. NEWTON hat »nur« herausgefunden, auf welche Weise die auf einen Apfel wirkende Kraft mit der Masse der

Erde und der des Apfels zusammenhängt und daß die Schwerkraft die gleiche Kraft ist, die auch die Planeten auf ihre Bahn um die Sonne zwingt. Informationsempfang aufgrund außersinnlicher Wahrnehmung, welche auf unbekannte Weise nicht nur den Raum, sondern auch die Zeit zu überbrücken vermag, entzieht sich also gar nicht um so viel mehr dem menschlichen Verständnis, als es zunächst scheinen mag. Man kann die Präkognition sogar mit relativ Bekanntem in Verbindung bringen, nämlich mit dem Kausalgesetz. Dieses Gesetz besagt, daß alles, was geschieht, etwas als seine Ursache voraussetzt, woraus es dann als deren Wirkung folgt. Auch jede Entscheidung und Handlung folgt danach aus einer Ursachenkette, deren Anfang letztlich außerhalb des Menschen liegt.

Die allgemeine Gültigkeit des Kausalgesetzes würde es erlauben, aus der Kenntnis der gegenwärtigen Zustände der Welt die Zustände der Welt zu jeder zukünftigen Zeit zu bestimmen – vorausgesetzt, daß die Gesetze, die das Geschehen in kausaler Weise beschreiben, bekannt sind. Menschen sind natürlich hierzu nicht in der Lage. Es würde ein sehr effektives Universalbewußtsein benötigt, das diese Gesetze sowie die gegenwärtigen Zustände der Welt kennt und aus ihnen die zukünftigen »berechnet«. Das von C. G. JUNG beschriebene kollektive Unbewußte wäre unzureichend und hierzu nicht »mächtig« genug. Man wird dieses Bewußtsein eher schon Gott zuordnen müssen; nicht zufällig sind ja auch viele Völker davon überzeugt, daß Weissagungen von Gott kommen.

In die Zukunft sehen heißt nun, die entsprechenden Informationen von diesem Universalbewußtsein auf irgendeine Weise zu erhalten. Wie das geschieht, das eben können wir bisher nicht erklären.

Das Phänomen der Psychometrie – eine ASW-Leistung anhand eines Gegenstandes – zeigt jedoch, daß Bewußtseinsinhalte außer im Gedächtnis der Lebewesen und in materiellen Hilfsmitteln wie Schrifttum, Computern usw. sozusagen auch noch von der »Welt« selbst gespeichert werden. Man hält den Gegenstand in der Hand, entspannt sich, und wenn man sensitiv genug ist, erhält man Eindrücke von dem, was sich in der Umgebung des Gegenstandes ereignet hat. Emotional besetzte Erlebnisse kommen dabei am leichtesten durch. Die Inder haben aufgrund entsprechender Erfahrungen den Begriff der Akasha-Chronik postuliert, eines Universalbewußtseins, das die gegenwärtigen Zustände der Welt kennt. Die Idee des Universalbewußtseins ist also uralt, wenngleich nur eine Hypothese.

Bezeugte Beispiele aus der Gegenwart und Geschichte

So sehr die Welt- und Menschenschicksal vorhersagende Prophezeiungen faszinieren, so schlecht ist andererseits ihr Ruf: Die Ereignisse, die für bestimmte Zeitpunkte angekündigt werden, treffen nur höchst selten ein. Wenn sich einmal eine Prophezeiung erfüllt, wird viel Aufhebens davon gemacht – die anderen werden vergessen. Viele einschneidende Ereignisse sind zudem anscheinend nie vorhergesagt worden. Und dann gibt es noch die zwei- und mehrdeutigen Prophezeiungen, die, ähnlich wie das berühmte Orakel von Delphi, verschiedene Deutungsmöglichkeiten zulassen. Und schließlich werden auch Zweckprophezeiungen in Umlauf gesetzt, die bestimmte Ziele durchzusetzen helfen.

Das ist alles richtig, und dennoch wäre es falsch, Prophezeiungen in Bausch und Bogen zu verdammen, wie eine ganze Reihe von Fallbeispielen zeigt. Dem Fall Aberfan kann man zum Beispiel entnehmen, daß nicht kalkulierbare, viele Menschen betreffende Katastrophen auf paranormalem Wege vorhergesehen wurden.

In Aberfan, einem Bergarbeiterdorf in Wales, fanden 1966 128 Kinder und 16 Erwachsene den Tod bei einem Haldenrutsch. Der englische Psychologe J. C. Barker suchte daraufhin durch einen Aufruf in der Presse nach Personen, die Ahnungen oder Wahrträume im Hinblick auf das Unglück gehabt hatten. Von 76 Zuschriften aus allen Gebieten Englands wurden 60 gründlich recherchiert, und in 24 Fällen konnte durch Zeugen dokumentiert werden, daß die Empfänger der ASW-Information vor dem Unglückstag anderen Personen von ihren präkognitiven Erlebnissen berichtet hatten. Das Alter der Betreffenden lag zwischen 10 und 75

Jahren. Meist handelte es sich um Träume mit schreienden Kindern, schwarzen Massen, walisischer Landschaft u. a. Zum Teil waren die paranormalen Eindrücke auch symbolisch verschlüsselt. Weitere Umfragen steigerten die Zahl der Personen mit präkognitiven Eindrücken von dem Unglück auf über 200 [Lit. 1].*

Auch die folgende Prophezeiung eines Lappenstammes, über die der Schriftsteller Robert Crottet berichtet hat, legt nahe, daß Kollektivschicksal vorhergesehen werden kann. Crottet verbrachte einen Teil seiner Jugend in Finnland und schrieb Bücher über die Lappen. Am meisten beeindruckte ihn, wie er schreibt, die hohe Begabung an Telepathie und der Fähigkeit des Zweiten Gesichtes bei diesem urtümlichen Volk. Im Vorwort zu seinem Buch *Verzauberte Wälder,* in dem er Geschichten und Legenden aus Lappland zusammengestellt hat, berichtet er von einer Prophezeiung der Lappen, die sich einige Jahre später erfüllte [Lit. 2]:

»Im Jahre 1938, zur Zeit der Münchener Konferenz, haben die Skolten, die nichts von Politik wissen, merkwürdige Zeichen im Mond und auf dem Fell der Rentiere bemerkt«, schreibt er. »›Das bedeutet Krieg‹, sagten sie, ›und unser Land wird vernichtet.‹«

1946 erhielt er dann einen Brief aus Helsinki: Ein Freund schrieb ihm: »Die Skolten haben alles verloren, ihre Hütten, ihr Land, ihre Rentiere. Petsamo gehört nun zu Rußland. Viele sind verhungert oder vor Kälte gestorben. Die Überlebenden werden von einem Ort zum anderen ›evakuiert‹. Sie hausen in Baracken, die die deutschen Soldaten verlassen haben. Die finnische Regierung kann nur wenig für sie tun.«

Crottet rief daraufhin in England und Schweden zu Spenden auf. Von dem Geld wurden Hütten auf dem Land gebaut, das den Überlebenden zugewiesen wurde. Durch seinen Hilferuf sei dann eine weitere Prophezeiung der Lappen in Erfüllung gegangen, nach der sein Schicksal mit dem der Skolten verbunden bleiben solle, gleichgültig, was geschehe.

---

* Die Literaturhinweise beziehen sich auf das Literaturverzeichnis, das Sie am Schluß dieses Buches finden.

Auch eine Reihe der Vorhersagen des französischen Pestarztes Michel Nostradamus (1503 – 1566) zeigt, daß Visionen weit in die Zukunft hineinreichen und daß sie Kollektivschicksal enthüllen können. Berühmt geworden ist Nostradamus durch die folgende Prophezeiung, die noch zu seinen Lebzeiten eintraf (Quatrain 1, 35) [Lit. 3]:

»Der junge Löwe wird den alten überwinden. Auf dem Kampfplatz in einem Einzelturnier. In einem goldenen Käfig [Rüstung] wird er ihm die Augen auskratzen. Von den beiden Kampfklassen ist es die eine, die ein grausames Sterben nach sich zieht.«

In diesem Quatrain wurde von Nostradamus das Ende Heinrichs II. von Frankreich vorhergesagt. Der König, von Nostradamus der »alte Löwe« genannt (er trug gelegentlich einen Löwen als Wappen), wurde 1559 versehentlich von dem Hauptmann seiner Leibwache bei einem Einzelturnier tödlich verletzt. Ein Splitter der hölzernen Lanze des Grafen durchbohrte den Helm des Königs, der in seiner goldenen Rüstung (»Käfig«) kämpfte, zerstörte sein rechtes Auge und drang ihm ins Gehirn. Der König lag dann noch zehn Tage lang in Agonie, bevor er starb.

Die Vorhersage wurde vier Jahre vorher in der ersten Teilausgabe der *Centurien* veröffentlicht. Nostradamus hatte den König bei einer Audienz in Paris zudem vor einem Turnier gewarnt, da seine Augen gefährdet seien.

Die folgende Prophezeiung ist ein Beispiel dafür, daß Nostradamus allem Anschein nach auch Ereignisse unserer Zeit vorhergesehen hat (Quatrain, 1, 64) [Lit. 3]:

»Man wird glauben, daß nachts die Sonne scheint, wenn man das Schwein in halb menschlicher Gestalt entdeckt. Schlachtenlärm und Gesang, am Himmel wird man kämpfen sehen, und wilde Tiere wird man brüllen hören.«

In dieser Vision hat Nostradamus offenbar eine der Materialschlachten unseres Jahrhunderts wahrgenommen. Leuchtmunition macht die Nacht zum Tage, während Sturmtruppen angreifen und am Himmel Luftkämpfe stattfinden. Das »Schwein in halb menschlicher Gestalt«, das könnten Piloten mit Sauerstoffmasken sein, die mit ihren Flugzeugen in den Kampf am Boden eingreifen, bzw. vorwärtsstürmende

Soldaten in Gasmasken, die sich selber »Frontschwein« nannten und im Ersten Weltkrieg auch noch mit Gesang in die Schlacht zogen. Der Vorderteil dieser Sauerstoff- bzw. Gasmasken erinnert stark an den Rüssel eines Schweins. Im »Brüllen der wilden Tiere« ist der Lärm der explodierenden Bomben und Granaten zu erkennen.

Die symbolische Verschlüsselung dieser Prophezeiungen ist ein Merkmal, das häufig hellseherischen Gesichten anhaftet, insbesondere wenn Kollektivschicksale vorhergesehen werden. Sogar ein angeblich so nüchterner Mann wie FÜRST VON BISMARCK, erster Kanzler des Deutschen Reiches, hat sich nach seinem eigenen Zeugnis auf innere Erfahrungen berufen, die wir heutzutage als ASW-Erlebnisse erkennen müssen.

Nachdem Bismarck von einem Wahrtraum erfuhr, den Kaiser Wilhelm I. gehabt hatte, schrieb er 1881 an den Kaiser [Lit. 4]:

»Euer Majestät Mitteilung ermutigt mich zur Erzählung eines Traumes, den ich im Frühjahr 1863 in den schwersten Konflikttagen hatte, aus denen ein menschliches Auge keinen gangbaren Ausweg sah. Mir träumte, und ich erzählte es sofort am Morgen meiner Frau und anderen Zeugen, daß ich auf einem schmalen Alpenpfad ritt, rechts Abgrund, links Felsen; der Pfad wurde schmaler, so daß das Pferd sich weigerte, und Umkehr und Absetzen waren wegen Mangels an Platz unmöglich; da schlug ich mit meiner Gerte in der linken Hand gegen die glatte Felswand und rief Gott an; die Gerte wurde unendlich lang, die Felswand stürzte wie eine Kulisse und eröffnete einen breiten Weg mit dem Blick auf Hügel und Waldland wie in Böhmen und preußische Truppen mit Fahnen, und in mir noch im Traume der Gedanke, wie ich das schleunigst Euer Majestät melden könnte. Dieser Traum erfüllte sich, und ich erwachte froh und gestärkt aus ihm.«

Der Traum zeigte an, daß Bismarck eine (oder mehrere) politische Zwangslagen, in die Preußen gerät, mit kriegerischen Mitteln lösen wird. In dem folgenden Jahrzehnt führte Bismarck drei Kriege, alle aus einer gewissen politischen Zwangslage heraus. Danach sorgte er zwanzig Jahre lang für Frieden in Europa. Jeder dieser Kriege endete mit einem Sieg und Machtzuwachs für Preußen. Der erste, der noch im gleichen Jahr stattfand, war der Feldzug gegen Dänemark um die Provinzen Schleswig und Holstein, der letzte der Deutsch-Französische Krieg 1870/71, der zur Gründung des Deutschen Reiches führte.

Da Bismarck von Hügeln und Waldland ähnlich wie in Böhmen sprach, könnte der Traum insbesondere die Auseinandersetzungen mit Österreich drei Jahre später vorweggenommen haben. Es ging um die Vormachtstellung in Deutschland. Da Österreich als die stärkere Macht galt, wurde ein langer Krieg erwartet, der dann jedoch mit dem Einmarsch der preußischen Armeen in Böhmen und dem Sieg bei Königgrätz relativ rasch zugunsten Preußens entschieden wurde.

Das zukünftige Geschehen spiegelte sich in Bismarcks Gesicht wiederum nur verschlüsselt und bruchstückartig, dennoch gab dieser Traum einen Hinweis darauf, in welcher Richtung die Geschichte vorwärtsschritt.

HERODOT (um 490 – 430 v. Chr.), der altgriechische »Vater der Geschichtsschreibung«, hat die mündliche Überlieferung von über zwei Jahrhunderten gesammelt und in den neun Büchern seiner *Historien* aufgezeichnet. In der von ihm überlieferten Geschichte spielen Weissagungen eine große Rolle. Darunter sind auch solche, bei denen aus individuellem Schicksal Kollektivschicksal erschlossen werden kann. Von Astyages, dem König der Meder, die zu dieser Zeit die Lehensherren der Perser waren, hat Herodot die im folgenden beschriebenen Wahrträume überliefert, die, symbolisch verschlüsselt, ankündigen, wie der Perserkönig Kyros die Herrschaft über Vorderasien gewinnen wird. Herodot schreibt [Lit. 5]:

»Es übernahm Astyages, der Sohn des Kyaxares, die Herrschaft. Ihm wurde eine Tochter geboren, der der Name Mandane gegeben wurde. Von ihr träumte Astyages, sie habe soviel Wasser gelassen, daß sie ihre Stadt überschwemmte, ja auch ganz Asien [Vorderasien] überflutete. Er legte den Traumdeutern unter den Medern das Traumbild vor und erschrak, wie er von ihnen erfuhr, um was es sich in den Einzelheiten wirklich handelte. Hernach gab er diese Mandane, als sie im heiratsfähigen Alter war, keinem von den Medern, die ihm ebenbürtig waren, zur Frau, aus Furcht vor dem Traumgesicht. Er gab sie vielmehr einem Perser, namens Kambyses, den er herausfand als einen Mann aus gutem Hause, der eine ruhige Gemütsart hatte und den er für weit geringer hielt als einen Meder aus mittlerem Herkommen. In dem ersten Jahr der Ehe der Mandane mit Kambyses hatte Astyages ein weiteres Traumgesicht. Es dünkte ihm, aus der Scham dieser seiner Tochter sei ein Weinstock gewachsen und dieser Weinstock reiche über ganz Asien [Vorderasien] hin. Wie er dieses Gesicht den Traumdeutern mitgeteilt hatte, ließ er seine Tochter, die schwanger war, aus Persien kommen. Nach ihrer Ankunft ließ er sie bewachen, da er das Kind, das sie zur Welt bringen sollte, zu beseitigen beabsichtigte. Denn die Traumdeuter hatten ihm aufgrund des Traumgesichts zu verstehen gegeben, daß der Sproß seiner Tochter an seiner Stelle den Thron besteigen werde. Dem wollte also Astyages vorbeugen . . .«

Im folgenden führt Herodot dann aus, wie sich die »Zufälle« so verknüpfen, daß es dem König nicht gelingt, das Kind zu töten und damit das Schicksal abzuwenden. Soweit Herodot.

Die beiden Gesichte des Astyages erfüllen sich. Kyros, wie das Kind genannt wurde, wird zum Herrscher über Vorderasien und führt Persien zur Weltmacht. Zum Mann herangewachsen, vereinigte er zunächst ganz Persien und vollzog dann den Bruch mit dem Lehensherrn der Perser, dem Mederkönig. Er eroberte das medische Ekbatana, marschierte in Lydien ein und unterwarf schließlich das neubabylonische Reich. Kyros war aber nicht nur ein Eroberer, sondern gleichzeitig auch ein bedeutender Herrscher und Mensch, der das Eroberte zu bewahren verstand. Er machte Babylon neben Susa und Ekbatana zur Residenz und gewann die Besiegten, indem er ihren Göttern opferte und ihnen ihre Sprache und Sitte ließ. Er gestattete auch den Juden, nach Palästina zurückzukehren.

Die Herrschaft des Kyros war also, kann man sagen, für die Perser und für andere Völker von Vorteil, was dem Traum von dem Weinstock entsprechen würde, der sich über

Vorderasien ausbreitet. Der Weinstock ist ja, insbesondere in diesen Ländern, von großem Nutzen.

Der jüdische Geschichtsschreiber FLAVIUS JOSEPHUS (um 37 – 100 n. Chr.), der die Belagerung und Vernichtung Jerusalems durch die Römer beschrieben hat, schildert, wie vier Jahre lang vor Beginn des Krieges ein Mann das Schicksal Jerusalems und der Juden unaufhörlich laut beklagte. Er verstummte erst, als er während der ersten Zeit der Belagerung durch einen Stein getötet wurde. Der Krieg führte dann zur Vernichtung eines großen Teils des jüdischen Volkes und zur Zerstreuung der jüdischen Nation in alle Welt [Lit. 6].

Soviel an Beispielen dafür, daß Prophezeiungen Kollektivschicksale enthüllen können. Wenn nun aber echte Prophezeiungen möglich sind, wie kommt es dann, daß die Kritiker auf so viele falsche Vorhersagen verweisen können? Dafür gibt es eine Reihe von Gründen.

Das Problem der »falschen Propheten« und Fehlerquellen

Von so manchen Zeitungen und Zeitschriften werden Vorhersagen veröffentlicht, die keine echten Gesichte darstellen. Viele sind einfach kalkuliert. Auch deuten die Autoren alte Prophezeiungen so um, daß sie gerade in der unmittelbaren Zukunft aktuell erscheinen. Daß dabei dem Original Gewalt angetan wird, kümmert sie nicht. Diese zweifelhaften »Vorhersagen« werden mit echten Prophezeiungen in einen Topf geworfen.

Doch auch im Fall ernstzunehmender Prophezeiungen – also echter ASW-Erlebnisse – ist mit den vielfältigen Fehlermöglichkeiten bei der Deutung paranormaler Eindrücke zu rechnen. Das führt ebenfalls zu Entstellungen. Fehlinterpretationen ergeben sich häufig dadurch, daß Ereignisse, die sich am entgegengesetzten Ende der Welt in der näheren Zukunft oder auch in der Gegenwart abspielen, viel eher wahrgenommen werden als Dinge, die sich im Heimatland oder am Heimatort in einer weiter entfernten Zukunft ereignen werden. Wie Fallstudien zeigten, überwinden ASW-Informationen offensichtlich leichter den Raum als die Zeit.

Die leichtere Überbrückung des Raumes als der Zeit würde allein meist noch keine Fehlinterpretation bewirken, wenn nicht noch die typische Verschlüsselung der paranormalen Eindrücke hinzukäme: In den Visionen stehen nämlich vielfach bekannte Landschaften und Personen für unbekannte ähnliche, und auch der Sensitive selber identifiziert sich häufig mit einem der in seinem ASW-Erlebnis auftretenden Akteure. Er erlebt die paranormale Wahrnehmung so, als ob er in das vorhergesehene Ereignis verwickelt wäre.

Dafür gibt es viele Beispiele. Wenn ein Sensitiver diese Fehlerquelle nicht auszuschalten vermag, so wird er beispielsweise annehmen, daß kriegerische Ereignisse, die er in seiner Vision über bekannte Orte und Personen hereinbrechen sieht, tatsächlich diese Orte und Personen in Mitleidenschaft ziehen werden, und er wird die Katastrophen noch erwarten, nachdem sie sich anderswo in einer ähnlichen Landschaft längst ereignet haben. So hatte der Schwarzwaldbauer ADOLF SCHWÄR, dessen Gesichte wiederholt eintrafen, zwei Wahrträume, denen er entnehmen zu können glaubte, daß sie die Zerstörung einer Stadt im Rheintal ankündigten, und er meinte sogar, daß der Name »Baden-Baden« gefallen sei [Lit. 25]. – Es ist aber sehr gut möglich, daß die in den Träumen gesehene Stadt im Rheintal für einen anderen Ort stand, der sechs bzw. vier Monate nach seinen Träumen völlig zerstört wurde: Dien Bien Phu, die Festung der Franzosen, die von den Vietminh 1954 in Schutt und Asche gelegt wurde, was die Beendigung des Indochinakrieges bedeutete. Der Ort lag ähnlich wie Baden-Baden in einem breiten Talkessel, und diese Verwechslung liegt um so näher, als auch eine Reihe anderer Gesichte des Schwarzwaldbauern sich auf den Indochinakrieg bezog.

Soviel zu dieser Art Fehlermöglichkeiten bei der Interpretation paranormaler Wahrnehmung.

Es gibt auch eine ziemlich plausible Erklärung dafür, daß viele Dinge nicht vorhergesehen werden. Damit, sagen wir, ein paranormaler »Kontakt« mit einem zukünftigen Ereignis zustande kommen kann, muß eine Art Einstimmung auf das Ereignis vorliegen. Ist sie nicht vorhanden, so ist kaum wahrscheinlich, daß jemand einen paranormalen Eindruck von dem Ereignis empfängt.

Namhafte Parapsychologen haben nämlich herausgefunden, daß zwischen der Lebenssituation des Sensitiven zum Zeitpunkt der außersinnlichen Wahrnehmung und dem Ereignis, das wahrgenommen wird, oft ein Zusammenhang besteht. Dabei handelt es sich entweder um eine ähnlich gelagerte Lebensproblematik, oder aber die Verbindung kommt durch zufällige Tageserlebnisse zustande, insbesondere wenn diese im Traum verarbeitet werden.

Bei einer ähnlich gelagerten Lebensproblematik dienen die durch ASW beschafften Informationen zur Darstellung und Bewältigung seelischer Probleme. Bevor der paranormale »Zugriff« erfolgt, treten beim Sensitiven Bewußtseinsinhalte auf, die mit jenen verwandt sind, die auch das spätere Ereignis auslösen werden. Eine wie auch immer zustande gekommene Einstimmung ist daher wahrscheinlich eine notwendige Voraussetzung für die Vorausschau zukünftiger Ereignisse. Wenn – umgekehrt – Ereignisse, auf die niemand eingestimmt ist, nicht vorhergesehen werden, so bedeutet das: Je weiter ein Ereignis vom Erwarteten, Vorstellbaren und Denkbaren entfernt liegt, um so geringer ist die Wahrscheinlichkeit, daß ein Sensitiver damit in paranormalen Kontakt kommt. Es ist deshalb ganz natürlich, daß viele gravierende Ereignisse nicht vorhergesehen werden.

Weitere Fehlinterpretationen ergeben sich aus der symbolischen Verschlüsselung vieler ASW-Informationen, insbesondere der Wahrträume, sowie ihrem fragmentarischen Charakter. Hinzu kommt, daß präkognitive Wahrnehmungen möglicherweise Zukunftsentwürfe darstellen, die eintreffen können, aber nicht müssen. Einige namhafte Parapsychologen nehmen das an.

Des weiteren ist in den seltensten Fällen eine auch nur einigermaßen genaue Zeitbestimmung möglich. Der Sensitive hat meist nur »so ein Gefühl«, daß sich das Vorhergesehene in einer näheren oder weiter entfernten Zukunft ereignen wird. Wenn ein Zeitpunkt angegeben wird, so ist von vornherein schon Skepsis angebracht.

Bei Berücksichtigung der verschiedenen Fehlermöglichkeiten müssen zwar so manche Prophezeiungen verworfen werden, und bei den meisten sinkt der Informationsgehalt.

Der feste Kern, der übrigbleibt, hat dafür aber eine wesentlich größere Wahrscheinlichkeit, sich zu realisieren, und häufig kann man ihm immer noch genügend wertvolle Aussagen entnehmen. Wenn ein Sensitiver zum Beispiel sagt, in einem Wahrtraum habe er kommunistische Truppen in seine Heimatstadt einmarschieren sehen, und sie hätten sein Haus beschlagnahmt, so würde ein Parapsychologe nicht annehmen, daß die Russen in der Bundesrepublik Deutschland einmarschieren. Das könnte natürlich auch verstanden werden, wenn noch andere Umstände darauf hinweisen würden. Ohne solche müßte man aber eher vermuten, daß sich der Sensitive mit einer anderen Person in einem anderen Land identifiziert hat, das in naher Zukunft von kommunistischen Truppen besetzt werden wird. Die ableitbare Aussage wäre hier also »nur«, daß kommunistische Truppen ein anderes Land besetzen werden.

Die zweideutige Antwort, die im Altertum dem König Krösus von dem Orakel in Delphi gegeben wurde, könnte durchaus auf paranormalen Wahrnehmungen beruhen, bei denen sich die ASW-begabten Priesterinnen der Fehlermöglichkeiten bei der Interpretation bewußt waren. Bekanntlich hatte der König die Frage stellen lassen, ob er gegen die Perser zu Felde ziehen solle. Die Antwort, die die oberste Priesterin, die Pythia, gab, lautete: »Wenn Krösus den Hades überschreitet, wird er ein großes Reich zerstören.«

Wenn dem Orakelspruch eine paranormale Wahrnehmung zugrunde lag, so hatte diese nur das Bild einer großen Niederlage ergeben, und es war unklar geblieben, wer der Verlierer sein würde. Krösus glaubte aber, daß er siegen werde, und zog gegen die Perser. Das Reich, das er zerstörte, war sein eigenes. Dem Orakelspruch hätte nur entnommen werden dürfen, daß der Krieg nicht unentschieden, sondern mit einer Niederlage für eine Seite ausgehen werde.

Es gibt viele Beispiele dafür, daß aufgrund paranormaler Wahrnehmungen Entscheidungen getroffen wurden, die ermöglichten, daß die Zukunft günstiger verlief, als sie sonst verlaufen wäre. ASW-Informationen zu nutzen ist selbst dann möglich, wenn das vorhergesehene Ereignis nicht abgewendet werden kann. Von den »großen Prophezeiungen«, das heißt jenen, die Kollektivschicksale zum Inhalte haben, kann man wohl nur dann profitieren, wenn man sie mit den rationalen Prognosen der Wissenschaftler und der Zukunftsforscher verknüpft.

Die Prognosen der Zukunftsforscher widersprechen sich, wie gesagt, vielfach, so daß unklar bleibt, in welche Richtung die Entwicklung tatsächlich gehen wird. Wenn nun aber Prognosen von Wissenschaftlern durch Prophezeiungen gestützt werden, so erhalten diese zweifellos ein größeres Gewicht.

Der »Club of Rome«, eine lockere Vereinigung von Wissenschaftlern aus aller Welt, die sich über »die Lage der Menschheit« aussprechen, befürchtet bekanntlich eine allgemeine Katastrophe, die mit der Erschöpfung der Rohstoffe, der Umweltverschmutzung und der Bevölkerungsexplosion unausweichlich auf die Menschheit zukommen soll. Die Optimisten unter den Zukunftsforschern, wie die im Institut am Hudson unter der Leitung von Herman Kahn tätigen Wissenschaftler, nehmen dagegen an, daß die Menschheit alle Probleme meistern und ein Zeitalter ewiger Fülle anbrechen wird. Welche dieser beiden Gruppen – mit diametral entgegengesetzten Prognosen – wird recht behalten? Wie sieht die Zukunft der Menschheit im Licht vorliegender Prophezeiungen aus? Können Sensitive, die ihre ASW-Informationen aus der Quelle ihrer inneren Erfahrung beziehen, darauf vielleicht einen Hinweis geben?

Diese Frage – eine Kardinalfrage der Menschheit – und viele andere in den folgenden Kapiteln aufgeworfene Fragen, zu denen Wissenschaftler wie auch ASW-Begabte Stellung genommen haben, gilt es im vorliegenden Buch zu klären, soweit dies möglich ist. Zunächst muß aber noch eine Art Vorfrage beantwortet werden; dies geschieht im folgenden Kapitel.

3
Gelangen Schriftsteller bisweilen in paranormalen Kontakt mit der Zukunft?

Schriftsteller, insbesondere Science-fiction-Autoren, die sich intensiv mit einem Thema befassen, vermögen, wie zahlreiche Beispiele der Literatur beweisen, aufgrund ihrer Einfühlung oder sogenannten Zufalls bisweilen ein oder mehrere Details eines zukünftigen Ereignisses richtig zu schildern. Das hängt mit den Gesetzmäßigkeiten der Imagination und der Einstimmung zusammen. Die intensive Beschäftigung mit dem gewählten Thema erweckt die Imagination, die zur Einstimmung und damit zum paranormalen Zugriff auf das Ereignis führen kann.

T. William Stead (1849 – 1912), ein englischer Journalist und Schriftsteller, der seine Werke zum Teil durch automatisches Schreiben produzierte, scheint beispielsweise in seiner 1893 erschienenen Erzählung *From the Old World to the New* (»Aus der Alten in die Neue Welt«) wesentliche Züge des Untergangs der Titanic vorweggenommen zu haben. Auch in anderen seiner Erzählungen spielen Schiffskatastrophen eine Rolle. Stead starb beim Untergang der Titanic.

Die seit neuerem in der Science-fiction-Literatur in Mode gekommenen Beschreibungen extraterrestrischer Kulturen haben zweifellos einen besonderen Reiz. Gleichgültig nämlich, welche intelligenten Lebensformen und sozialen Verhaltensweisen sich der Autor in seiner Phantasie ausmalt, auf irgendeinem Planeten unter den Millionen von Galaxien mit Milliarden von Planeten in der Weite des Alls dürfte es wegen der wahrscheinlich ungeheuren Vielfalt extraterrestrischen Lebens eine Lebensform geben, die in etwa derjenigen gleicht, die sich der Autor in seiner Phantasie ausmalt und mit der er dann wegen der Gesetzmäßigkeiten von Imagination und Einstimmung vielleicht auch in paranormalen Kontakt kommen könnte. Die Wahrheit wird dann das, was sich der Autor in seiner Phantasie ausmalt, noch weit übertreffen.

Um allerdings aufgrund von Science-fiction-Literatur in der Zukunft liegende Ereignisse zu erschließen, müßte man wissen, was Ausfluß der Phantasie und was allenfalls ASW-Information ist. Das erscheint nicht möglich. Doch kann Science-fiction auf jeden Fall dazu beitragen, den Blick für die vielfältigen Möglichkeiten zu öffnen, die die Zukunft unter Umständen bereithält.

Etwas mehr Wahrscheinlichkeit kommt allenfalls solchen Ereignissen zu, die von Autoren vorhergesagt wurden, von denen man weiß, daß auf dem Wege der außersinnlichen Wahrnehmung gewonnene Informationen in ihre Erzählungen eingeflossen sind.

Ein solcher Autor nun könnte JULES VERNE (1828 – 1905) sein. Viele Einzelheiten seines 1866 geschriebenen Zukunftsromanes *Die Reise zum Mond* stimmen mit dem hundert Jahre später tatsächlich verwirklichten Mondflugunternehmen überein:

- Bei Jules Verne startet eine wirkliche Weltraumrakete, die Amerikaner führen das Mondflugunternehmen durch, und der Ort des Startes ist die Halbinsel Florida, wo dann hundert Jahre später tatsächlich die Raketenabschußbasis gebaut wurde.
- Auf einer der Illustrationen, die der ersten französischen Gesamtausgabe beigegeben waren, ist eine Landzunge, ein Kap, zu erkennen, wie auch die wirklichen Raketenabschußbasen auf einem Kap, nämlich Kap Canaveral, installiert sind.
- In Jules Vernes Roman streiten sich Florida und Texas darum, wo die Basen errichtet werden; tatsächlich spielt auch hundert Jahre später nicht nur Florida, sondern auch Texas eine Rolle im Raumfahrtprogramm der Amerikaner, insofern nämlich, als sich das eigentliche Raumfahrtzentrum in Houston, Texas, befindet.
- Die Anzahl der Teilnehmer in dem Science-fiction-Roman

stimmt mit der Anzahl der Astronauten überein, die den Mondflug tatsächlich unternommen haben.

- Es besteht eine gewisse Verwandtschaft in den Namen der Akteure. Die Teilnehmer sind bei Jules Verne Impey Barbicane, Michel Ardans und Nicholl; die Namen der Astronauten waren Neil Armstrong, Michael Collins und Edwin Aldrin. Abgesehen davon, daß ein Vorname quasi übereinstimmt, Michel und Michael, besteht eine überzufällige Ähnlichkeit zwischen den Namen Ardans und Aldrin sowie Nicholl und Collins. Die Namen Ardan und Aldrin beginnen beide mit »A« und enden mit »n«, wenn man das »s« in »Ardans« vernachlässigt; sie sind zweisilbig, und die zweite Silbe beginnt bei beiden Namen mit »d«; außerdem enthalten beide Namen ein »r«. Bei den Namen Collins und Nicholl sind bis auf das »s« und das stumme »h«, die Buchstaben gleich; läßt man das »s« weg, so wird aus Collins Nicoll, wenn man die zweite Silbe rückwärts liest und an den Anfang stellt.
- Das Mondflugunternehmen ist bei Jules Verne ähnlich wie auch in Wirklichkeit eng mit dem militärischen Bereich verbunden, und die Bereitstellung der Gelder spielt eine große Rolle.
- Das Unternehmen zieht die Aufmerksamkeit einer breiten Öffentlichkeit auf sich: der sich Ende der sechziger und Anfang der siebziger Jahre abspielende Raumfahrtrummel wird von Jules Verne treffsicher vorweggenommen. Doch wie heute in der Realität, so gibt es auch bei Jules Verne erbitterte Gegner der Raumfahrt.
- Die Weltraumfahrer gehen bei Jules Verne in eine Umlaufbahn um den Mond wie auch später in Wirklichkeit; den Mond selber betreten sie jedoch nicht. – Wenn ASW am Werk war, so ist Jules Verne entweder nur in paranormalen Kontakt mit der den Mond umkreisenden Raumkapsel gekommen, oder aber er hat die Mondlandung als zu utopisch nicht akzeptieren wollen. Die Wirklichkeit hat in diesem Punkt die Utopie übertroffen.
- Die Rückkehr geht bei Jules Verne vonstatten, indem Raketen gezündet werden, welche die Raumkapsel zurück zur Erde treiben, das Raumfahrzeug stürzt in den Pazifik,

wo es von einem Schiff geborgen wird. – Die Übereinstimmung mit der hundert Jahre später erfolgten Ziellandung der Astronauten im Pazifik ist verblüffend.

- Jules Verne beschreibt die Bergung der Raumkapsel folgendermaßen [Lit. 8]: »›Eine Boje quer vor uns unter dem Wind!‹, rief ein Matrose der amerikanischen Korvette ›Susquehanna‹, und die Offiziere erkannten mit ihren Fernrohren, daß der besagte Gegenstand wirklich den Bojen glich, womit man das Fahrwasser der Flüsse kenntlich macht. Auf der fünf bis sechs Fuß hervorragenden Spitze flatterte eine Fahne ... Es war die amerikanische Flagge. Ein Boot nähert sich dem Projektil und legt dort an. Die Matrosen finden eine Fensterluke offen. Muntere Stimmen dringen heraus. Die Insassen des Raumschiffs spielen Domino.« – In dieser Beschreibung nimmt Jules Verne selbst den burschikosen Ton vorweg, in dem sich die Raumfahrer gefallen.
- Jules Verne beschreibt ausführlich den großartigen Empfang, der den Raumfahrern zuteil wird: ein Triumphzug durch die Vereinigten Staaten findet statt, und den Heimkehrern wird ein Bankett gegeben, an dem die ganze Nation teilnimmt – ähnlich wie auch in Wirklichkeit hundert Jahre später.

In seinem Roman *Fünf Wochen in einem Ballon* (1862) macht Jules Verne einen anderen Vorgriff auf zukünftige Ereignisse. In dem Roman heißt es nämlich [Lit. 9]:

»›Überdies‹, sagte Kennedy, ›wenn die Industrie einmal alles in ihren Griff bekommen und für ihre eigenen Zwecke nutzen wird, so wird das nicht besonders angenehm sein. Falls die Menschen immer weiter Maschinen erfinden, so werden sie am Ende durch ihre eigenen Maschinen umkommen. Ich habe oft denken müssen, daß die Ursache für den Jüngsten Tag ein kolossaler Boiler sein wird, der, aufgeheizt auf dreitausend Atmosphären, die Welt in die Luft sprengt.‹ ›Und ich wette, daß die Yankees eine Hand darin haben werden‹, sagte Joe ...«

Hier läßt sich eine Parallele zu den zuerst von den Amerikanern gebauten Atom- und Wasserstoffbomben ziehen. Durch die Explosion einer starken Wasserstoffbombe an der »richtigen« Stelle soll tatsächlich die ganze Erde in die Luft fliegen können. Der amerikanische Physiker HORACE C. DUDLEY hat die Wahrscheinlichkeit hierfür mit eins zu einer Million geschätzt. Das erscheint wenig. Die Wahrscheinlichkeit aber, im Lotto sechs Richtige zu haben, ist allerdings noch geringer; dennoch gibt es Woche für Woche Hauptgewinne. Das zeigt, daß auch das Unwahrscheinliche eintreten kann. Nach Dudleys Überlegungen könnten sich die gesamte Atmosphäre und der gesamte Ozean atomar entzünden und in einer riesigen, weltweiten Explosion abbrennen. Eine besonders starke Wasserstoffbombe könnte einen atomaren Fusionsprozeß in die Wege leiten, bei dem die Stickstoffatome der Luft jeweils paarweise zusammenschmelzen und dabei Siliziumatome bilden. Die Siliziumatome würden sich dann mit dem Sauerstoff der Luft zu Kieselsäure verbinden. Diese hat die chemische Formel SiO_2 und ist schlicht Sand. Die Folge wäre, daß nach der Explosion die Luft als Sand herunterrieselte und die Erde über einen Meter dick bedeckte. Ein phantastisches Ereignis, das allerdings auf der Erde niemand überleben würde! Gleichzeitig würde sich auch das Meerwasser in die Bestandteile Wasserstoff und Sauerstoff trennen und die Ozeane der Erde als eine riesige Wasserstoffbombe ins Weltall hinausschießen.

Von amerikanischen Kernphysikern wurde diese Kettenreaktion als sehr unwahrscheinlich, aber nicht als unmöglich bezeichnet.

In die Werke des Schriftstellers und Kenners paranormaler Phänomene GUSTAV MEYRINK (1868 – 1932) sind sicher außersinnliche Wahrnehmungen eingeflossen. Meyrink errang mit seinem Roman *Der Golem* (1915) einen Welterfolg. In diesem Roman, der in den alten Prager Ghettos spielt, stellte er die idealisierte Gestalt des Rabbi Hillel und seiner Tochter Mirjam der Welt des Hasses und der skrupellosen Niedertracht gegenüber.

Meyrink schrieb an den Schriftsteller Birven, der das Meyrinksche Werk interpretierte, daß er bald nach der Drucklegung des *Golem* eine Vision gehabt habe, die ihm in ihrer Eindringlichkeit noch lange nachgegangen sei. In dieser Vision sei ihm die Gestalt eines alten Juden erschienen, der ihn beschworen habe, doch ein Buch wie den *Golem* zu schreiben. Ein großes Verhängnis stehe den Juden bevor, und man müsse alles daransetzen, um dieses abzuwenden. Unter dem Eindruck dieses Gesichtes habe er dann im Jahr darauf (1916) seinen Roman *Das grüne Gesicht* geschrieben. Seine Vision habe er darin genau wiedergegeben, sie allerdings im Sinne der Romanhandlung in einen anderen Zusammenhang gestellt.

Die Umstände, unter denen das Gesicht auftrat, decken sich mit den Erfahrungen, die auch sonst in diesem Zusammenhang gemacht werden. Es könnte sich bei der Erscheinung des alten Juden um eine Projektion gehandelt haben. Dabei wird ein vom eigenen Unbewußten produziertes Bild als in der Außenwelt vorhanden gesehen. Die Fähigkeit, solche Projektionen hervorzubringen, ist bei den einzelnen Menschen verschieden stark ausgebildet. Sie stellt eine der Möglichkeiten dar, durch die ASW-Informationen ins Bewußtsein gelangen. Der Inhalt der Vision verweist ganz offensichtlich auf die Judenverfolgungen, die im Dritten Reich mehr als zwanzig Jahre später Wirklichkeit wurden. Meyrink selber erlebte das Eintreffen seines Gesichtes nicht mehr. Er starb im Jahre 1932.

Meyrink beschreibt am Schluß seines okkulten Schlüsselromanes *Das grüne Gesicht* die Zerstörung Amsterdams durch einen gewaltigen Orkan [Lit. 10]:

»... Ballen und Steine, Häusertrümmer und ganze Mauern, Sparrenwerk und Erdklumpen flogen unablässig – ein nicht endenwollender Schauer von Wurfgeschossen – am Fenster vorbei ... da sah er mit Grauen, daß die Rinde der Pappel sich abschälte und, zu fasrigen Fetzen geworden, spurlos verschwand. Gleich darauf, noch ehe er recht erfassen konnte, was geschah, brachen die hohen, ragenden Fabrikschornsteine im Südosten des Hafens glatt an der Wurzel ab und verwandelten sich in fliegende Lanzen aus weißem Staub, die der Sturm mit Blitzesschnelle davontrug. Kirchturm auf Kirchturm folgte ...«

Weiter heißt es:

»... dann, als er zögernd und voller Angst hinschaute, sah er, daß sie [eine Kirche] wohl noch unversehrt zum Himmel ragte, aber aus einer Insel von Schutt – fast das ganze übrige Giebelmeer war ein einziger flacher Trümmerhaufen.

Wieviel Städte mögen heute wohl noch in Europa stehen? fragte er schaudernd. Ganz Amsterdam ist abgeschliffen wie ein mürber Stein. Eine morschgewordene Kultur ist in stiebendem Kehricht aufgegangen.«

Hier wird die Katastrophe für Meyrink zum Symbol für das Absterben von alten überholten Strukturen und zur Vorbedingung für das Entstehen einer neuen, besseren Welt. Der dies alles Erlebende hat die Vision einer neuen Welt, die aus dem Chaos entsteht:

»Eine neue Erde, durchzittert von Lebendigkeit breitete sich vor ihm aus, ein Frühling voller Herrlichkeit ..., das Vorgefühl von namenlosem Entzücken durchbebte seine Brust ... Im nächsten Moment war Hauberrisser wieder mit seinem Körper vereinigt und sah in den heulenden Sturm hinein, aber er wußte, daß sich hinter dem Bild der Zerstörung das neue verheißungsvolle Land verbarg, das er soeben mit den Augen seiner Seele geschaut hatte.«

Auf welche Weise könnte sich das von Meyrink geschilderte apokalyptische Inferno verwirklichen? Wenn man mit einer symbolischen Verschlüsselung der Vision rechnet, dann zählt nur die Endaussage. Sie lautet: Städte (in Europa) werden sich in Trümmerfelder verwandeln. Diese Voraussage hätte sich inzwischen erfüllt, nämlich aufgrund der Kriegsereignisse, insbesondere der Bombenangriffe, des Zweiten Weltkrieges, durch die viele Städte in Schutt und Asche gelegt wurden. Wenn man die Vision jedoch wörtlich nimmt, dann sind die Bombenangriffe des Zweiten Weltkrieges nicht gemeint. Man könnte dann schon eher an die entfesselten Kräfte eines nuklearen Sprengkopfes denken, nämlich an die zerstörerische Wirkung der atomaren Detonationswelle, wie sie sich vom Zentrum aus kreisförmig ihren Weg nach außen bahnt und dabei alles in Schutt und Trümmer legt.

Meyrink hätte dann jedoch, sozusagen in Zeitlupe, nur den zweiten Teil des Vernichtungsaktes wahrgenommen, nicht aber den Lichtblitz bei der Explosion und die durch die Hitzewelle ausgelöste Feuersbrunst. Das ist jedoch nicht sehr wahrscheinlich. Übereinstimmung besteht aber mit einer anderen Katastrophe, nämlich einem Polsprung, der den gewaltigen Orkan zur Folge haben könnte, wie Meyrink ihn schildert.

Ein Polsprung ist eine Verlagerung der Erdachse innerhalb eines kurzen Zeitraumes, beispielsweise einiger Stunden. Die Enden der Rotationsachsen der Erde, die Pole, die jetzt in der Arktis und der Antarktis liegen, verschieben sich dabei um einige hundert oder auch tausend Kilometer, zum Beispiel nach Sibirien und in den Pazifik. Genaugenommen werden die Erdmassen umgelagert, denn die Drehachse der Erde ist wegen des Erhaltungssatzes des Drehimpulses gegenüber dem Fixsternsystem raumfest, wenn man von der Präzessionsbewegung absieht. Es geschieht etwas Ähnliches, wie wenn sich bei weiterhin senkrechter Drehachse ein unsymmetrischer Kreisel umlegt. Ursache eines Polsprungs können die an der Erde angreifenden Gravitationskräfte eines sich nähernden Planeten oder Planetoiden sein oder auch Vorgänge auf oder in der Erde. Letzteres wird allerdings für ziemlich unwahrscheinlich gehalten.

Bei einem Polsprung sind, wie von dem Geologen JEFFREY GOODMAN in seinem Buch *We are the Earthquake Generation* (»Wir sind die Erdbebengeneration«) beschrieben, Orkane zu erwarten, die die schlimmsten Hurrikans übertreffen. Der Himmel wird rot, gewaltige Staubwolken verfinstern die Sonne, die nicht untergeht oder einen anderen Weg nimmt, und in der Ferne ist ein dumpfes Brausen zu hören, das lauter und lauter wird. Ein stetiger Wind beginnt zu wehen und steigert sich immer mehr. Der Wind wird zum Sturm, zum Orkan, der alles übertrifft, woran sich Menschen erinnern. Bäume werden entwurzelt, Dächer fliegen davon, Kirchtürme, Schornsteine und Hochhäuser stürzen ein, und die Trümmer werden davon gewirbelt. Alles, was sich über dem Erdboden erhebt, wird zerschlagen. Die Vernichtungsorgie hält stundenlang an. Die Trümmer »schleifen tatsächlich die Städte ab wie einen mürben Stein«. Städte, Ortschaften und Wälder werden dem Erdboden gleichgemacht. Wenn der Orkan endlich schwächer wird, beginnen die Gegenstände, die in die Höhe gewirbelt wurden, wieder herunterzufallen. Es regnet Bäume, Autos, Dachziegel ... [Lit. 11].

Ein Polsprung soll übrigens nach den Überlegungen des Psychologen Hans J. Andersen auch in historischer Zeit stattgefunden haben. Andersen hat Material, das diese These stützt, in dem Buch *Polwende – Zeitenwende* zusammengetragen. Auch für die nahe Zukunft erwartet er einen Polsprung. Dabei stützt er sich unter anderem auf die Visionen von Sensitiven [Lit. 12].

Durch einen Polsprung könnten sich die Prophezeiungen einiger nordamerikanischer Indianerstämme erfüllen, auf die in Kapitel 4 eingegangen wird. Die Katastrophe wird als die »große Reinigung« bezeichnet.

4
Kommt ein Goldenes Zeitalter oder die Apokalypse?

Geht der Fortschritt in Wissenschaft und Technik unaufhaltsam weiter? Werden Sozialprodukt und Lebensstandard, über längere Zeitspannen gesehen, immer weiter steigen? Wird einmal jeder, der das möchte, Haus und Garten besitzen, die vorgeschriebene Arbeitszeit auf wenige Stunden am Tage reduziert sein?

Kommt eine Heilszeit ewiger Fülle, ein Goldenes Zeitalter, oder geht gerade jetzt mit der Erschöpfung der Ressourcen ein goldenes Ausbeutungszeitalter zu Ende? Liegen die besten Jahre bereits hinter uns, und geht es nun abwärts? Wird unsere technisch-wissenschaftliche Kultur, belastet durch Energie- und Rohstoffmangel, Umweltverschmutzung und Übervölkerung, in naher Zukunft zusammenbrechen und wieder von der Erdoberfläche verschwinden, wie schon so viele andere mächtige Kulturen vor ihr? Schlittern wir unaufhaltsam in die Katastrophe, die endzeitliche Apokalypse?

Der Mensch hat sein Schicksal von Wissenschaft und Technik abhängig gemacht. Wissenschaft und Technik aber haben zwei Gesichter: sie haben uns Annehmlichkeiten und bestechende Errungenschaften beschert, wie zum Beispiel Autos und Fernsehen; in ihrem Gefolge aber werden neue, nur schwer lösbare Probleme sichtbar wie – um bei unseren Beispielen zu bleiben – Bewegungsarmut, Verweichlichung, Lärm, Abgase. Fluch und Segen gehen von unserem Fortschritt aus, und noch ist nicht entschieden, was überwiegt. Denn Wissenschaft und Technik verlängern zwar unser Leben, gleichzeitig aber schaffen sie fürchtliche Waffen, eine schreckenbringender als die andere, eine apokalyptische

Spirale ohne Ende. Sie haben dem Menschen der westlichen Industrieländer einen Überfluß an Nahrungsmitteln beschert, ihn von mancherlei Krankheiten befreit und ihm Wissen, Macht und Spielzeuge gegeben; aber sie haben ihn auch in starke Abhängigkeitsverhältnisse gebracht und haben ihm die Religion genommen, so daß er nun keinen Sinn mehr in seinem Leben zu erkennen vermag.

Übervölkerung und Umweltzerstörung, Energie- und Rohstoffmangel und mit Hilfe neuer Vernichtungswaffen geführte Kriege könnten tatsächlich bewirken, daß Wissenschaft und Technik der Menschheit nur noch zum Unheil gereichen.

Bei vielen Menschen steht dieser Aspekt heute im Vordergrund. Sie sehen mit Pessimismus in die Zukunft, befürchten den Zusammenbruch dieses immer komplizierter werdenden Systems, die Versklavung durch totalitäre Herrschaftssysteme und die Vernichtung durch Kernwaffen oder ein jämmerliches Dahinsiechen als Überlebende eines Atomkrieges.

Die Optimisten aber erwarten eine Wissenschaftsexplosion, welche die Grenzen, die dem Menschen von der Natur ursprünglich gesetzt waren, immer weiter hinausschiebt, bis schließlich paradiesische Zustände erreicht sein werden. Es werde zwar immer schwieriger und erfordere immer mehr Aufwand, neue Erkenntnisse zu gewinnen, sagen sie, dennoch habe der Fortschritt von Wissenschaft und Technik bisher die Lebensqualität nur gesteigert. Die Freizeit soll weiter zunehmen, die Arbeitswelt humaner gestaltet werden und der Mensch sich einer sich stets steigernden Überfülle an Waren und Dienstleistungen erfreuen.

Welche dieser beiden, einander ausschließenden Zukunftsvisionen hat die größere Wahrscheinlichkeit, sich zu realisieren? Werden die Optimisten oder die Pessimisten recht behalten? Argumente gibt es sowohl für die eine als auch die andere Möglichkeit.

Luft, Wasser, Rohstoffe und Energie sind nicht in beliebigen Mengen vorhanden, dennoch werden sie in immer größeren Mengen verbraucht. Um etwa 1800 begann eine ungeheure Entwicklung auf fast allen Gebieten. Dieses Wachstum übertraf alle Prognosen und hat sich bisher immer nur gesteigert. Dabei werden die in nur begrenzten Mengen vorhandenen Rohstoffe unbekümmert verwendet, die natürliche Umwelt wird ausgebeutet und zerstört. Die fossilen Brennstoffe im Boden, Ergebnis eines Hunderte von Millionen Jahren dauernden biologischen Prozesses, werden in einem gigantischen Feuerwerk verbrannt. Von 1830 bis 1930 nahm die Anzahl der Menschen auf der Erde von einer Milliarde auf zwei Milliarden zu. Die nächste Verdoppelung erfolgte in weniger als der Hälfte der Zeit, nämlich in vierzig Jahren. 1975 überschritt die Anzahl der Menschen die Vier-Milliarden-Grenze. Um die Jahrtausendwende werden es bereits sieben Milliarden sein. Nur eine Katastrophe kosmischen Ausmaßes könnte das verhindern. Und die Menschheit wird weiter wachsen, denn die Bevölkerungszunahme erfolgt vor allem in den unterentwickelten Ländern, wo – von China abgesehen – ein Geburtenrückgang vorerst nicht zu erwarten ist. So rasch wie die Anzahl der Menschen wächst aber auch der Bedarf an Nahrungsmitteln. Die Ackerflächen lassen sich jedoch nicht beliebig vermehren, die Nahrungsmittelerträge nicht unbegrenzt steigern. In Zukunft wird deshalb die Kluft zwischen Nahrungsmittelbedarf und Nahrungsmittelproduktion immer größer werden. Die Lebensmittelpreise werden unaufhaltsam steigen und Hunger und Unterernährung weltweit zunehmen.

Noch rascher als die Bevölkerungszahl vervielfacht sich der Energieverbrauch und die Produktion und damit der Verbrauch der Bodenschätze. Zwar ist das Wirtschaftswachstum in den Industrieländern schwächer geworden, aber selbst ein Wachstum von »nur« zwei Prozent pro Jahr, wie es derzeit (1980) im Mittel über längere Zeit für realisierbar gehalten wird, führt immer noch zu einer Verdoppelung in fünfunddreißig Jahren.

Insbesondere in Asien entstehen rund um den Pazifik neue Industriestaaten mit enorm hohen Wachstumsraten, u. a. in Indonesien, Korea und China. Für China, das heute eine Milliarde Einwohner hat, schätzt Herman Kahn das Wirtschaftswachstum auf wenigstens sieben Prozent pro Jahr. Bei dieser Rate verdoppelt sich das Bruttosozialprodukt alle zehn Jahre. In den unterentwickelten Ländern steigt der Verbrauch auf dem Weg vom Nomadenstamm zum Industriestaat auf das Vierzigfache an. Hier fällt zusätzlich also noch ein gewaltiger Nachholbedarf ins Gewicht [Lit. 13].

Mit der zunehmenden Verbrennung von Kohle und Erdöl, der wachsenden Produktion und Industrialisierung werden Luft und Wasser immer stärker verschmutzt, und die natürliche Umwelt wird zerstört. Die Lebensqualität sinkt. Luft und Wasser können die Schadstoffe nicht unbegrenzt aufnehmen. Wird in den Flüssen, Seen und im Meer ein bestimmter Verschmutzungsgrad überschritten, so erlischt die Selbstreinigungskraft, und alles höhere Leben in ihnen stirbt ab. Viele Flüsse und Seen sind heute bereits tot, und Binnenmeere wie die Ostsee befinden sich dicht vor dem Umkippen. Durch die Schadstoffe in der Atmosphäre werden Mensch, Tier und Pflanze geschädigt. Empfindliche Tier- und Pflanzenarten sterben ab, und die Lebenserwartung des Menschen sinkt. Nach dem 1980 erschienenen *Global 2000 Report* [Lit. 14] sollen in wenig mehr als zwei Jahrzehnten fünfzehn bis zwanzig Prozent der Pflanzen- und Tierarten der Erde aussterben. Das ist ein Verlust von wenigstens einer halben Million Arten.

Wenn ungünstige Wetterverhältnisse die Verdünnungsfähigkeit der Atmosphäre herabsetzen, treten in den Ballungsräumen die gefürchteten Smoglagen auf. Sie machen das Atmen zur Qual und lassen die Todesrate weit über den Durchschnitt hochschnellen. Mit steigender Produktion wächst die Luftverschmutzung immer mehr an. Zur Ableitung der Schadstoffe werden hohe Schornsteine gebaut, welche die Schadstoffe besser verteilen. Dadurch werden aber auch die ländlichen Gebiete immer stärker in Mitleidenschaft gezogen. Giftige Schwermetalle findet man seit langem schon an den Polen und im Grönlandeis.

Ein Forscherteam hat im Auftrag des »Club of Rome« die Auswirkungen des unbegrenzten Wachstums mit Hilfe von Computeranalysen untersucht. Die alarmierenden Überlegungen und Schlüsse, die 1972 in dem Buch *Die Grenzen des Wachstums* von Dennis Meadows u. a. [Lit. 15] veröffentlicht wurden, gelten noch immer. Eingangsdaten für das Modell waren Zahlen über das Bevölkerungs- und Wirtschaftswachstum, die Rohstoffvorräte der Erde und die Umweltverschmutzung. Es wurde vorausgesetzt, daß der bisherige Trend bestehen bleibt, die Menschen also so weitermachen wie bisher. Neue Technologien und Erfindungen wurden nicht in Erwägung gezogen. Das Ergebnis der Rechnungen und Analysen war, daß innerhalb der nächsten hundert Jahre alles zusammenbricht, weil die Bodenschätze zu Ende gehen.

In einem zweiten Lauf wurde dann vorausgesetzt, daß die Bodenschätze sozusagen unermeßlich wären und an ihnen kein Mangel auftreten könne. Das Ergebnis lautete: Dann erfolgt der Zusammenbruch, weil die Umweltverschmutzung untragbare Ausmaße annimmt. Als dann weiter vorausgesetzt wurde, daß neben dem Problem der Rohstoffversorgung auch das der Umweltverschmutzung gelöst werden könne, ergab die Analyse, daß dann Milliarden von Menschen verhungern, weil die Nahrungsmittel nicht mehr ausreichen. Nach dem *Global 2000 Report* wird das Anfang des nächsten Jahrhunderts der Fall sein.

Die Schlußfolgerungen, die das Forschungsteam zog, lauteten: »Wenn die gegenwärtige Zunahme der Weltbevölkerung, der Industrialisierung, der Umweltverschmutzung, der Nahrungsmittelproduktion und der Ausbeutung von natürlichen Rohstoffen anhält, werden die absoluten Wachstumsgrenzen auf der Erde im Laufe der nächsten hundert Jahre erreicht. Mit großer Wahrscheinlichkeit führt dies zu einem ziemlich raschen und nicht aufhaltbaren Absinken der Bevölkerungszahl und der industriellen Kapazität.«

Mit anderen Worten: Bei einem Anhalten des unkontrollierten Wachstums wird es innerhalb der nächsten Generation zu einer allgemeinen Menschheitskatastrophe kommen, bei der ein großer Teil der Erdbevölkerung verhungern oder, durch Hunger geschwächt, Krankheiten und Seuchen zum Opfer fallen wird. Die Katastrophe sei nur aufzuhalten, meinen die Forscher, wenn durch eine radikale Änderung unserer Lebensgewohnheiten der Übergang vom Wachstum zum Gleichgewicht gefunden werde. Andernfalls sei der Zusammenbruch unserer technischen Kultur unvermeidlich. Als unbestimmt wird lediglich der genaue Zeitpunkt des Zusammenbruchs angesehen – ob es uns schon trifft oder erst unsere Kinder oder Enkel. Die Bodenschätze sollen sich dieser Analyse zufolge allerdings schon Ende dieses Jahrhunderts erschöpfen. Viele Rohstoffe sollen bis zur Jahrtausendwende nur noch in ungenügenden Mengen und zu hohen Preisen zu beschaffen sein.

Ob nun der die Katastrophe auslösende Faktor der Mangel an Nahrungsmitteln, der Rohstoffmangel oder die Umweltverschmutzung sein würde, in jedem Fall sollen sich Hungersnöte und für den überwiegenden Teil der Erdbevölkerung ein früher Tod einstellen. Bei mangelnden Rohstoffen käme es deshalb zu Hungersnöten, weil infolge der starken Technisierung der Landwirtschaft die Nahrungsmittelerzeugung zurückgehen würde.

Über den Verlauf der Katastrophe läßt man uns nicht im unklaren: Geht zuerst die Schere zwischen Nahrungsmittelbedarf und Nahrungsmittelerzeugung auseinander, so trifft die Katastrophe als erstes die Entwicklungsländer. Versiegen zuerst die Rohstoffe, so sind die Industriestaaten am stärksten betroffen.

Pessimistischer noch als der »Club of Rome« vertreten andere Wissenschaftler die Ansicht, daß die Menschheit überhaupt nicht mehr die Möglichkeit habe, das unkontrollierte Wachstum aufzuhalten: Die Politiker der westlichen Demokratien, auf die es in diesem Zusammenhang ja ankommt, sähen kaum über ihre Wahlperiode hinaus. Von ihnen könne man deshalb keine Entscheidungen erwarten, die in der gegenwärtigen Situation ernsthafte Opfer zugunsten der Jahre nach der Jahrtausendwende erforderten. Die Entwicklungsländer andererseits aber würden nicht auf den Aufstieg zu Industrienationen verzichten. In den meisten Entwicklungsländern scheint es zudem gar nicht möglich zu sein, das Bevölkerungswachstum zu stoppen.

Aber ist die Lage wirklich so ernst? Sind die Zukunftsaussichten tatsächlich so düster, wenn nicht sofort alles unternommen wird, um das Bevölkerungs- und Wirtschaftswachstum zu stoppen? Wenn das der Fall ist, dann braucht man die Prophezeiungen der Seher kaum noch zu Rate zu ziehen. Da der Verbrauch von Rohstoffen und Energien weltweit immer weiter zunimmt und die Erdbevölkerung immer mehr anwächst, werden, wenn diese Wissenschaftler recht haben, die

Katastrophen unabweisbar über die Menschheit hereinbrechen. Und dennoch: Alle Zukunftsprognosen sind naturgemäß mit vielen Imponderabilien und Unsicherheiten behaftet. Infolgedessen ist immer auch noch Raum für andere Möglichkeiten vorhanden. Kritiker bezweifeln zum Beispiel, daß die Ansätze und Thesen der im Auftrag des »Club of Rome« durchgeführten Analysen richtig sind. Manche sagen sogar, daß es gefährlich sei, das Wachstum künstlich zu begrenzen. Lediglich drei Grundannahmen sind unbestritten:

1. Die Erde ist ein begrenztes System.
2. In einem begrenzten System ist ein unbegrenztes Wachstum nicht möglich.
3. Das Wachstum wird infolgedessen eine Begrenzung finden.

Alles andere dagegen wird in Zweifel gezogen. So ist zum Beispiel umstritten, wo die Grenzen liegen und ob sie überhaupt bestimmbar sind. Allerdings kann selbst ein Wirtschaftswachstum von »nur« ein Prozent pro Jahr, wie es die Industrialisierung bei gleichzeitiger Bevölkerungszunahme langfristig begleitet hat, nicht unbefristet aufrechterhalten bleiben. Das jährliche Sozialprodukt würde dann nämlich in tausend Jahren um gut den Faktor 20.000 anwachsen. Die meisten Experten schätzen, daß die Erde maximal fünf bis fünfzig Milliarden Menschen ernähren kann.

Der britische Physiker J. H. FREMLIN kommt jedoch auf wesentlich höhere Zahlen, indem er von radikal neuen Möglichkeiten der Nahrungsmittelerzeugung ausgeht und ohne Rücksicht auf Lebensqualität nur die Steigerung der Bevölkerungszahl im Auge hat. Nach seinen Überlegungen kann sich die Menschheit noch zehnmal verdoppeln, wenn die Erdoberfläche restlos ausgenutzt und das Meeresleben ausschließlich auf Nutzalgenproduktion umgestellt wird. Auf der Erde würden dann dreitausend Milliarden Menschen leben können, fast tausendmal mehr als jetzt. Auf jeden Menschen entfiele dann noch eine Erdoberfläche von zwölf mal zwölf Metern [Lit. 15, 16].

Die Erde kann nach Fremlin aber noch viel mehr Menschen ernähren, und zwar hauptsächlich indem die Nahrungsmittelproduktion durch Sonnenreflektoren gesteigert wird, die als Satelliten die Erde umkreisen und die beiden Polargebiete wie auch die jeweilige Nachtseite der Erde bestrahlen. Dämmerung und Nacht gäbe es dann nicht mehr, und die Sterne und den Mond könnten die Menschen nicht mehr sehen und wegen Platzmangels die Sonne nur noch einmal im Monat oder sonst auf dem Bildschirm. Das Grönlandeis und die Polarkappen würden abschmelzen. Überall auf der Erde würde tropisches Klima herrschen. In Arktis und Antarktis wüchsen Apfelsinen.

Die Nahrungsmittelproduktion könnte noch weiter gesteigert werden, wenn sich nicht ein neues Problem ergäbe, nämlich das der Überhitzung der Erde. Die Temperaturen lassen sich bei einer weiteren Zunahme der Bevölkerung eine Zeitlang konstant halten, indem die Ozeane überdacht würden und die Wärme von überhitzten Metallplatten in den Weltraum abgestrahlt würde. Die Temperaturen ließen sich jedoch nicht beliebig erhöhen. Die Grenze ist durch den Schmelzpunkt der Metalle vorgegeben, und damit erst wären endgültig die absoluten Grenzen des Bevölkerungswachstums auf der Erde erreicht.

Eine weitere Vermehrung der Menschheit scheitert also nach Fremlin überraschenderweise nicht an Nahrungs- oder Energiemangel, sondern an der Überhitzung der Erde. Auch Rohstoffe sollen bei einer Ausnutzung der Erdkruste bis zehn Kilometer Tiefe noch mehr als genügend vorhanden sein. Fremlin sieht die Erde dann mit sechzig Millionen Milliarden Menschen bevölkert, die leben können. Diese Zahl könnte bei zwanzig Verdoppelungen der Erdbevölkerung schon in etwa tausend Jahren erreicht sein. Auf den einzelnen Menschen entfielen dann nur noch 0,007 Quadratmeter Erdoberfläche.

Wo sollten aber so viele Menschen leben? Fremlin stellt sich ein zweitausend Stockwerk hohes, den ganzen Erdball umspannendes Gebäude vor, in dem für jede Person 7,5 Quadratmeter Wohnraum zur Verfügung ständen. Kleider wären bei der Hitze unnötig, und das Essen würde nur noch in flüssiger Form per Rohrpost serviert. Wie hoch aber wäre die Lebensqualität dieser Menschen, die eingesperrt in ihren Bauwerken leben und nie mehr das Gefühl von Freiheit und

Weite in der freien Natur erleben könnten? Ein Vergleich mit der modernen Hühnerhaltung drängt sich auf. Vor die Wahl gestellt, auf diese Weise oder gar nicht zu leben, werden sich aber immer noch genügend Menschen für ein solches Leben entscheiden. Vielleicht wäre ihre Lebensqualität nicht einmal um soviel schlechter als die mancher Großstadtbewohner von heute. Man würde wahrscheinlich über ausgiebig Freizeit verfügen und eine große Auswahl von Möglichkeiten haben, sich zu unterhalten. Die Kontaktmöglichkeiten zu gleichgesinnten Menschen wären noch nie so groß gewesen. Eine ungeheuer vielfältige Literatur würde angeboten werden. Abenteuer, Freiheit und Weite würde der Weltraum bieten, wenn die meisten auch nur am Bildschirm daran teilnehmen könnten.

Ein solches Zukunftsbild, von dessen Verwirklichung wir jedenfalls sehr weit entfernt sind, soll hier nur einen Begriff von den Möglichkeiten geben, die die Zukunft der Erde und des Menschen anders gestalten könnten, als wir heute denken.

Nach den meisten Prognosen soll indessen die Bevölkerungszunahme bald wieder zurückgehen und sich schließlich ein Nullwachstum einstellen, ohne daß es zu weltweiten Hungersnöten kommt. Dabei werden gewichtige Gründe ins Treffen geführt: Bekanntlich steigt ja in den industrialisierten Ländern die Bevölkerungszahl kaum noch an, sondern stagniert oder geht sogar schon zurück, wie zum Beispiel in den letzten Jahren in der Bundesrepublik Deutschland. Die gleichen Verhältnisse sollen sich auch in den unterentwickelten Ländern einstellen, sobald sich die Lebensweise dort an die der Industrieländer angepaßt hat. Der beträchtliche Bevölkerungszuwachs, der seit 1800 stattgefunden hat, soll demnach nur eine Welle darstellen, die nach dem Jahr 2000 langsam auslaufen wird. Wenn aber die Bevölkerungswelle ausläuft, dann soll auch das Ernährungsproblem nicht mehr bestehen, jedenfalls nicht mehr in einer Weltkatastrophen auslösenden Brisanz. Fraglich ist dabei allerdings, ob die Entwicklungsländer die Industrieländer rasch genug einholen werden. Nach dem *Global 2000 Report* wird die Kluft bis zum Jahre 2000 jedenfalls noch zunehmen.

Von diesen optimistischen Zukunftsforschern wird auch die hemmungslose Ausbeutung der Bodenschätze als nicht so gefährlich angesehen: Man soll mit ihnen nicht als fester Größe rechnen. Je knapper und rarer sie werden, um so eher sollen neue Lagerstätten und Energiequellen erschlossen werden. Als Reserven werden unter anderem die unter dem Meeresboden oder im Meer vorhandenen oder vermuteten Rohstoffe genannt, von denen man heute allerdings noch nicht sicher weiß, ob sie überhaupt ausgebeutet werden können. Schließlich wird auch bestritten, daß der Grad der Umweltzerstörung und -verschmutzung unmittelbar mit dem Bevölkerungs- und Wirtschaftswachstum zusammenhängt. Durch Herabsetzung der zulässigen Verschmutzungsgrade und Umstellung auf umweltfreundliche Produktionsarten soll die Luft- und Wasserverschmutzung mit wachsender Industrialisierung sogar wieder rückgängig gemacht werden können. Als sicher angenommen werden kann dabei aber nur, daß bestimmte Komponenten der Umweltverschmutzung (etwa die Schwefeldioxyd-Immissionsbelastung in den Städten) in einem bestimmten Stadium der Industrialisierung langsamer ansteigen als Bevölkerung und Wirtschaftskapazität und daß es möglich ist, die Freisetzung einzelner Stoffe, die als besonders schädlich erkannt wurden, zu unterdrücken.

Ferner wird hervorgehoben, daß in das Weltmodell des »Club of Rome« nur trockene Zahlen eingehen und ein sehr wichtiger Faktor, nämlich die Summe der technisch-wissenschaftlichen Erfindungskraft der Menschheit und deren Wachstumsrate, unberücksichtigt bleibt. Wenn die Anforderungen steigen, so sagen sie, finde der menschliche Erfindungsgeist zu umwälzenden Neuerungen; nicht zufällig gelte ja der Krieg sprichwörtlich als der »Vater aller Dinge«. Die von den Wissenschaftlern des »Club of Rome« befürchteten Notstände sollen über den Markt reguliert werden; aufgrund des Mechanismus von Angebot und Nachfrage solle im Fall von Rohstoffmangel und Umweltverschmutzung ein vermehrter Einsatz der Technik die Katastrophe verhindern. Der Forderung, daß die Erfindungskraft berücksichtigt werden müsse, liege auch die Erfahrung zugrunde, daß die Menschheit bisher noch mit allen Schwierigkeiten fertig geworden sei und der Mensch heute die Natur in einem Maße beherrsche, wie es zu früheren Zeiten unvorstellbar gewesen wäre. Er werde diese Macht noch vergrößern, wie auch die Kräfte und Fähigkeiten eines Menschen mit den Anforderungen wachsen, die an ihn gestellt werden.

Die Argumentation klingt plausibel, dennoch vermag sie nicht vollkommen zu überzeugen. Mit Hilfe der Technik einen Ausweg zu finden, wird immer schwieriger. Ein immer größerer Aufwand an Kapital und Menschen ist notwendig, um den wissenschaftlichen und technischen Fortschritt voranzutreiben. Dementsprechend dauert es auch immer länger, bestimmte Ziele zu erreichen, beispielsweise die Ablösung eines zur Neige gehenden Rohstoffes oder Energieträgers durch einen anderen. Manche Rohstoffe sind darüber hinaus auch gar nicht zu ersetzen. Ein Beispiel hierfür bietet auch die Nutzung der Kernenergie. Es dauert, wie man sieht, wesentlich länger als ursprünglich erwartet, diese Technik zu beherrschen und die Fehlerquellen auszuschalten. Schwer wiegt auch als Einwand gegen eine optimistische Sicht der weiteren Entwicklung das Argument, daß die freie Marktwirtschaft, auf welche die Optimisten bauen, Rohstoffmangel und Umweltverschmutzung nicht anzeige, so daß auch die erhoffte Stimulation des technischen Fortschritts nicht erfolge. Der Markt stelle nach den Überlegungen von Wirtschaftsexperten lediglich Anreize für das Vorantreiben der wirtschaftlichen Produktionstechnik zur Verfügung, nicht aber für rohstoffsparende und verschmutzungsarme Produktionsweisen. Bei einem Versiegen der Rohstoffe würde der Markt erst dann reagieren, wenn der Abbau der natürlichen Ressourcen bereits gefährlich weit fortgeschritten ist. Bei den meisten Rohstoffen würden die Preise erst in der Nähe des Erschöpfungspunktes ansteigen, dann aber naturgemäß abrupt und massiv. Da dann für eine Umstellung auf andere Stoffe und Techniken nicht mehr genügend Zeit vorhanden wäre, müßten ganze Industriezweige zusammenbrechen mit entsprechenden Konsequenzen.

Soviel zu den Prognosen der Wissenschaftler. Wer von ihnen wird nach Prophezeiungen und Gesichten der Seher recht behalten – die Optimisten oder die Pessimisten?

Im einzelnen lassen sich folgende Fragen stellen:

- Ist ein Zusammenbruch des gegenwärtigen Wirtschaftssystems zu erwarten?
- Wird die Bevölkerung weltweit zurückgehen oder zunehmen?
- Werden Hungersnöte auch innerhalb der westlichen Industrienationen auftreten?
- Wird die Menschheit in das vorindustrielle Zeitalter zurückfallen?
- Oder wird sie zwar in Katastrophen hineinschlittern, diese aber überstehen und dann die Probleme meistern können?

Es gibt eine ganze Reihe von Prophezeiungen, die mit einem Zusammenbruch des gegenwärtigen Wirtschaftssystems in Verbindung gebracht werden können. Dazu gehören Prophezeiungen von Edgar Cayce, Jakob Lorber, Nostradamus und Sehern aus dem Bayrischen Wald. Auch die *Apokalypse* des Johannes scheint in vielen Punkten auf unsere Zeit zuzutreffen.

JAKOB LORBERS Schriften [Lit. 18] enthalten Prophezeiungen, die Katastrophen für die Zeit nach der »höchsten Industrialisierung« vorhersagen. Eine der Vorhersagen lautet: »Bald nach jener Zeit der höchsten Industrialisierung wird es auf Erden für das Leben der Menschen sehr übel auszusehen anfangen, denn die Erde wird unfruchtbarer werden...«

Diese Vorhersage dürfte sich mit großer Wahrscheinlichkeit erfüllen. Ein Verlust von Anbaugebieten und Ausfälle in der Nahrungsmittelerzeugung im Zusammenhang mit der »höchsten Industrialisierung« sind aus einer ganzen Reihe von Gründen zu erwarten:

- Nach dem *Global 2000 Report* wird sich wahrscheinlich bis zum Jahre 2000 ein bedeutender Teil des Weide- und Ackerlandes der Erde in Wüste verwandeln.
- Aufgrund einer Klimaveränderung, wie sie bei einer Erwärmung der Erde aufgrund des Kohlendioxydanstiegs in der Atmosphäre zu erwarten ist, wird die Wüstenbildung ebenfalls fortschreiten (siehe Kapitel 7).
- Da immer mehr Randgebiete unter den Pflug genommen und Monokulturen angebaut werden, wird die Lebensmit-

telerzeugung in stärkerem Maße abhängig vom Wetter. Das Risiko von Mißernten wächst.

- Immer mehr landwirtschaftliche Flächen werden überbaut oder vom Straßenbau verschlungen.
- Die Verschmutzung der Meere nimmt immer größere Ausmaße an. Verschmutzungsquellen sind die Flüsse, Offshore-Lagerstätten und die Schiffe. Insbesondere von den Öltankern gehen starke Verunreinigungen aus. Immer wieder schlägt die Ölpest zu. Darüber hinaus ist es üblich geworden, Industrieabfälle und Kommunenfäkalien einfach ins Meer zu schütten. Die zunehmende Anreicherung von Giftstoffen im Meerwasser schädigt die Ozeane als Nahrungsquelle. Die Fischerei sieht ihre Existenz bedroht.
- Die Anreicherung von Schadstoffen in den Nahrungsketten hemmt Wachstum und Vermehrung von Pflanzen und Tieren.
- Die Ozonschicht in der Stratosphäre, die, auf Erdbodendruck und -temperatur reduziert, nur drei Millimeter dick ist, schützt Pflanzen und Tiere auf der Erde vor der starken Ultraviolettstrahlung der Sonne. Gase aus Spraydosen und Umwandlungsprodukte aus den in der Landwirtschaft in immer größeren Mengen verwendeten Stickstoffdüngemittel sind dabei, diesen Ozonschild in der Atmosphäre zu zerstören. Eine stärkere UV-Strahlung wird den Erdboden erreichen, die Hautkrebsrate erhöhen und Photosynthese und Pflanzenwachstum hemmen.
- In der Landwirtschaft werden wegen der zunehmenden Resistenz der bekämpften Pflanzen und Schädlinge immer stärkere Gifte in immer größeren Dosen versprüht. Die natürlichen Feinde der Schädlinge sterben aus, und die Giftrückstände in den Nahrungsmitteln wachsen immer mehr an. Wenn sie die tolerierbaren Grenzen auf breiter Front überschreiten oder im Fall einer Krise der Nachschub an Herbiziden, Pestiziden, Hormonen und dergleichen ausbleibt, werden die Ernteerträge rapide zurückgehen.

Weiter heißt es bei Lorber: »Es wird auch nicht mehr lange währen, bis eure sozialen Verhältnisse, von denen ihr glaubt, sie bestünden für immer, zusammenstürzen werden ... Es werden sich die Anzeichen furchtbarer Katastrophen mehren. Es werden eine große und allgemeine Not, Elend und Trübsal eintreten, wie die Erde eine größere noch nie gesehen hat... Die Elementarereignisse, Unglücksfälle und Krankheiten, welche dieser Zeit vorangehen, sind letzte Versuche, noch zu retten, was zu retten möglich ist, damit nicht alle im Schlamm des Egoismus ersticken.«

Als Hauptursache der in diesen und anderen Prophezeiungen vorhergesagten Entwicklung wird der hemmungslose Fortschrittsdrang von Wissenschaft und Technik angeklagt, der ja auch nach wissenschaftlichen Prognosen in eine Katastrophe einmünden soll.

Der große Sensitive Edgar Cayce sprach 1943 von harten Zeiten, die in den USA noch nicht begonnen hätten. Bedarf und Nachfrage nach Lebensmitteln würden in Zukunft ständig steigen. Dem *Global 2000 Report* zufolge sollen sich die Lebensmittelpreise allein schon bis zum Jahre 2000 verdoppeln.

Ein andermal sagte Cayce [Lit. 19]: »Jeder, der eine Farm kaufen kann, ist glücklich, er soll sie kaufen, damit er und seine Kinder und Freunde in den Tagen, die kommen werden, nicht hungern.« Die Rückkehr aufs Land hielt Edgar Cayce für wichtiger als die Beschaffung von Arbeit auf vielen anderen Gebieten, denn »... wenn der Hunger kommt, dann kommen auch Zerstörung, Aufruhr und Streit«.

Auch für Europa und die übrige Welt sind Hungersnöte vorhergesagt worden, z. B. in der »Amsterdamer Prophezeiung« vom 25. Februar 1946. Dort heißt es [Lit. 20]: »Und dann sehe ich das Wort Hunger stehen und politisches Chaos. Das ist nicht für euer Land allein [die Niederlande], sagt die Frau [eine Muttergottes-Erscheinung], sondern auf der ganzen Welt.«

Weltweite Hungersnöte kündigt auch Nostradamus in Quatrain 1, 67 an. Der Quatrain (Vierzeiler) lautet: »Die große Hungersnot, welche ich herankommen sehe, wird oft [in verschiedenen Gebieten] umgehen, schließlich wird sie weltweit werden. Sie wird so groß sein und so lange dauern, daß man die Wurzeln von den Bäumen und die Kinder von der Mutterbrust reißen wird.«

Diese Prophezeiung enthält keine Zeitangaben. Zeitmarkierungen sind jedoch in den Vierzeilern 2, 46 und 11, 27 enthalten, in denen Krieg und Hunger für das – jetzt anbrechende – Wassermann-Zeitalter vorhergesagt werden. Die letzte Zeile in Quatrain 1, 67 deutet darauf hin, daß es selbst zu Kannibalismus kommen wird.

Nach diesen Prophezeiungen wird der Übergang zum Nullwachstum nicht so problemlos vonstatten gehen, wie sich das die Optimisten unter den Zukunftsforschern vorstellen. Von den Sehern werden Hungersnöte und Chaos vorhergesagt. Nach den Prognosen des »Club of Rome« aber sind ja gerade weltweite Hungersnöte diejenigen Katastrophen, die sich bei einem Zusammenbruch unseres Wirtschaftssystems in jedem Fall einstellen werden, gleichgültig, ob der Zusammenbruch aufgrund Rohstoffmangels, Übervölkerung oder der Umweltverschmutzung erfolgt.

Bei den Indianerstämmen im Südwesten Nordamerikas sind ebenfalls Prophezeiungen über eine »große Katastrophe« überliefert, die über die Menschheit hereinbrechen soll. Über diese Prophezeiungen hat VINCENT H. GADDI berichtet [Lit. 21]. Die Katastrophe wird von den Medizinmännern und anderen der Tradition verhafteten Weisen für die nahe Zukunft erwartet. Dabei halten sie sich nicht für Pessimisten, erläuterte einer der Medizinmänner, sondern vertrauen lediglich den überlieferten Prophezeiungen.

Die Katastrophe wird als die große Reinigung bezeichnet, weil es so sein wird, als ob sich die Erde wie ein lebendes Wesen gegen die sie zerstörenden und verschmutzenden Aktivitäten des Menschen wehre. »Wir entstammen der Erde, sie ist unsere Mutter«, sagen sie, »aber die Menschen verhalten sich so, als ob sie ihr dauernd ins Gesicht schlügen.«

Nach der Katastrophe soll sich eine bessere, mehr dem Spirituellen zugewandte Menschheit über die Erde ausbreiten. Die Prophezeiungen sprechen ebenfalls von großen Hungersnöten. Es ist aber nicht klar, durch welche Art von Katastrophe sie ausgelöst werden. Da von Feuererscheinungen und der Erde als eines sich am Menschen rächenden Wesens die Rede ist, ist möglicherweise nicht der Zusammenbruch unseres Wirtschaftssystems infolge Erschöpfung der Ressourcen, Übervölkerung oder Umweltverschmutzung die Ursache, sondern eine Klimakatastrophe oder Erdumwälzungen, wie sie auch von Edgar Cayce vorhergesagt wurden. Allerdings können Feuersbrünste auch im Zusammenhang mit den Unruhen im Gefolge von Hungersnöten auftreten. Die Bevölkerung soll jedenfalls durch die Katastrophe beträchtlich dezimiert werden. Das wurde ja auch von den Zukunftsforschern aufgrund rationaler Überlegungen vorhergesagt.

Unter anderen kennt der Stamm der Hopis diese Prophezeiung. In der Religion ihres Volkes spielen Prophezeiungen eine wichtige Rolle. Die Hopis nennen viele Beweise dafür, daß ihre Prophezeiungen eintreffen. Das ist nichts Außergewöhnliches, da die Hopis ebenso wie die meisten übrigen Indianerstämme dem Kulturkreis des Schamanismus angehören, in dem der Umgang mit dem Paranormalen eine lange Tradition hat. So sollen die Hopis bereits im voraus gewußt haben, daß von Deutschland und Japan ein großer Krieg begonnen würde. Sie kennen einen speziellen Gesang, der vor dem Ausbruch eines Krieges gesungen wird, an dem die Vereinigten Staaten und die jungen Männer des Hopilandes teilnehmen. Er soll 1914 während der Wuwuchu-Zeremonie gesungen worden sein und dann erst wieder vor Ausbruch des Zweiten Weltkrieges.

1959 suchte eine Delegation der Hopis die Vereinten Nationen auf, um die versammelten Weltführer vor der »Katastrophe der großen Reinigung« zu warnen. Der Anlaß für diese Warnung war eine alte Prophezeiung, in der ein Haus aus Glas beschrieben wird, in dem sich die großen Führer vieler Länder versammeln, um Menschen zu helfen, die in Schwierigkeiten sind. Dieses Haus soll vorhanden sein, wenn die Katastrophe der großen Reinigung hereinbricht. Die Hopis erwarten den »wahren weißen Bruder«, der den Prophezeiungen entsprechend die Hopination während der Reinigungskataklysmen beschützen wird. Die Katastrophe soll hereinbrechen, wenn sich die Menschen mehr den materiellen als den spirituellen Dingen zuwenden, wenn das Land verschmutzt und zerstört wird und die Menschen etwas erfunden haben, das auf die Erde fällt und dann durch Hitzeeinwirkungen in weitem Umkreis alles zerstört, so daß das Land zu Asche wird, auf dem kein Gras mehr wächst.

Ein anderer Stamm, der ebenfalls die »große Reinigung« erwartet, sind die Mesquaki. Große Straßen sollen sich zum Zeitpunkt der Katastrophe über den Himmel erstrecken, die Tiere verenden und viele Arten aussterben. Wenn diese Anzeichen da sind, werde es nicht mehr lange dauern, bis die große Reinigungskatastrophe hereinbreche. Auch ist von einem »Haus am Himmel« die Rede, das zu dieser Zeit existieren soll. Die Indianer glauben, daß es sich dabei um die Raumstation »Spacelab« handelt.

Ein extremer Rückgang der Bevölkerung – wie ihn Hungerkatastrophen verursachen sollen, wenn das Wachstum die natürlichen Grenzen überschreitet – wurde auch von Sehern aus dem Bayrischen Wald vorhergesagt. Es handelt sich dabei um alte Prophezeiungen, die zum Teil dem MÜHLHIASL, dem sogenannten »Waldpropheten«, zugeschrieben werden. Die Merkmale, an denen zu erkennen ist, daß das Vorhergesagte bald eintreffen wird, sind in unserer Zeit vorhanden. Allerdings sind sie nicht sehr spezifisch. Eine der Prophezeiungen des Mühlhiasl lautet [Lit. 22, 23]:

»Es wird eine Zeit kommen, in der die Menschen wieder weniger werden und die Welt abgeräumt wird. Wenn man auf den Bergen steht, wird im ganzen Wald [gemeint ist der Bayrische Wald] kein Licht zu sehen sein. Zwiesel und andere Waldorte werden veröden, so daß schon nach wenigen Jahren Brennesseln aus den Fenstern wachsen.«

Einen Bauernhof soll man dann für ein Goldstück kaufen können. Land scheint also im Überfluß vorhanden zu sein. Andererseits wird Gold aber auch weiter im Wert steigen. Es gehört nämlich zu den Metallen, deren Erschöpfungspunkt nach dem Bericht des »Club of Rome« sich aller Wahrscheinlichkeit nach schon in naher Zukunft einstellen wird.

Neben dem Bevölkerungsrückgang werden Aufruhr und Chaos vorhergesagt: »In den Städten wird alles drüber und drunter gehen«, heißt es. »Die Städter, die aufs Land kommen, um selber zu ackern, werden von den Bauern mit der ›Pflugreutn‹ erschlagen. Die Bauern werden sich auch hohe Zäune ums Haus machen und aus den Fenstern auf die Leute schießen ... Wenn man diesseits der Donau noch eine Kuh findet«, heißt es weiter, »der soll man eine goldene Glocke anbinden.«

Für das Bergische Land hat der Klosterbote BERNHARD REMBOLD, genannt »der Spielbernd«, einen Bevölkerungsrückgang vorhergesagt. Rembold war ein Seher, der von 1689 bis 1783 lebte. Einige seiner Voraussagen, 1842 zum erstenmal gedruckt, scheinen auf unsere Zeit zu passen, wie eben die Prophezeiung, in welcher der Bevölkerungsrückgang vorhergesagt wurde [Lit. 22, 24]: »Das Bergische Land wird menschenleer und die Äcker werden herrenlos sein.«

Einer weiteren Vorhersage kann man dann entnehmen, daß die gleichen Verhältnisse auch zwischen Sieg und Riesengebirge herrschen. Als Ursache werden Krieg und Pest genannt. Verblüffend ist ein Merkmal, das der Spielbernd für die Zeit genannt hat, zu der seine Vorhersagen eintreffen sollen. Die Zeitmarkierung lautet: »Um diese Zeit werden in Deutschland keine Juden mehr sein.« Dieser Satz wurde immerhin fast hundert Jahre vor Auschwitz zu Papier gebracht.

Auch Sensitive unserer Zeit haben die Ahnung, daß es wie bisher nicht mehr lange weitergehen wird:

Eine Seherin vergleicht die Menschheit mit den Insassen eines Busses, der mit kaputten Bremsen einen Berg hinunterrast, immer schneller wird. Die Fahrt, die in einer Katastrophe endet, wird für viele Menschen den Tod bedeuten.

Auch der Vater des Verfassers sah pessimistisch in die Zukunft und war sich ziemlich sicher, daß das gegenwärtige System durch ein anderes ersetzt werden wird, wobei es nicht ohne Katastrophen abgehen soll.

Aus dem Schwarzwald kommen ebenfalls Vorhersagen, die das Ende unserer hochtechnisierten Landwirtschaft ankündigen. Sie stammen vom STEINBACH-BAUERN, der diese Gesichte zwischen 1950 und 1960 hatte, und wurden 1978 in *Esotera* veröffentlicht. Von dem Steinbach-Bauern wurden im übrigen Verlauf und Ausgang des Zweiten Weltkrieges richtig vorhergesagt [Lit. 25].

In einem seiner Träume hatte er folgende Vision: Die landwirtschaftlichen Maschinen am Kussenhof und am Hanissenhof (beides Höfe im Schwarzwald) lagen verstreut umher und wurden nicht mehr benutzt. Zum Teil waren sie auch auf einen Haufen gefahren, und Brennesseln wuchsen heraus. Zwei, drei Leute gingen zur Hintertür des Hanissenhofes hinaus mit Sensen zum Mähen.

Kann aus diesen Vorhersagen von Hungersnöten ein Nutzen gezogen werden, oder bleibt uns nichts anderes übrig, als abzuwarten, bis das Unheil über uns hereinbricht? Fallstudien zeigen, daß Ereignisse, die aufgrund solcher Visionen angekündigt werden, mitunter aufgrund dieses Vorherwissens abgewendet oder in ihren Folgen abgeschwächt werden können. Nun sind die vorhergesehenen Hungersnöte vielleicht nicht abwendbar. Aber dann können zumindest Vorkehrungen getroffen werden, um die Auswirkungen zu mildern. Ein Beispiel hierfür wird schon in der Bibel gegeben. Man denke hier an den Traum des Pharao, in dem er, symbolisch verschlüsselt, eine über Ägypten hereinbrechende Hungersnot vorhersah. Nach der Deutung des Traumes durch Josef, den Sohn Jakobs, ließ der Pharao Vorräte anlegen, welche die Menschen in den Dürrejahren vor dem Hungertod bewahrten. Natürlich können wir heute nicht mehr nachprüfen, ob diese Geschichte wahr ist. Sie zeigt jedoch, daß ihr Verfasser und die Kompilatoren, die sie in die Bibel übernommen haben, der Ansicht waren, daß sich ASW-Informationen auf diese Weise nutzen lassen.

Wir können heute kaum Vorräte für mehrere Jahre anlegen; auf jeden Fall aber sollte jedermann Lebensmittelvorräte für einige Wochen im Hause haben, wie das ja auch von den meisten Regierungen empfohlen bzw. gefordert wird. Im Zeitalter der Konserven bereitet das ja keine Schwierigkeiten.

Edgar Cayce empfahl die Rückkehr aufs Land. Zweifellos können dort Lebensmittelknappheit und Hungersnöte immer noch am besten überstanden werden, wie die Hungerjahre nach dem Zweiten Weltkrieg in Deutschland gezeigt haben. In den Städten sind damals viele Menschen verhungert, insbesondere ältere, die nicht zum »Hamstern« aufs Land fahren konnten. Auf dem Land dagegen war die Lebensmittelknappheit deutlich gemildert.

Eine Rückkehr aufs Land, wie Edgar Cayce sie empfohlen hat, ist für die Mehrzahl der Menschen nicht möglich. Aber es sollte alles vermieden werden, was die Landflucht noch weiter verschärfen könnte. Dies wäre zweifellos der Fall, wenn die staatlichen Subventionen für die Landwirtschaft verringert oder abgeschafft würden, wie das immer wieder gefordert wird und auf den ersten Blick auch gerechtfertigt erscheint. Eine Verringerung dieser Subventionen hätte jedoch zur Folge, daß heute noch als Äcker, Felder und Wiesen genutztes Land mit Wald bepflanzt würde und daher die Nahrungsmittelerzeugung stark zurückginge. Wir wären dann vermehrt auf Lebensmitteleinfuhren aus dem Ausland angewiesen, und Lebensmittelverknappungen und Hungersnöte würden sich viel schlimmer auswirken. Die in der Bundesrepublik Deutschland an die Landwirtschaft gezahlten Subventionen könnten sich eines Tages als die wichtigste Vorsorgemaßnahme der Regierung gegen die zu erwartende Nahrungsmittelverknappung erweisen, wenn sie zunächst auch nicht als solche geplant waren.

Die Prophezeiungen der Seher stimmen – wie wir insgesamt erkennen müssen – offensichtlich mehr mit jenen wissenschaftlichen Prognosen überein, denen zufolge das gegenwärtige Wirtschaftssystem zusammenbrechen und die Bevölkerung weltweit zurückgehen wird.

Auf welche Weise nun könnte dies konkret geschehen? Was genau wird die Katastrophe auslösen – Bevölkerungszunahme, die Erschöpfung der Ressourcen oder die Umweltverschmutzung?

5
Wie kann die Umweltverschmutzung das wirtschaftliche Wachstum stoppen?

Nach den Studien des »Club of Rome« bildet die Umweltverschmutzung eine natürliche Grenze für das wirtschaftliche Wachstum. Mit fortschreitendem Wirtschaftswachstum soll die Wasser-, Luft- und Nahrungsmittelvergiftung allmählich derartige Ausmaße annehmen, daß die Industriegesellschaften nicht mehr werden existieren können. Wenn die Umweltverschmutzung einen bestimmten Punkt überschreite, sei wegen der Langzeitwirkung der Schadstoffe die Katastrophe unvermeidbar, das heißt die Verschlechterung des Gesundheitszustandes und der Rückgang der Lebenserwartung der Bevölkerung nicht mehr aufzuhalten. Das komplexe System der wirtschaftlichen Verflechtungen soll zusammenbrechen und die Bevölkerung unkontrolliert zurückgehen.

Das ist eine düstere Prognose. Sie setzt voraus, daß das Wirtschaftswachstum unausweichlich mit zunehmender Umweltzerstörung und -vergiftung verknüpft ist, wie das trotz aller Umweltschutzmaßnahmen bisher der Fall war. Wenn diese Voraussetzung richtig ist, wird das Wirtschaftswachstum tatsächlich ein Ende finden, wenn die Vergiftung von Wasser, Luft und Nahrung einen bestimmten Grad überschreitet. Darauf kommt schon, wer sich das Bild unseres Heimatplaneten vergegenwärtigt, wie ihn die Astronauten aus dem Weltraum aufgenommen haben, und sich dabei der begrenzten Dimensionen, Endlichkeit und Einzigartigkeit unseres Raumschiffes Erde bewußt wird: Ein kugelförmiger Himmelskörper, eingehüllt in ein leuchtendes Aquamarinblau. Dadurch unterscheidet sich unser Wasserplanet Erde von den anderen Planeten des Sonnensystems. Als dritter Planet, von der Sonne aus gezählt, besitzt er als einziger die

Voraussetzungen für höheres Leben, wie wir es kennen, nämlich eine Wasser- und die richtige Gashülle sowie Temperaturen, bei denen Wasser in flüssiger und gasförmiger Form existiert. Die anderen Planeten umkreisen die Sonne in lebensfeindlicher Kälte oder Hitze, quasi ohne Lufthülle oder in dichte Gase eingehüllt. Auf der sonnenbeschienenen Seite unseres blauen Planeten schimmern graugrün die Kontinente, tiefblau die Meere. Gebirgszüge sind erkennbar und die großen Ströme. Ihre Fluten, beladen mit Abfallstoffen, verfärben die Ozeane vor den Mündungen schmutziggelb, und über den Ballungsräumen liegen graue Dunstglocken.

Die Existenz des Lebens und der Menschheit ist auf Gedeih und Verderb an die Unversehrtheit der hauchdünnen Wasser- und Lufthülle auf der Oberfläche dieser großen blauen Murmel geknüpft. Trotz ihrer Begrenztheit und Endlichkeit werden aber Luft und Wasser in immer größerem Ausmaß verbraucht und verschmutzt. Um etwa 1800 begann eine ungeheure Expansion auf fast allen Gebieten. Dieses Wachstum hat sich bisher immer nur gesteigert. Energie- und Rohstoffverbrauch und die Fremdstoffflüsse in Atmosphäre und Wasser verdoppelten sich in immer kürzeren Zeiträumen. Manche der langlebigen Stoffe haben die Neigung, sich zu akkumulieren, das heißt, sie reichern sich nach und nach in der Nahrungskette an und schädigen Mensch und Tier. Schon seit langem werden in den Organen von Mensch und Tier weit überhöhte Gehalte von Kadmium und Blei und giftigen organischen Verbindungen nachgewiesen. Eine unbegrenzte Vergiftung von Mensch, Tier und Pflanze ist natürlich nicht möglich. Die Verpestung von Wasser, Luft und Nahrungsmitteln wird infolgedessen irgendwann einmal nicht mehr weiter zunehmen, spätestens dann, wenn durch Krankheit, Siechtum und Tod großer Bevölkerungsteile das derzeitige Wirtschaftssystem zusammenbricht. Der Mensch wird dann wahrscheinlich das gleiche Schicksal erleiden, das er auch den auf Restbestände dezimierten oder ausgestorbenen Tier- und Pflanzenarten bereitet hat. Tiere und Pflanzen können sich nicht wehren; der Mensch wird immer wieder versuchen auszuweichen, indem er zum Beispiel als besonders gefährlich erkannte

Substanzen in ihren Emissionen beschränkt oder durch andere ersetzt. Es ist nur die Frage, ob ihm das auch immer rechtzeitig gelingt. Die große Vielfalt der Substanzen, ihre Langzeit- und synergistische Wirkung lassen das als fragwürdig erscheinen.

Die chemische Industrie produziert gegenwärtig etwa 40.000 bis 50.000 chemische Verbindungen in Mengen von jeweils mindestens einer Jahrestonne, und jährlich kommen 500 bis 1000 Substanzen neu hinzu. Die Gesamtproduktion organischer Chemikalien beträgt etwa 130 Millionen Jahrestonnen. Sie soll sich bis 1990 verdoppeln. Ein großer Teil der von der Chemie produzierten Stoffe wird in die Atmosphäre und ins Wasser freigesetzt. Andere reichern sich im Erdboden an oder finden sich in den Nahrungsmitteln wieder. Im Rhein, der Trinkwasser für fast 20 Millionen Menschen liefert, sind beispielsweise ungefähr 60.000 chemische Verbindungen enthalten, und von der Luft industrieller Ballungsgebiete weiß man, daß sie, abgesehen von lungengängigem Feinstaub, Schwermetallen und anderen Giftstoffen, um die 2000 organische Verbindungen enthält, von denen bisher nur einige hundert chemisch bestimmt wurden. Wenn sie so langlebig sind wie das DDT und seine Abbauprodukte oder die als Treibgas verwendeten Chlorfluormethane, so verbreiten sie sich über die ganze Erde. Von den wenigsten dieser Chemikalien ist bekannt, welche Auswirkungen sie langfristig gesehen auf den Menschen oder das Ökosystem Erde haben werden. Die von ihnen ausgehende Gefahr ist nicht abschätzbar.

Die industriellen und wissenschaftlichen Institutionen können diese Stoffe zwar entwickeln; sie sind aber vielfach nicht imstande, ihre krebsgefährdende und erbgutverändernde bzw. synergistische Kombinations- und Langzeitwirkung eindeutig zu bestimmen. Man denke an die Contergan-Affäre, bei der ein Schlafmittel die schlimmsten erbgutverändernden Wirkungen auslöste. Manche dieser Stoffe sind krebsfördernd. Einige der Gifte wirken noch in unglaublicher Verdünnung. Eine Substanz im Wasser von so überaus geringer Konzentration wie 0,1 Teile pro Milliarde kann für Fische hochgiftig sein.

Welche Wirkungen die in die Umwelt freigesetzten Schadstoffe auf Mensch und Tier haben können, schildert zum Beispiel die Biologin RACHEL CARSON in ihrem Buch *Der stumme Frühling* [Lit. 26]: »In einer Landschaft mit blühenden Farmen inmitten von Kornfeldern und Obstgärten finden zahllose Vögel ihr Auskommen. Die klaren Bäche sind voll von Fischen. In diese Gegend zieht eine Seuche ein. Rinder und Schafe werden siech und verenden. Die Fische gehen zugrunde, und die Vögel verschwinden. Die wenigen Vögel, die noch zu den Futterplätzen kommen, zittern heftig und können nicht mehr fliegen. Sie sind dem Tod nahe. Die Menschen werden von unbekannten Krankheiten befallen, denen die Ärzte ratlos gegenüberstehen. Ursache dieser Seuche ist ein weißes körniges Pulver, das vor einigen Wochen vom Himmel gefallen ist und von dem sich an geschützten Stellen noch ein paar Flecken zeigen.«

Die Biologin sagt, daß sie keine Gemeinde kennt, der alle diese Mißgeschicke auf einmal zugestoßen sind, wohl aber, daß sich jeder einzelne dieser Unglücksfälle irgendwo ereignet hat. Das war 1962. Inzwischen gibt es jedoch einen Landstrich, der von einer noch schlimmeren Katastrophe betroffen wurde, als die Biologin sie schildert. In Seveso, einer Stadt in Oberitalien, wurde am 10. Juli 1976 während einer Betriebsstörung von einem Chemiewerk weniger als eine Stunde lang ein starkes Gift in die Atmosphäre freigesetzt. Aus der vom Wind davongetragenen Abgaswolke rieselte ein feiner weißer Staub und setzte sich auf Bäume, Gras und Erdboden. Ein Gebiet von über hundert Hektar, über das die Abgaswolke hinweggezogen war, wurde unbewohnbar.

In dem Chemiewerk war aus Trichlorphenol, das für antiseptische Seifen verwendet wird, bei Temperaturen von über 200 Grad Celsius das Gift Dioxin entstanden. Dieser Stoff gehört zu den tödlichsten Kleinmolekülgiften, das die Menschheit kennt. Seine Wirkung ist noch schlimmer als die von Arsen und Strychnin. Während ein halbes Gramm Trichlorphenol jedes zweite Meerschweinchen tötet, dem man es verabreicht, reicht bei Dioxin der viermillionste Teil eines Gramms dafür aus.

In dem von der Giftwolke am stärksten betroffenen Gebiet fielen die Vögel tot vom Himmel, die Haustiere starben, und die Menschen wurden von schrecklichen Geschwüren befallen. In einem Gebiet von zwei Kilometern Länge und einem halben Kilometer Breite starben neunzig Prozent aller Tiere. Die Wirkungen traten nicht sofort auf, sondern erst nach Tagen und Wochen und manche erst nach Monaten. Die Langzeitwirkungen sollen sich bei den betroffenen Menschen sogar erst nach zehn bis fünfzehn Jahren zeigen. Da das Gift wasserunlöslich und sehr langlebig ist, mußten die am stärksten verseuchten Gebiete von den Menschen geräumt werden. Sie wurden abgesperrt und zur verbotenen Zone erklärt.

Mit fortschreitender Umweltvergiftung könnten, langfristig gesehen, immer größere Teile der Erde für den Menschen unbewohnbar werden infolge der allmählichen Vergiftung des Bodens durch Schwermetalle und giftige Abfälle. Völlig ausgeschlossen ist auch nicht, daß das bei der Verbrennung fossiler Brennstoffe freiwerdende Kohlendioxyd die Erde in eine Venussituation mit lebensfeindlicher Überhitzung bringt. Größer noch scheint aber die Gefahr, daß sich gefährliche Giftstoffe unerkannt in immer größeren Mengen im menschlichen Organismus akkumulieren und dort genetische Schäden, Krebs oder andere Krankheiten auslösen. Sehr leicht könnte sich das folgende Szenarium – eine hypothetische Zukunftsschau – verwirklichen:

Ende der siebziger Jahre wurde Erdöl und dann auch Erdgas immer teurer. Der Ausbau der Atomkraft verzögerte sich und statt Ölkraftwerken wurden wieder Kohlekraftwerke gebaut, und auch in der Industrie und zum Teil auch in den Haushalten wurde wieder mehr Kohle verheizt.

Zwischen 1970 und 1980 war der Schwefeldioxydgehalt der Atmosphäre, der lange Zeit als Indikator der Luftverschmutzung galt, trotz steigender Auswürfe in den meisten Großstädten nicht weiter angestiegen. Dafür gab es vor allem zwei Gründe: Niedrige Schornsteine waren durch hohe ersetzt worden, und die Haushalte waren von Kohle auf schwefelarmes Heizöl oder auf Gas umgestiegen, das überhaupt keinen Schwefel enthält. Die das Atmungssystem angreifenden giftigen Stickoxyde waren allerdings, wenn überhaupt, so nur in wesentlich geringerem Maße zurückgegangen und die Kraftfahrzeugimmissionen, darunter das das Blut vergiftende Kohlenmonoxyd, waren – von Blei einmal abgesehen – immer nur angestiegen, und zwar um so rapider, je mehr der Verkehrsfluß in den verstopften Straßen der Städte auf niedrige Geschwindigkeiten abfiel. Nachdem sich Öl und Gas um einige hundert Prozent verteuert hatten, stieg auch die Immissionsbelastung durch Schwefeldioxyd wieder an, denn Erdöl und Gas wurden zunehmend wieder durch Kohle ersetzt. Kohleöfen erlebten in den achtziger Jahren wahre Absatzrekorde. Darüber hinaus war auch die Umstellung auf hohe Schornsteine zu Ende der achtziger Jahre weitgehend abgeschlossen. Der Energieverbrauch und die Industrialisierung aber nahmen, wenn auch relativ langsam, weiter zu und damit auch die Schadstoffauswürfe. Neue Kraftwerke, die errichtet wurden, waren zwar mit Waschanlagen ausgerüstet, die einen Teil der Schadstoffe zurückhielten: dafür stiegen aber die nun kälteren Abgase weniger hoch in die Atmosphäre empor, gelangten also schneller und häufiger in die Lebenssphäre des Menschen.

Die Schwellwerte der Warnstufe eins des Smogalarms wurden im Ruhrgebiet erstmalig im Januar 1979 erreicht. Die Schadstoffkonzentrationen stiegen jedoch dann nicht weiter an, so daß keine Emissionsbeschränkungen angeordnet werden mußten. (Die Ursachen der Smoglage wurden von dem Verfasser in einer wissenschaftlichen Arbeit analysiert.) Zu diesem Zeitpunkt hatte sich der Schadstoffgehalt der Atmosphäre aufgrund der Ölverteuerung allerdings auch noch nicht erhöht. Das geschah jedoch im Verlaufe der achtziger Jahre.

Solange die Schadstoffe durch Wind und Turbulenz noch ausreichend verteilt wurden, traten Smoglagen noch relativ selten ein. Dann kam es, gegen Ende des Jahrhunderts, jedoch allmählich zu der Klimaveränderung, die von den Klimatologen aufgrund des Kohlendioxydanstiegs in der Atmosphäre vorhergesagt worden war. Wie in Kapitel 7 ausgeführt wird, erwärmten sich vor allem die polaren Breiten. Die Eisdecken gingen zurück. Das Temperaturgefälle zwischen dem Äquator und den Polen verringerte sich und damit auch das Druckgefälle, das die atmosphärische Zirkulation antreibt. Die Voraussagen von HERMANN FLOHN [Lit. 27] und anderen Klimatologen über die Abnahme der Windgeschwindigkeit erwiesen sich als richtig. Der Anteil der Westwinde ging zurück, dafür nahmen die Ostwindlagen mit geringen Windgeschwindigkeiten und ausgeprägten atmosphärischen Sperrschichten stark zu. Der Golfstrom verlor an Einfluß und das Klima in Mittel- und Nordeuropa wurde kontinentaler mit wärmeren Sommern und kälteren Wintern. Damit waren die Bedingungen für Smog wesentlich häufiger als früher erfüllt. Der Wind transportierte die von Industrie, Hausbrand und Verkehr freigesetzten Schadstoffe nicht mehr ab, und die Sperrschichten verhinderten, daß sie sich in höhere Luftschichten ausbreiteten. Über den Großstädten der Industrieländer mittlerer Breiten lagerten fast den ganzen Winter hindurch tiefschwarze Dunstglocken, die kein Sonnenlicht mehr durchließen. Die warme Luft über dem Stadtkern stieg wie in einem Kamin auf, um dann unterhalb der atmosphärischen Sperrschichten nach den Seiten abzufließen und in den Außenbezirken der Städte wieder abzusinken. Von dort strich sie vermischt mit Kaminabgasen wieder stadteinwärts. Mit fortlaufend mehr Schmutz, Kohlenmonoxyd, Stickoxyden, Schwefeldioxyd und anderen Schadstoffen beladen, wurde sie immer wieder in den Lebensraum und die Atemluft der Menschen am Boden zurücktransportiert.

Die windschwache Wetterlage, die im Dezember 1952 zu der berüchtigten Smoglage in London mit viertausend Toten über der Norm geführt hatte, wiederholte sich in ähnlicher Form vielhundertfach sowohl auf den britischen Inseln als auch auf dem amerikanischen und europäischen Kontinent. Infolge der Einrichtung des Smogalarms mit seinen Emissionsbeschränkungen in Industrie und Verkehr blieb der Schadstoffgehalt der Atmosphäre allerdings zunächst noch unter den hohen Werten, wie sie damals in London gemessen wurden. Die aufgrund des Smogalarms durchgeführten Emissionsbeschränkungen zeigten andererseits aber auch nicht die Wirkung, die man sich von ihnen erhofft hatte. Die Abgase der höheren Emittenten, die Emissionsbeschränkungen unterlagen, drangen nämlich, insbesondere bei Smogalarm, häufig in die Sperrschichten in der Höhe ein, wo sie festgehalten wurden und dann nur noch wenig zur Immissionsbelastung am Boden beitrugen. Außerdem verfeuerten die in Frage kommenden Großemittenten sowieso schon relativ schwefelarme Brennstoffe, deren Schwefelgehalt nur wenig über dem bei Smogalarm fixierten lag.

Neben Industrie und Verkehr und den Zuflüssen aus anderen Emissionsräumen war nämlich auch der Hausbrand in nicht unbeträchtlichem Maße für den Smog verantwortlich. Der Hausbrand emittiert zwar in den meisten Städten weniger Schwefeldioxyd, Stickstoffoxyd, Ruß und Kohlenmonoxyd als die Industrie, verursacht aber wegen seines niedrigen Auslaßniveaus und des geringen Auftriebs der Abgasfahnen dennoch hohe Schadstoffkonzentrationen. Wie von dem Verfasser abgeschätzt werden konnte, verursacht eine Tonne Schwefeldioxyd aus dem Hausbrand im Ruhrgebiet eine Schadstoffbelastung, die um wenigstens den Faktor sieben höher liegt, als wenn diese Menge aus einem der hohen Kraftwerkschornsteine emittiert wird. In weniger großen Ballungsräumen ist das Verhältnis noch ungünstiger.

Die von den Smoglagen in den Städten betroffenen Menschen reagierten mit Atembeklemmungen, Reizhusten, Schleimhautentzündungen und Erbrechen. Besonders betroffen wurden ältere Personen und solche, die an Brustbeschwerden litten oder früher an solchen Krankheiten gelitten hatten. Unter ihnen kam es zu überdurchschnittlich vielen Todesfällen.

Mit fortschreitendem Abschmelzen des Polareises gingen Temperatur- und Druckgefälle und damit die Windgeschwindigkeit und die Verdünnungsfähigkeit der Atmosphäre immer weiter zurück. Die Häufigkeit von Smoglagen aber stieg steil an. Smogalarm, Emissionsbeschränkungen und Einschränkungen des Kraftfahrzeugverkehrs wurden alltäglich. Die Wirtschaftsführer in den Industrieländern der mittleren Breiten erklärten, bei Fortdauer der ruinösen Betriebsbeschränkungen und -stillegungen mit den Ländern in günstigeren Klimazonen nicht mehr konkurrieren zu können. Ihren Forderungen nach Heraufsetzung der Schwellwerte für die

Auslösung von Smogalarm schlossen sich die Gewerkschaften mit dem Hinweis an, daß sonst Arbeitsplätze verlorengingen. Zunächst wurden in den Ländern, für die Ausfuhren lebensnotwendig waren, die Schwellwerte hinaufgesetzt. Die anderen Industrieländer der nördlichen Breiten zogen nach. Protesten der Bevölkerung wurde in der Bundesrepublik Deutschland mit dem Argument begegnet, daß es sonst nicht möglich sei, genügend Rohstoffe und Lebensmittel einzukaufen. Diesem letzten Argument war nichts entgegenzusetzen. Infolge der sich immer mehr abschwächenden Zirkulation blieben nämlich die regenbringenden Westwinde aus oder drangen nicht mehr so weit in das Innere der Kontinente vor. Der Niederschlag ging zurück, und nach und nach fielen immer größere Gebiete für die landwirtschaftliche Nutzung aus. Die Lebensmittelpreise stiegen doppelt so schnell an wie die Inflationsrate. Ihre Beschaffung auf dem Weltmarkt war nur noch zu hohen Preisen oder im Tauschgeschäft möglich.

Im ersten Winter nach Hinaufsetzung der Schwellwerte traten in der Bundesrepublik Deutschland drei Smogperioden hintereinander auf. Nachdem sie im März endgültig überwunden waren, wurden im Ruhrgebiet 20.000 Tote über der Norm gezählt. In den übrigen Industriegebieten ergaben sich, bezogen auf die Bevölkerungszahl, ähnlich hohe Werte.

Die Smogkatastrophen wiederholten sich von da an in jedem Winter. Da die Luftverschmutzung vor allem ein lokales und regionales Problem darstellt, hätte die Katastrophe nicht die Ausmaße angenommen, wenn die Industrieanlagen, anstatt weiterhin konzentriert in den Ballungsräumen, verteilt über das ganze Land errichtet worden wären.

Auch das Hausbrandproblem hätte entschärft werden können. Durch ein großzügiges staatliches Programm zur Förderung der Wärmedämmung in Wohngebäuden wäre es nicht nur möglich gewesen, die Heizungskosten, sondern auch die Hausbrandemissionen um mehr als ein Drittel zu senken. Außerdem hätte in wesentlich größerem Umfang Abwärme aus Kraftwerken zu Heizzwecken eingesetzt werden können.

Die Schadstoffkonzentrationen hätten in der Bundesrepublik bei Smog nicht die hohen Werte erreicht, wenn 1981 der

Fünfjahresplan zur verstärkten Nutzung von Abwärme aus Stromkraftwerken nicht wegen Geldmangels gescheitert wäre. Die Länder sollten mit einem Netz von Fernwärmeschienen überzogen werden, um den Ölverbrauch zu drosseln. Gleichzeitig wäre dann auch die Schadstoffbelastung in den Ballungsräumen und Großstädten zurückgegangen, weil die Abgase anstatt aus vielen niedrigen Einzelquellen aus einem einzigen hohen Schornstein emittiert und zusammengefaßt auch entsprechend hoch in die Atmosphäre aufgestiegen wären. Außerdem wären hauptsächlich die 60 Prozent der Primärenergie der verfeuerten Kohle genutzt worden, die bisher als Wärme im Kühlwasser der Stromkraftwerke verlorengehen. Für den Löwenanteil wären also überhaupt keine Schadstoffemissionen angefallen.

Als Segen erwies sich, daß in den stark belasteten Gebieten die Industrie- und Kraftwerkschornsteine Anfang der achtziger Jahre zu einem großen Teil beträchtlich erhöht worden waren. Auch andere Umweltschutzmaßnahmen fielen ins Gewicht, wenn sie auch bei weitem nicht ausreichten.

Nach Hinaufsetzung der Schwellwerte für die Auslösung von Smogalarm schien die Wettbewerbsfähigkeit der Industrie fürs erste nicht mehr gefährdet. Wie sich bald herausstellen sollte, war das jedoch ein Trugschluß, weil nämlich die Krankenstände aufgrund von Atmungs- sowie Herz- und Kreislauferkrankungen von Winter zu Winter auf immer höhere Werte anstiegen. Die Wettbewerbsfähigkeit der Industrieländer der nördlichen Breiten wurde nun aufgrund der überaus hohen Arbeitsausfälle immer mehr geschwächt. Die Krankenversicherungsbeiträge mußten drastisch erhöht werden, die Beiträge für die Rentenversicherungen blieben jedoch erstaunlicherweise relativ niedrig, obwohl in vielen Fällen aufgrund von Atmungserkrankungen Invalidität eintrat. Die Erklärung hierfür war, daß vor allem die Alten und Kranken an den Abgasen starben.

Wer es sich leisten konnte, floh aus den Großstädten und Ballungsräumen, wo der Gesundheitszustand der Bevölkerung immer schlechter wurde und die Lebenserwartung immer mehr absank, in die Randzonen. Ein wahrer Exodus setzte ein, der dazu führte, daß die Großstädte allmählich verödeten. Ein Wirtschaftswachstum gab es schon lange nicht mehr. Stromabschaltungen und Warteschlangen vor den Tankstellen und später vor den Lebensmittelläden gehörten zum Alltag. Die Produktionszahlen der Industrie gingen von Jahr zu Jahr mehr zurück. Mit sinkenden Produktions- und Einwohnerzahlen nahmen zwar auch die Schadstoffkonzentrationen bei Smoglagen ab, aber wegen der Langzeitwirkung der Schadstoffe und der sich nur langsam auswirkenden Maßnahmen zur weiteren Verminderung der Schadstoffemissionen war eine Verbesserung des Gesundheitszustandes der Bevölkerung in den Ballungsräumen bisher nicht zu verzeichnen.

6
Wird Energiemangel die Katastrophe verursachen?

Nach den Prognosen der Wissenschaftler und Seher soll unser gegenwärtiges Wirtschaftssystem zusammenbrechen. Wird Energiemangel diesen Zusammenbruch verursachen, fehlendes Erdöl in die Katastrophe, nämlich Hunger und raschen Bevölkerungsrückgang, hineinführen?

Voraussetzung für das Funktionieren unserer technisierten Zivilisation ist die Verfügung über große Energiemengen. Energie bewegt die Maschinen in den Fabriken wie auch in der Landwirtschaft. Energie treibt Autos und Flugzeuge an. Sie verrichtet die Arbeit, die früher mit Muskelkraft erledigt werden mußte, erzeugt Düngemittel, die in großen Mengen in der Landwirtschaft benötigt werden. Wenn heute ein Bauer in Deutschland 43 Personen ernähren kann, während es um 1900 nur etwa fünf waren, so beruht das nicht zuletzt auf der Verfügung über große Energiemengen. Mit sehr viel Energie ließe sich sogar der Rohstoffmangel beheben.

Erdöl war bisher die preiswerteste Energieform. Wer über Erdöl verfügt, besitzt die Wunderlampe aus dem Märchen aus *Tausendundeiner Nacht,* mit deren Hilfe alle Reichtümer dieser Welt herbeigeschafft werden können. Aufgrund des Erdöls verwirklichte sich eine über die Jahrhunderte hinwegreichende, in ein Märchen gekleidete Vision, in erster Linie natürlich für die ölfördernden Länder im Nahen Osten, darüber hinaus aber auch für die ölverbrauchenden Industrieländer (im Märchen der böse Zauberer, der die Wunderlampe aus der Erde heraufholen läßt und alleine für sich behalten will). Die gewaltigen Steigerungen des Lebensstandards in den zurückliegenden Jahrzehnten waren nur mit Hilfe des preiswerten Erdöls möglich.

Aber nun gehen Erdöl und Erdgas, die derzeit zwei Drittel des Weltenergiebedarfs decken, zur Neige. In wenigen Jahren schon wird die Ölförderung die Ölnachfrage nicht mehr befriedigen können. Benzinknappheit in den USA und weltweit steigende Ölpreise sind die Vorhut dieses herannahenden Desasters. Eine Erdölkrise mit drastischen Auswirkungen wird wahrscheinlich schon Mitte der achtziger Jahre auf uns zukommen. Noch eher, als nach den vorhandenen Vorräten zu erwarten wäre, wird Erdöl knapp werden, weil nämlich neue Industriezentren als Ölverbraucher hinzukommen und die Araber kein Interesse an einer Steigerung ihrer Ölförderung haben. Auf die Verknappung wird aber eines Tages die Erschöpfung der Erdölquellen folgen. Eine Wirtschaftskrise ungeahnten Ausmaßes könnte hereinbrechen, wenn das Erdöl zur Neige geht oder schon vorher infolge eines Krieges im Nahen Osten der Nachschub ausbleibt. Dem Benzinmangel wird man dann mit autofreien Sonntagen und auch mit den in manchen Ländern bereits gedruckten Benzinmarken nicht mehr abhelfen können.

Heizöl wird immer teurer werden und insbesondere in kalten Wintern überhaupt nicht oder nur noch zu Wucherpreisen zu erhalten sein. Um nicht zu erfrieren, werden die Menschen ihre Elektrogeräte einschalten. Aber die Elektrizitätsunternehmen werden nicht soviel Strom liefern können. Neben Warteschlangen vor den Tankstellen werden Stromabschaltungen zum Alltag gehören. Das Geschehen in New York in der Nacht vom 13. zum 14. Juli 1977 vermittelt einen Eindruck davon, was Energieknappheit allein schon infolge Stromabschaltungen und Netzzusammenbrüchen bewirken kann. Ab halb zehn Uhr stand in dieser Nacht in New York alles still, was elektrisch betrieben war. Ein doppelter Blitzschlag in die zentrale Stromversorgung der Elektrizitätsbetriebe hatte zu einem Netzzusammenbruch geführt. Keine Lampe brannte mehr. Die Kühlschränke standen still. Autofahrer bekamen von den elektrisch betriebenen Tankstellen kein Benzin mehr. Nach Hause Strebende waren in den U-Bahn-Schächten, Hochhausbewohner im Fahrstuhl eingesperrt. In den Vorstädten räumten plündernde Horden im Schutz der Dunkelheit die Geschäfte aus.

Mit fortschreitendem Energiemangel – wie er durch die islamischen Länder aus taktischen Gründen auch künstlich ausgelöst werden könnte – wird dann alles noch viel schlimmer werden: Autofahrer werden vor geschlossenen Tankstellen stehen, frierende Menschen in ungeheizten Wohnungen ihr Dasein fristen; am schlimmsten wird sich die Arbeitslosigkeit auswirken, in deren Gefolge Hunger und zuletzt auch politisches Chaos zu erwarten sind. Die Fabriken werden zur Kurzarbeit übergehen, bis schließlich in den meisten Betrieben die Maschinen ganz stillstehen und das komplexe System der wirtschaftlichen Verflechtungen zusammenbricht. Der Lebensstandard sinkt rapide ab, Unzufriedenheit und Resignation breiten sich aus. Da es an Maschinen, Treibstoffen und Düngemitteln mangelt, geht die Lebensmittelerzeugung zurück. Die Lebensmittelpreise steigen gewaltig an. Geld verliert seinen Wert. Schwarzmärkte bilden sich. Die Menschheit kehrt zum Tauschhandel zurück. Lebensmittel werden immer knapper und teurer. Lebensmitteleinfuhren aus anderen Ländern bleiben aus. Um nicht zu verhungern, kommen die Städter zum »Hamstern« aufs Land. Gold, Schmuck, Teppiche und was sonst irgendwie brauchbar erscheint, geht in die Hände der Bauern über. Schließlich haben die Stadtbewohner nichts mehr zu tauschen. Da nehmen sie sich die Lebensmittel mit Gewalt. Selbst drastische Strafen können das nicht verhindern.

Wie Hamstern in Plündern übergeht, davon gibt der sogenannte Kartoffelkrieg, der sich im Oktober 1923 im Bergischen Land in der Gegend von Overath abspielte, einen kleinen Vorgeschmack [Lit. 28]. Damals ließ – als Folge der Weltwirtschaftskrise – eine galoppierende Inflation die Lebensmittelpreise rapide ansteigen. Fabriken und Betriebe standen still, und große Teile der Bevölkerung waren ohne Arbeit und Geld. Der Hunger trieb die Städter in immer größeren Scharen aufs Land. In Massen quollen sie aus den überfüllten Zügen. Im Herbst 1923 ging es den Hamsterern dabei vor allem um Kartoffeln, von denen Mitte Oktober ein Sack den gewaltigen Betrag von einer Milliarde Mark kostete, einen knappen Monat später aber bereits 500mal soviel.

Da die Bauern bald keine Kartoffeln mehr tauschen konnten oder wollten oder auch zuviel dafür verlangten, gingen ganze Trupps von Hamsterern dazu über, sie aus den Feldern auszugraben. Den Preis dafür bestimmten sie selber. Das währte einige Tage. Dann bezahlten sie gar nichts mehr, sondern nahmen sich sogar noch Pferd und Wagen und fuhren die gestohlenen Kartoffeln zum Bahnhof. Die Bauern liefen hinterher. Auf den Feldern kam es zu Zusammenstößen zwischen Plünderern und Bauern, aber die Plünderer behielten wegen ihrer großen Zahl fast immer die Überhand. Die örtliche Polizei war machtlos. Ihre Anforderungen von Verstärkung und militärischem Schutz wurden abgeschlagen. Die englische Besatzung in Köln erklärte sich für nicht zuständig, und die französische Besatzung in Siegburg wollte nur unter der Bedingung helfen, daß die Bauern die »Rheinische Republik« ausriefen. Da schritten die Bauern zur Selbsthilfe. Mit Knütteln, Mistgabeln, Dreschflegeln bewaffnet, traten sie am Morgen des 26. Oktober vor dem Overather Bahnhof an, von dem die meisten Raubzüge der Plünderer ihren Ausgang nahmen. Die mit dem Frühzug ankommenden Kölner wurden zurückgeschickt, aber dann lief der 9-Uhr-Zug ein, vollgepfropft mit Menschen, die entschlossen waren, sich Lebensmittel zu verschaffen. Sie drängten aus dem Bahnhof hinaus und suchten die Absperrung zu durchbrechen. Einigungsversuche der Besonnenen fruchteten nichts. Steine und Flaschen flogen, Hacken wurden geschwungen, und unter lautem Johlen setzte ein so gewaltiges Vorwärtsdrängen ein, daß die Kette der Bauern nicht mehr standhielt. Die Plünderer brachen durch; über zahlreiche Verletzte hinwegtrampelnd, fluteten sie in den Ort hinein.

Eingekeilt in die hin und her wogende Masse fürchteten einige berittene Bauern um ihr Leben. Die Aggressiveren unter den Plünderern, unter denen sich auch freigelassene Zuchthäusler befanden, versuchten, sie vom Pferd zu reißen. Von Panik erfaßt, griff ein Knecht zur Pistole und schoß in die Menge hinein. Zwei Menschen sanken zu Boden. Einer war sofort tot, der andere starb im Krankenhaus. Eine rasende Wut erfaßte die Menge. Der Schütze wurde vom Pferd heruntergezogen; es gelang ihm noch, sich loszureißen und eine Strecke weit zu fliehen, dann wurde er eingeholt und zu Tode geprügelt, die Leiche bis zur Unkenntlichkeit verstümmelt. Nach dieser Bluttat rückten die Plünderer in Richtung Köln zurück.

Am nächsten Tag blieb alles ruhig. Doch am darauffolgenden Tag kamen sie wieder in großen Scharen an, und nun war niemand da, der sie aufhielt. Ausgerüstet mit Hacken, Säcken und Karren fielen sie über die Kartoffelfelder her. Von ferne sah es aus – wie der Chronist, der Overather Bürgermeister Simon, schreibt –, als ob Krähenschwärme sich auf den Äckern niedergelassen hätten. Große Trupps zogen auch über die Höfe, drangen in die Bauernhäuser und Ställe ein und stahlen alles, was sie an Eßbarem fanden. Hühner und Gänse wurden totgeschlagen und mitgenommen. Die Einheimischen schauten resigniert zu, wie die Plünderer ihren Raub zum Bahnhof schleppten, der fest in der Hand der Plünderer war. Dort gab es bereits Hehler, die das Gestohlene aufkauften und in Waggons verluden. Der ganze Ort glich einem Zigeunerlager.

Zu weiteren Raubzügen kam es in der Overather Gegend jedoch nicht mehr. Die Bergarbeiter, die um ihre Kartoffelversorgung fürchteten, blockierten gemeinsam mit den Bauern die Bahnhöfe an der Agger- und Sülztalstrecke. Etwas später konnte auch erreicht werden, daß sämtliche Tageszüge in diese Richtungen eingestellt wurden. Die Plünderer verlegten daraufhin ihre Tätigkeit in andere Gebiete.

Auf eine ähnliche Weise wird man auch zu Beginn einer künftigen Versorgungskrise – bei gleichzeitigem politischem Chaos – versuchen, die hungernden Menschen aus den Städten vom Plündern abzuhalten. Wenn noch private Autos fahren, wird man Straßensperren errichten. Von dort aus werden sich dann die Hungernden zu Fuß auf den Weg machen. Auf den Feldern wird man um die Ernte kämpfen. Es wird nicht möglich sein, jeden Acker von einer Polizeieskorte bewachen zu lassen. Rinder werden auf den Weiden geschlachtet, die Ernte vor der Reife geplündert, selbst das Saatgut wird nicht geschont werden. Geordnete Landwirtschaft wird unmöglich werden. Die Felder werden nur noch zu einem geringen Teil bestellt. Hungersnöte brechen aus, ähnlich wir vor einigen Jahren in der Sahelzone, allerdings mit wesentlichen Verschärfungen. Es werden keine Länder mehr da sein, die helfen können, und nicht alle Menschen werden apathisch den Tod erwarten. Hunger macht auch aggressiv. Banden werden sich bilden, die rauben und morden. Kannibalismus könnte alltäglich sein.

Die Bevölkerung wird die Regierungen für die Misere verantwortlich machen und nach dem starken Mann rufen. Demokratische Regierungen werden hinweggefegt. Chaos und Anarchie herrschen, bis dann Diktaturen Unruhen und Revolten im Innern niederschlagen und die Aggressionen der Massen nach außen lenken. Vermeintlich besser gestellte Nachbarländer werden überfallen. Es könnte üblich werden, Kriegsgefangene zu verzehren, Gefangenentransporte als Proviant mit sich zu führen. Bis zum Skelett abgemagerte Menschen werden auch in Europa zum Alltagsbild gehören. Kleinkinder wird man nicht mehr sehen. Die Kranken und Schwachen sterben zuerst, dann diejenigen, die noch einen Rest ethischer Grundsätze bewahrt haben. Grippeepidemien werden den Charakter von Seuchen annehmen und Millionen dahinraffen. Die Bevölkerung wird rapide zurückgehen – auf Bevölkerungszahlen vielleicht, wie sie nach dem Dreißigjährigen Krieg in Deutschland gezählt wurden. Höfe und ganze Dörfer werden leerstehen, die Bewohner geflohen oder von Plünderern ermordet sein. Auf freier Strecke halten Züge, die nie mehr einen Bahnhof erreichen. Die Städte werden veröden. Das Wort BERTOLT BRECHTS könnte sich erfüllen: »Von den großen Städten wird bleiben, wer durch sie hindurchging – der Wind.«

In den unbewohnten Häusern sind die Fensterscheiben zerbrochen, hängen Türen schief in den Angeln. Die Dachbalken verrotten, und die Dächer stürzen ein. Nach und nach verwandeln sich die Mauern in Steinhaufen, auf denen Brennesseln und Gestrüpp wachsen, ähnlich wie in den verlassenen Dörfern und Gehöften in Südfrankreich. Die freien Flächen sind schon lange von Gebüsch und Gestrüpp überzogen. Bei einem Erdbeben fällt auch die letzte Wand, und schließlich verraten nur noch unregelmäßige Kuppen und Bodenvertiefungen, daß hier einmal ein Haus oder Dorf gestanden hat. Man muß schon graben, um auf Steine und ab und zu einmal auf verrottetes Inventar zu stoßen.

Bei den ganz aus Beton errichteten Bauten wird die Natur allerdings mehr Mühe haben, sie wieder einzuebnen. Sie werden viele Jahrhunderte überdauern und könnten noch in ferner Zukunft den in ein vorindustrielles Zeitalter zurückgefallenen Menschen Unterschlupf gewähren. Möglicherweise ist das das einzig Nützliche, was unsere technische Zivilisation unseren fernen Nachfahren hinterlassen wird. Urwälder werden sich von neuem in Mitteleuropa und im Osten Amerikas ausbreiten. Die Asphaltstraßen werden sie mit ihrem Wurzelwerk unterminieren und von den Seiten her immer mehr einengen. Ab und zu stößt man in den Wäldern auf einen von Moos und Schlingpflanzen überwucherten Betonpfahl – als solcher nur zu erkennen, weil er keine Äste hat: ein ehemaliger Leitungsmast; die Leitungsdrähte sind längst verrostet. Selbst die Eisenbahnschienen werden eines Tages verrostet sein. Die in den Wäldern von der Jagd und ein wenig Landwirtschaft lebenden Menschen kommen vielleicht in die Ruinen der Ortschaften und Städte nur noch, um in den Kellern nach Eisenstücken zu suchen, die sie für ihre Speer- und Pfeilspitzen benötigen. Ein neuer Aufstieg wird enorm schwierig sein, da alle leicht zugänglichen Energie- und Rohstoffquellen erschöpft sind. Vielleicht wird dann der Menschheit gar nichts anderes übrigbleiben, als sich dem Spirituellen und der Erforschung der geistig-seelischen Innenwelt zuzuwenden. Technik und Ingenieurwissenschaften könnten auch als die faßbaren Ursachen der Katastrophe lange Zeit tabu bleiben. Aber irgendwann wird doch ein neuer Aufstieg beginnen.

Energiemangel könnte den Rückfall in das vorindustrielle Zeitalter verursachen, obwohl andere Energieträger wie insbesondere die Kohle geeignet sind, das Erdöl zu ersetzen. Kohle kann in sämtlichen technischen Systemen der gegenwärtigen Industriegesellschaft verwendet werden. Verflüssigte Kohle ersetzt Petroleum-Benzin und die Einsatzstoffe für die Chemie; allerdings fehlen die Fabriken, um Kohle in Treibstoff umzuwandeln. Atom- und Sonnenenergie kann Erdöl nur in bestimmten Bereichen ersetzen.

Kohle deckt derzeit dreißig Prozent des Weltenergiebedarfs, und die gegenwärtige Weltförderung kann noch mehrere hundert Jahre aufrechterhalten werden. Dennoch kann die Kohle die entstehende Energielücke nicht ausfüllen, wenn Erdöl und Erdgas ausfallen. Um das Erdöl ersetzen zu können, müßte nämlich ein so beträchtlicher Anstieg der Kohleförderung stattfinden, wie er praktisch nicht zu verwirklichen ist. Die Vorlaufzeiten, die benötigt werden, um neue Bergwerke aufzuschließen und einzurichten, betragen nämlich allein schon fünf bis fünfzehn Jahre. Kohle kann nur dann Erdöl und Gas ersetzen, wenn heute schon mit massiven Investitionen begonnen wird. Dazu besteht jedoch nicht genügend Anreiz. Die Entscheidungen müßten deshalb von den Politikern getroffen werden. Aber welcher Politiker fällt eine solch unpopuläre, weil mit Kosten verbundene Entscheidung, deren Nutzen sich erst jenseits der eigenen Amtsperiode erweisen wird!

So müssen wir letztlich noch dankbar sein, daß die erdölfördernden Länder die Preise für das Rohöl immer mehr anheben, so daß die anderen Energien in Wettbewerb mit dem Öl treten können und ihre Einführung über den Markt erfolgt. Dieser Prozeß ist derzeit im Gange. Um den Faktor zehn sind die Preise für das Erdöl zwischen 1970 und 1980 bereits gestiegen. Aber das reicht noch nicht aus. So unpopulär diese Preissteigerungen auch sind, weil sie den Lebensstandard absinken lassen, so erscheinen sie neben Sparmaßnahmen doch als das einzige Rettungsmittel. Zu einer Renaissance der Kohle wird es auf jeden Fall kommen, denn die Erschließung anderer Energiequellen geht noch langsamer vor sich.

Von den alternativen Energiequellen soll die Nutzung der Kernspaltung am weitesten fortgeschritten sein. Neben der Kohle gilt sie vielen als die wichtigste Energieform für den Ersatz von Erdöl und Erdgas. Allerdings sind die Uranvorräte, zumindest die billigen, knapp und halten selbst bei der gegenwärtigen Nutzung der Kernspaltung keine zwanzig Jahre mehr vor.

Eine wesentlich bessere Ausnutzung der Kernbrennstoffe sollen die fortgeschrittenen Reaktortypen erlauben, wie der gegenwärtig im Bau befindliche Plutoniumbrüter in Kalkar am Niederrhein. Es sind jedoch noch nicht alle Probleme gelöst, und der Grad der Verzögerung ist nicht absehbar. Fortgeschrittene Reaktortypen können frühestens Mitte der neunziger Jahre auf dem Energiemarkt eine Rolle spielen. Beim Einsatz der Plutoniumbrüter fällt das hochgiftige Plutonium 239 an, von dem schon geringe Mengen ausreichen, Atombomben zu bauen. Jeder Staat, der Plutoniumbrüter verwendet, kann zur Atommacht werden. Terroristengruppen werden leichter die Möglichkeit haben, sich das Material zum Bau von Atombomben zu verschaffen.

Atomenergie könnte die vorhandenen Kohle- und Ölvorräte strecken, sie für Transport und Chemie schonen. Die immer wieder unterschätzten Verzögerungen bei der Inbetriebnahme und die Unsicherheiten und Störfälle beim Betrieb der Kernkraftwerke zeigen jedoch, daß man von der Atomenergie kaum Rettung erhoffen darf. Der Widerstand der Bevölkerung gegen Atomkraft wächst. Das Sicherheitsrisiko, die Gefahren für Leben und Gesundheit sind eine schwere Hypothek. Die Atomkatastrophe in dem Kernkraftwerk »Three Mile Island« im US-Staat Pennsylvania hat das nachdrücklich ins Bewußtsein gerückt. Dort drohten im März 1979 hundert Tonnen Uran im Kern des Reaktors zu einem explodierenden Glutklumpen zu verschmelzen. Dabei wäre ein riesiges Gebiet radioaktiv verseucht worden. Tagelang strömte radioaktiver Dampf in die Atmosphäre, in dem eine Radioaktivität von 1200 rem gemessen wurde – eine für Menschen tödliche Dosis. Die Kühlung war ausgefallen, das Reaktorgebäude stand unter Wasser. Mehr als 1,5 Millionen Liter radioaktiv verseuchtes Wasser wurden in den Susquehanna geleitet. Erst nach Tagen gelang es, die Temperaturen im Reaktor wieder auf ungefährliche Werte zu senken. Bei einem weiteren Ansteigen der Temperaturwerte wären die Uranstäbe im Reaktor geschmolzen. Die völlige Kernschmelze ist die schlimmste Katastrophe, die sich in einem Atomreaktor ereignen kann. Dabei wird eine gewaltige Strahlung freigesetzt, die das Land ringsum in eine Todeszone verwandelt. Aus Angst vor der unsichtbaren tödlichen Strahlung flohen über fünfzigtausend Menschen aus der unmittelbaren

Umgebung des Kernkraftwerkes. Nicht schulpflichtige Kinder und schwangere Frauen im Umkreis von sechzehn Kilometern um das Kernkraftwerk wurden evakuiert. Die Evakuierung der gesamten Bevölkerung in einem Umkreis von dreißig Kilometern um das Kernkraftwerk wurde erwogen. Davon wären mehrere hunderttausend Menschen betroffen worden.

Bis kurz vorher wurde in einem häufig zitierten Bericht behauptet, daß die Wahrscheinlichkeit einer Kernkraftkatastrophe allenfalls so groß sei wie das Risiko, daß ein Meteor eine Großstadt trifft: höchstens einmal in einer Million Reaktor-Jahren. Der Störfall hat die Fragwürdigkeit solcher Abschätzungen entlarvt. Kernkraftwerke können sich offensichtlich doch in gefährliche Strahlungsherde verwandeln.

Zur Zeit des Unfalls lief am New Yorker Broadway das Atomdrama *China Syndrome* an. In dem Film droht ein Atommeiler durchzugehen, ein radioaktiver Feuerklumpen ist dabei, sich ein Loch durch die Erde zu fressen.

Die Endlagerung der radioaktiven Abfallstoffe, die beim Betrieb der Kernkraftwerke anfallen, ist ein weiteres unbehagliches Problem. Wir bürden unseren Nachkommen, die vielleicht an Kernenergie die Lust verloren haben, unübersehbare Lasten und Verpflichtungen auf. Hochradioaktiver Atommüll gibt seine todbringende Strahlung jahrtausendelang in fast unverminderter Stärke ab. Wer kann für derart lange Zeiträume schon garantieren, daß die von den Experten für notwendig gehaltene Überwachung gewährleistet ist. Irgendwann werden unsere Nachkommen wahrscheinlich mit einer atomaren Mülldeponie leben müssen, von deren Gefährlichkeit sie nichts wissen.

In der Bundesrepublik Deutschland soll Atommüll im Salzstock von Gorleben in der norddeutschen Tiefebene gelagert werden. Man ist dabei, in dem drei Kilometer tief in die Erde hinabreichenden Salzdom, der sich vor hundert Millionen Jahren unterirdisch aufgetürmt hat, ein verzweigtes Grubengelände auszuheben, um den Atommüll darin zu deponieren.

Ein Salzdom wurde ausgewählt, weil aufgrund der Plastizität des Salzes alle Poren und Spalten wasser- und gasundurchlässig verschlossen sind. Das wird als Gewähr dafür angesehen, daß die radioaktiven Stoffe nicht ins Wasser und die Atmosphäre gelangen. Darüber hinaus leitet das Salz die Wärme ab, die hochradioaktiver Atommüll mit 200 bis 400 Grad Celsius immer noch abgibt. Der Salzdom soll sich seit seiner Bildung vor hundert Millionen Jahren nicht mehr bewegt haben, und man hofft, daß er das auch weiterhin für eine lange Zeit nicht tun wird. Die Halbwertszeit von Plutonium 239 beträgt nämlich 24.000 Jahre. In dieser Zeit ist die Radioaktivität erst auf die Hälfte abgeklungen. Ob es tatsächlich möglich ist, den Atommüll im Salzstock von Gorleben relativ gefahrlos zu lagern, kann nur unvollständig geprüft werden. In Kanada und den USA wurden Pläne für eine Lagerung von Atommüll in Salzstöcken unter anderem auch aus diesem Grunde wieder fallengelassen.

Die Entscheidung über den Ort der Lagerung von Atommüll hat Auswirkungen auf Leben und Gesundheit vieler künftiger Generationen. Die Sünden der Väter müssen hier nicht bis ins dritte, sondern bis ins tausendste Glied gesühnt werden. Eine solche Entscheidung reicht für einen längeren Zeitraum in die Zukunft hinein, als es den modernen Menschentyp, geschweige denn unsere Kultur überhaupt gibt.

Welche Naturkatastrophen in diesem Zeitraum über Erde und Menschheit hereinbrechen können, darüber liegen keine Erfahrungen vor. Innerhalb der zehn bis zwanzig Jahre, die für die Untersuchungen angesetzt werden, kann nur geprüft werden, ob die Metall- und Glasbehälter standhalten und wie sich die Wärme auf die umliegenden Salzschichten auswirkt. Da Salzlagerstätten häufig Salzmischungen mit einem niedrigeren Schmelzpunkt darstellen, könnte unter Umständen das Salz schmelzen und die Behälter mit den radioaktiven Stoffen durch Korrosion zerstören.

Unmöglich sind Aussagen darüber, ob eine schadensfreie Lagerung auch über Zehntausende von Jahren hinweg gewährleistet ist. In einem solchen Zeitraum können geologische Kräfte die Erdkruste auf vielfältige Weise umgestalten. Die letzten Vulkanausbrüche in der Eifel fanden zum Beispiel vor etwa zehntausend Jahren statt. Der nächste Ausbruch kann schon morgen erfolgen. Gleichermaßen kann nicht ausgeschlossen werden, daß Erdbeben im Zusammenhang mit tektonischen Verwerfungen den Salzstock von Gorleben zerstören. Zwar wird die norddeutsche Tiefebene in der geologischen Gefährdungskarte als erdbebenfrei ausgewiesen, in diese Karte gehen aber im günstigsten Fall die Beobachtungen der vergangenen tausend Jahre ein. Ob die norddeutsche Tiefebene auch in Zukunft erdbebenfrei sein wird, ist ungewiß. In der norddeutschen Tiefebene existieren nämlich Bruchlinien, die parallel zum Oberrheingraben verlaufen und sich bis zum Oslograben verfolgen lassen. Sie sind augenblicklich zwar nicht aktiv, ob sie das aber auch in hundert oder tausend Jahren noch sein werden, weiß niemand.

Darüber hinaus könnten Wassereinbrüche aus Grundwasserverlagerungen oder Oberflächenüberflutungen den Salzstock auflösen und den hochgiftigen Stoffen den Zugang zur Biosphäre ermöglichen. Ein Millionstel Gramm von Plutonium 239 kann Lungenkrebs erzeugen. Oberflächenüberflutungen sind besonders wahrscheinlich. Im Nordseeraum senkt sich schon seit längerer Zeit das Land ab. Das Meer ist hier auf dem Vormarsch. Darüber hinaus ist auch mit einem Ansteigen des Meeresspiegels zu rechnen. Bei einer Erwärmung der Erde infolge des zunehmenden Kohlendioxydgehalts der Atmosphäre ist ein teilweises Abschmelzen der polaren Eiskappen und des Grönlandeises zu erwarten (siehe Kapitel 7). Der Meeresspiegel wird ansteigen, und wenn dann eine Flutwelle die Dämme durchbricht, wird das Meer die Küstengebiete überfluten. Die Unterläufe der Flüsse werden sich in Buchten verwandeln. Falls das Inlandeis, insbesondere das antarktische Polareis, völlig abschmilzt, steigt der Meeresspiegel um ungefähr sechzig Meter an. Das Meer wird dann nach und nach einen großen Teil von Norddeutschland überfluten. Sehr früh wird das Gebiet von Gorleben überschwemmt werden.

Eruptionen und Seebeben im mittelatlantischen Rücken zwischen Island und den Azoren könnten schon vorher seismische Flutwellen verursachen, welche die Dämme durchbrechen und weite Gebiete überschwemmen. Von Edgar Cayce wurden Landerhebungen im Atlantik vorhergesagt, die wahrscheinlich mit untermeerischen Verwerfungen, Seebeben und Flutwellen verbunden sein werden.

Der schwedische Sensitive ANTON JOHANSSON (1858 – 1929) hat eine gewaltige Überschwemmung für die an die Nordsee angrenzenden Länder vorhergesehen, für die es vielerlei Ursachen geben kann. Eingetreten ist die Prophezeiung offensichtlich noch nicht. Das Gesicht ist detailliert geschildert [Lit. 29]:

»Über allen Nordseestaaten lag Dämmerung. Kein Stern war zu sehen, und vom Meer her wehte ein starker Wind. In den norwegischen Gebirgen war noch kein Schnee gefallen. Im Geist wurde ich in die Nähe von Trontheim geführt. Ich stand am Strand und schaute über das Meer. Plötzlich begann der Boden zu erbeben. Die Häuser der Stadt zitterten wie Espenlaub, und einige hohe Holzbauten an der Küste stürzten zusammen. Gleich darauf erscholl vom Meer her ein furchtbares Getöse, und eine gewaltige Sturzwelle näherte sich mit rasender Geschwindigkeit der Küste und zerschellte an den Felswänden. In den flachen Gebieten rollte die Flut weit ins Land hinein, überschwemmte große Teile von Trontheim und richtete erheblichen Schaden an. Große Speicher und Lagerhäuser barsten auseinander und wurden ins Meer gespült.

Die Überschwemmung erstreckte sich über die ganze norwegische Küste, von Südnorwegen bis hinauf in die Gegend von Bodo. Ich vernahm die Namen mehrerer der dort liegenden Städte. Weiter wurde ich im Geiste zu den großen Städten an der englischen Ostküste geführt, wo die Naturgewalten den allergrößten Schaden anrichteten. Die ganze englische Ostküste stand bis weit ins Land hinein unter Wasser. Besonders gelitten hatte die Stadt Hull und ihre nähere Umgebung. Schottland mußte einem besonders heftigen Anprall ausgesetzt gewesen sein, denn es schien, als seien große Teile des Landes ins Meer abgesunken. Dann gewahrte ich London. Hier erschien die Katastrophe ihren Höhepunkt erreicht zu haben. Die Hafen- und Kaianlagen an der Themse waren völlig zerstört, unzählige Häuser eingestürzt, das Wasser von schwimmenden Wrackteilen bedeckt. Im

Hafen waren viele Schiffe gesunken, andere waren sogar weit auf das Land zwischen die Häuser geschleudert worden. Auf dem Meer sanken die Schiffe und zahllose Matrosen ertranken. Riesige Mengen toter Fische, vor allem Heringe, trieben auf der Wasseroberfläche. Danach zwängte sich die Sturzwelle durch den Ärmelkanal und zerstörte dort auf beiden Seiten Häfen und Städte. Besonders schwer betroffen wurde Rouen, aber auch andere Städte der französischen Nordküste litten stark. Der Namen dieser Städte entsinne ich mich nicht mehr. Auch große Teile Hollands, Belgiens und der deutschen Nordseeküste wurden schrecklich heimgesucht. Zu den Städten, die besonders große Schäden aufwiesen, gehörten Antwerpen und Hamburg. Letztere bekam ich zu sehen, und mir schien, sie habe nach London am schwersten gelitten. Auch die dänische West- und Nordküste und die dort liegenden Städte und die ganze schwedische Westküste, insbesondere Göteborg, Hälsingborg und Malmö, bekamen die Folgen der Katastrophe zu spüren.«

Die von Johansson wahrgenommene Flutwelle scheint sich ähnlich zu verhalten wie eine seismische Flutwelle, Tsunami genannt, wie sie im Pazifik mit seiner größeren Erdbebenhäufigkeit immer wieder als riesige Wasserwand aus dem Meer aufsteigt und die Ufer überrollt. Sie spült ganze Häuser hinweg, trägt Schiffe landeinwärts, und wenn sie zurückflutet, bleiben Fische in den Baumkronen hängen und Menschen werden ins Meer hinausgeschwemmt. Fast immer sind Tote und Vermißte zu beklagen. 1896 fielen in Japan einem Tsunami 27.000 Menschen zum Opfer. Um Menschenleben zu retten, wurde ein Warndienst eingerichtet, dem sich die meisten an den Pazifik grenzenden Länder angeschlossen haben. Die von einer Flutwelle bedrohten Küsten werden evakuiert.

Die Tsunamis sind eine Folge von Wellen, die von der Oberfläche bis zum Meeresgrund hinabreichen und auf Seebeben zurückgehen. In tiefen Gewässern pflanzen sie sich am schnellsten fort. Mit abnehmender Wassertiefe verringert sich ihre Geschwindigkeit, gleichzeitig schiebt sich die Woge zusammen und wächst in die Höhe. Die draußen auf dem Meer vielleicht fünfzig Zentimeter hohe Welle kann sich zu einer viele zehn Meter hohen Todeswoge auftürmen, die mit fünfzig Kilometern pro Stunde landeinwärts rollt. Es sind diejenigen Küsten gefährdet, an denen der Festlandsockel allmählich abfällt. Zu den schlimmsten Verheerungen kommt es, wenn sich zurückflutende und nachfolgende Wellen überlagern. Tsunamis können aus Gebieten heranrollen, die Tausende von Kilometern entfernt liegen. 1960 verursachte ein Erdbeben bei Conception in Chile Flutwellen, die in einem Tag den ganzen Pazifik überquert hatten. An den Küsten des Pazifiks fanden etwa tausend Menschen den Tod, davon zweihundert in Japan. Die Flutwarnung war wegen der großen Entfernung nicht ernst genommen worden.

Gorleben, wo das atomare Entsorgungszentrum gebaut werden soll, liegt knapp hundert Kilometer hinter Hamburg in der Nähe der Elbe. Die Meereshöhe beträgt nur wenig mehr als zehn Meter. Wenn Hamburg, dessen Entfernung vom Meer etwa hundert Kilometer beträgt, durch die Flutwelle stark beschädigt wird, so dürfte die Flutwelle die Elbe aufwärts auch noch bis Gorleben das elbenahe Land unter Wasser setzen, den Salzstock von Gorleben vielleicht auflösen und den radioaktiven Stoffen den Zugang zur Biosphäre ermöglichen.

Eine neue Eiszeit mit einer Rückkehr der Gletscher könnte die geplante Atommüll-Lagerstätte in Gorleben ebenfalls gefährden. Die Auflast mächtiger Eismassen könnte das Salz zu neuem Fließen veranlassen und die Deponie zerstören.

Die Nutzung der Kernspaltung in der derzeitigen Form ist aber, wie gesagt, wegen der begrenzten Uranvorräte jedenfalls nur eine Übergangslösung. Auch fortgeschrittene Brennertypen, die nach den Prognosen der Fachleute durch aufbereiteten Kernbrennstoff Hunderte von Jahren lang betrieben werden können, müssen vor dem Hintergrund längerer Zeiträume als Zwischenlösung angesehen werden.

Zugriff zu nahezu unerschöpflichen Energievorräten könnte der Mensch jedoch erlangen, wenn es ihm gelingt, die Kernfusion technisch zu beherrschen. Das ist der Prozeß, der sich im Innern der Sonne abspielt. Diese Technik befindet sich heute noch im Anfangsstadium ihrer Entwicklung, und niemand weiß, ob sie auch tatsächlich einmal beherrschbar sein wird. Lange Zeit vermochte niemand die Millionentemperaturen herzustellen, um die Kernreaktion erst einmal in Gang zu setzen, Dieses Problem scheint inzwischen jedoch gelöst zu sein. Bis das erste Fusionskraftwerk seinen Betrieb aufnehmen kann, sind allerdings noch erhebliche physikalische und technische Schwierigkeiten zu überwinden. Die Kernfusion kann deshalb, wenn überhaupt, frühestens in einem halben Jahrhundert auf dem kommerziellen Energiemarkt eine Rolle spielen. Bei der Nutzung der Kernfusion fallen zwar keine langlebigen Spaltprodukte an, durch den hohen Fluß energiereicher Neutronen wird jedoch das Inventar des Fusionsreaktors in starkem Maße aktiviert. Außerdem wird eine große Menge von radioaktivem Tritium umgesetzt, so daß schwierige, zum Teil neuartige Sicherheits- und Umweltschutzprobleme zu lösen sind. Darüber hinaus wird kaum auszuschließen sein, daß sich die Kernreaktoren nicht durch Terrorakte, Flugzeugabstürze oder atomare Treffer in Wasserstoffbomben verwandeln.

Die Energiequelle, welche die Menschheit vom Ende des nächsten Jahrhunderts ab unbeschränkt mit Energie versorgen könnte, ist die Sonne. Die in den oberen Schichten der Atmosphäre auf die Erde auftreffende Strahlung ist fast zwanzigtausendmal so groß wie der derzeitige Weltenergieverbrauch. Diese Energiemenge verteilt sich jedoch über die halbe Erdkugel. Zu ihrer Nutzung sind infolgedessen große Flächen und wegen der tages- und jahreszeitlichen Schwankungen der Sonneneinstrahlung außerdem Energiespeicher erforderlich. Dennoch hat ein weltweiter Aufbruch zur Solartechnik begonnen. Die Solartechnik ist auf dem Wege zu einem hohen Entwicklungsstand. Bei der Umwandlung der den Boden erreichenden Sonneneinstrahlung in andere Energieformen sind die Industrienationen des Nordens benachteiligt. Gegenüber den Ländern in niederen Breiten mit ihrer größeren Sonneneinstrahlung ist ein zusätzlicher Investitionsaufwand erforderlich, der auf lange Sicht die Waren verteuert und das heute bestehende Nord-Süd-Gefälle in Lebensstandard und Technologie umkehren könnte. Damit würden sich aber auch die Machtverhältnisse verschieben. Sonnenkraftwerke im All könnten das jedoch verhindern. Wenn die

Sonnenenergie von Energiesatelliten im erdnahen Weltraum geliefert wird, entfallen darüber hinaus auch die Energiespeicher – im Weltraum scheint die Sonne Tag und Nacht –, und die erforderlichen Flächen verkleinern sich.

Die Amerikaner planen tatsächlich die Errichtung großer Energiesatelliten im Weltraum, die in spätestens einem halben Jahrhundert billiger als jede andere Großtechnik Haushalte und Industrie mit Strom versorgen sollen. Fürs erste will man mindestens 25 solcher Stationen mit der jeweils zehnfachen Leistung eines Atomkraftwerkes in einer Höhe von 36.000 Kilometern über dem Erdäquator errichten. Bei einer Ausdehnung von vier mal zwölf Kilometern sollen sie eine Leistung von achttausend Megawatt erbringen, die über ein Mikrowellenbündel auf die Erde gefunkt werden, wo nach Abzug der Übertragungsverluste schließlich fünftausend Megawatt zum Verbrauch zur Verfügung stehen. Das ist die Nettoleistung von etwa zehn Kraftwerken herkömmlicher Bauart. Sämtliche Elemente dieser Technologie sind bereits entwickelt, nämlich Raumgleiter, Weltraumsatelliten, Photozellen und Mikrowellen. Nur noch eine gewaltige Ingenieursleistung ist notwendig, kein technischer Durchbruch wie bei der Kernfusion.

Auf der Erde ist eine Antennenfläche von etwa vierzig Quadratkilometern erforderlich, die allerdings als aufgestandene Konstruktion errichtet werden soll; unterhalb dieser Konstruktion kann die Erdoberfläche landwirtschaftlich genutzt werden.

Falls diese Pläne Wirklichkeit werden, gerät der Mensch allerdings in noch stärkerem Maße in die Abhängigkeit der Großtechnik, als das heute schon der Fall ist. Sein Sturz bei Revolutionen und Wirren, wenn niemand mehr die Anlagen in Betrieb hält, wird noch tiefer sein. Überschaubare Techniken zur Nutzung der Sonnenenergie, wie sie im folgenden beschrieben werden, sind deshalb vorzuziehen. Möglicherweise geht auch noch eine andere nicht zu unterschätzende Gefahr von dieser großtechnischen Nutzung der Sonnenenergie aus. Hierauf wird noch eingegangen.

Am weitesten fortgeschritten ist die Nutzung der Sonnenenergie in Form von Wärme. Für die Brauchwassererwärmung und die Beheizung von Gebäuden und Schwimmbädern werden in zunehmendem Maße Sonnenkollektoren hergestellt und Solaranlagen gebaut. Bei Schwimmbädern und Schwimmhallen ist das Sonnensystem auch in Deutschland, in dem die Sonnenscheindauer nicht sehr hoch liegt, jetzt schon preiswert. Die Vollversorgung von Häusern durch Sonnenenergie ist allerdings bis jetzt nur mit einem relativ hohen technischen Aufwand möglich. Aber auch schon eine Teilversorgung durch Sonnenenergie kann die zur Neige gehenden fossilen Brennstoffe entlasten. Darüber hinaus werden sich auch die Aufwendungen für die Nutzung von Sonnenenergie verringern, denn diese Technik steht noch ganz am Anfang ihrer Entwicklung.

Edgar Cayce sah die Häuser des Jahres 2200 in den USA ganz aus Glas erbaut. Dabei könnte es sich um Glaskollektoren handeln oder auch um in Glas eingebettete Sonnenzellen, die jeden einfallenden Sonnenstrahl nutzen [Lit. 19].

Wahrscheinlich werden auch sogenannte terrestrische Solarkraftwerke errichtet werden, wie sie als Prototypen bereits erprobt sind. In diesen Kraftwerken wird die Sonneneinstrahlung von vielen Planspiegeln auf die Spitze eines Turmes reflektiert. Mit der dort in einem Absorber entstehenden Hitze von zweihundert bis achthundert Grad wird Dampf erzeugt und über eine Dampfturbine dann schließlich Strom – genau so wie bei einem Öl-, Kohle- oder Atomkraftwerk. Daneben wird aber auch an der Direktumwandlung solarer Strahlungsenergie in elektrische Energie gearbeitet. Dabei werden entweder Solarzellen verwendet, wie sie aus der Raumfahrttechnologie bekannt sind, oder aber es erfolgt eine Umsetzung der Strahlungsenergie in Hochtemperaturwärme, mit deren Hilfe Strom erzeugt werden soll.

Das Prinzip der Solar- oder Photozellen beruht darauf, daß bestimmte Materialien bei der Aufnahme von Licht Elektronen freisetzen und auf diese Weise Strom liefern. Die Herstellung von Photozellen ist noch relativ aufwendig; sobald jedoch eine einfachere Fertigung gelingt, wird dieses Prinzip rasch mit den herkömmlichen Methoden zur Erzeugung von Elektrizität konkurrieren können.

Augenblicklich nimmt der Absatz elektrischer Wärmepumpen, die dem Wasser oder Erdreich Wärme entziehen und nach dem umgekehrten Kühlschrankprinzip funktionieren, rapide zu. Während im Kühlschrank die Wärme der darin gespeicherten Lebensmittel durch ein Kühlmedium nach draußen transportiert wird, kühlen die Wärmepumpen Wasser oder Erdreich ab und ziehen die gewonnene Wärme nach drinnen.

Energie läßt sich mit den elektrischen Wärmepumpen letztlich nicht einsparen, da etwa das Dreifache der im Haushalt ankommenden elektrischen Energie im Kraftwerk gewonnen werden muß. Der Vorteil liegt jedoch darin, daß die Kraftwerke mit Kohle anstelle von Öl betrieben werden können und die bei der Verbrennung freiwerdenden Schadstoffe aus einem mehrere hundert Meter hohen Schornstein freigesetzt werden. Die Abgase steigen hoch in die Atmosphäre empor, verteilen sich über ein großes Luftvolumen und gelangen nicht in dem Maße in die Atemluft des Menschen, wie wenn sie aus niedrigen Hausschornsteinen kämen. Andererseits bedingen Wärmepumpen aber einen Zuwachs an elektrischer Leistung, also an Umspannwerken, Überlandleitungen und wahrscheinlich auch Kernkraftwerken und atomarem Müll. Der Exatommanager Klaus Traube befürchtet, bei allgemeiner Verwendung elektrischer Wärmepumpen könne die Drohung kommen, daß nicht nur die Lichter, sondern auch der Ofen ausgeht, wenn nicht mehr Kernkraftwerke installiert werden.

Andere unerschöpfliche oder quasi unerschöpfliche Energiequellen sind unter anderem Wind-, Wellen-, Gezeiten- und geothermische Energie. Die aus der Energie des Windes stammende Wellenenergie stellt mit rund einer Million Megawatt eine bedeutende Energiequelle dar. Der Bedarf der Bundesrepublik Deutschland in den achtziger Jahren wird nur auf ein Zehntel davon geschätzt. Die Nutzung soll nach in Großbritannien durchgeführten Voruntersuchungen vielversprechend sein.

Die ebenfalls aus dem Meer gewinnbare Gezeitenenergie wird auf eine Energiemenge geschätzt, die etwa fünfzig Prozent des heutigen Weltenergiebedarfs entspricht. Bisher wird diese Energiequelle nur in Frankreich in größerem Maßstab genutzt.

Die geothermische Energie, das ist der Wärmestrom aus dem unter hohem Druck und großer Hitze stehenden Erdinnern, wird wahrscheinlich einmal wesentlich stärker genutzt werden als heute. Mögliche Gewinnungsgebiete sind Landschaften mit geothermischen Anomalien, wie sie in vulkanischen Gebieten, tiefreichenden Bruchzonen der Erdkruste, in tief versenkten Sedimentbecken sowie in den kristallinen Gesteinen großer Magmenkörper anzutreffen sind. Elektrizität wird bisher (1980) nur von einer Reihe kleinerer Kraftwerke geliefert. Die Nutzung von Erdwärme für Heizung und Warmwasser hat allerdings einen größeren Umfang.

An der Erschließung geothermischer Energie wird weltweit gearbeitet. Insbesondere die USA, die Energieautarkie anstreben, wollen die geothermische Energie in größerem Maßstab nutzen. Bis zum Jahre 2025 sollen hunderttausend Megawatt elektrische Leistung aus Erdwärme verfügbar sein. Auch in Deutschland können geothermische Energiequellen erschlossen werden, allerdings nur in kleinem Umfang.

Alle diese Technologien zur Energieerzeugung stehen erst am Anfang ihrer Entwicklung. Welche von ihnen sich durchsetzen werden, ist nicht nur eine Frage der Rentabilität, der Sicherheit und der Auswirkungen auf die Umwelt, sondern das hängt auch von den Manipulationen der großen Energiegesellschaften und den Einflußmaßnahmen der Regierungen ab. Gegenwärtig werden eine Reihe von Energiequellen parallel entwickelt. Einige davon könnten Anfang des nächsten Jahrtausends mehr oder weniger große Energiemengen liefern, die allerdings nach heutigem Maßstab nicht ausreichen werden. Es wird deshalb auch weiterhin Erdöl benötigt; des weiteren dürfte Ölschiefer auf dem Energiemarkt eine große Rolle spielen. Insgesamt wird wahrscheinlich in den nächsten fünfundzwanzig bis fünfzig Jahren eine Mischung sehr unterschiedlicher Technologien die Energieversorgung übernehmen. Zeichen dafür werden die Wärmekollektoren auf den Dächern und Windmühlen sein, die in modernisierter Form auf allen windgepeitschten Ebenen einmal wieder zum Landschaftsbild gehören dürften.

Edgar Cayce sah sich in einem seiner Gesichte im Jahre 2200 eine Flugreise machen. Die Fabriken und Industrieanlagen waren zu diesem Zeitpunkt über das Land verteilt und nicht mehr in den Städten und Industriezentren konzentriert wie heute [Lit. 19, 30].

Hieraus läßt sich eine Aussage über die künftige Energieversorgung ableiten. Fabriken benötigen Energie. Billige Energie ist ein beträchtlicher Standortvorteil. Energie ist dort am preiswertesten, wo die Energieträger zur Verfügung stehen. Wenn Cayce die Fabriken nun über das Land verteilt sah, so scheint das zu bedeuten, daß auch die von den Fabriken benötigte Energie zu ähnlichen Preisen überall im Land erhältlich ist.

Das könnte der Fall sein, wenn eine Mischung verschiedener Technologien die Energieversorgung übernimmt, wie das nach den Prognosen der Techniker zu erwarten ist. Bei hauptsächlicher Nutzung der Gezeiten- oder Wellenenergie würden die Industrieanlagen zum Beispiel in erster Linie an der Küste entstehen, bei bevorzugter Nutzung der den Boden erreichenden Sonnenenergie im Süden der USA und bei hauptsächlicher Nutzung von Kohle dort, wo Kohle abgebaut wird. Cayces Gesicht könnte sich aber auch verwirklichen, wenn Energie preiswerter als heute überallhin geliefert wird.

Alle neuen Energiequellen können in den nächsten Jahrzehnten noch keinen größeren Beitrag zur Energieversorgung liefern. Dennoch gibt es eine Möglichkeit, dem Energieproblem seine größte Schärfe zu nehmen. Das ist die rationellere Verwendung von Energie. Heute wird Energie in großem Ausmaß verschwendet, obwohl Techniken zur rationelleren Verwendung von Energie längst bekannt sind. Die Ursachen dafür liegen in den Methoden der Wettbewerbsgesellschaft begründet.

Der Exatommanager Klaus Traube hat vorgerechnet [Lit. 31], daß bei Durchsetzung dieser Techniken zur rationelleren Verwendung von Energie zunächst sogar leicht auf den weiteren Ausbau von Atomkraft verzichtet werden kann. Von Atomkraftwerken können innerhalb der nächsten zwanzig Jahre selbst bei sofortiger Inangriffnahme eines neuen Kernkraftwerk-Bauprogramms nur wenige Prozent des heutigen Energieverbrauchs geliefert werden. Durch eine rationellere Verwendung von Energie, wie eine bessere Wärmedämmung der Gebäude und Maßnahmen an den Gebäudeheizungen, die in Schweden zum größten Teil schon üblich sind, könnte ein mehrfach größerer Teil eingespart werden. Durch eine bessere Isolation und andere einfache Maßnahmen an Elektrogeräten könnte außerdem der Elektrizitätsbedarf der Bundesrepublik Deutschland um zehn bis zwanzig Prozent gesenkt werden.

Die Techniken zur rationelleren Verwendung von Energie müssen durch Anordnungen und Förderungsprogramme der Regierungen durchgesetzt werden. Mit entsprechenden Programmen wurde bereits begonnen. Sie könnten nach der Überzeugung von Klaus Traube jedoch weit wirkungsvoller gestaltet werden. Die Einführung dieser wirkungsvolleren Maßnahmen sei allerdings den Zielen der mächtigen Energiewirtschaft entgegengerichtet. Diese hätten kein Interesse daran, daß weniger Energie verbraucht werde; denn das würde ihre Macht schmälern.

Die Energieeinsparungen können noch gesteigert werden, wenn die Energie mit weniger Verlusten als heute zu den Verbrauchern gelangt. Bisher erfolgt der Transport der elektrischen Energie wenig effektiv mit Hilfe von Überlandleitungen. Für die Zukunft ist denkbar, daß der Transport mit geringerem Verlust und weniger Aufwand drahtlos vor sich geht – beispielsweise mit Hilfe der Lasertechnik.

Nach Edgar Cayce wie auch Überlegungen von Ingenieuren kann der Transport wesentlich effektiver erfolgen.

In einer etwas weiter entfernten Zukunft wird aller Wahrscheinlichkeit nach Sonnenenergie die dominierende Energiequelle sein. Dafür sprechen ebenfalls Aussagen von EDGAR CAYCE [Lit. 30]. Diesen zufolge ist die heutige Technik zur Nutzung der Sonnenenergie noch lange nicht ausgereift.

In den Gesichten von Cayce wird Sonneneinstrahlung anscheinend unmittelbar in elektrische Wellen umgewandelt und mit geringen Verlusten drahtlos über große Entfernungen transportiert. Die Kraftwerke, die er beschreibt, sind offenbar laserähnliche Konstruktionen, die zu der Zeit, als die Readings entstanden, noch unbekannt waren.

Edgar Cayce hat zwischen 1920 und 1944 eine große Anzahl von Trance-Interviews gegeben. Seine Aussagen wurden, während er selbst in Trance war, stenographisch aufgenommen und diese »Readings« gesammelt. Was er im Trancezustand berichtete, war ihm im Wachzustand nicht bewußt. Eine große Anzahl von Readings galt auch Atlantis. Im normalen Leben war Cayce an Atlantis nicht interessiert, und er soll nicht einmal Platons Bericht über Atlantis gekannt haben. Cayces und Platons Atlantis stimmen jedoch in vielen Details überein.

Atlantis ist für viele Menschen bloß ein Mythos. Tatsächlich ist die Kenntnis von Atlantis zuerst auf dem Wege der Überlieferung auf uns gekommen, und zwar eben durch Platon, den Schüler des Sokrates und Lehrer des Aristoteles. Dieser hatte sein Wissen von den Ägyptern.

Nach Platons Schilderungen handelte es sich um eine große Insel im Atlantik. Atlantis war knapp 400 Kilometer breit und 550 Kilometer lang, eine Insel mit großen Wäldern, Flüssen und Seen, mit vielen Städten und Dörfern, in denen die Zivilisation einen sehr hohen Stand erreicht hatte. Vor etwa zehntausend Jahren sei die Insel dann in einer einzigen Nacht im Atlantik versunken.

Platons Bericht beginnt folgendermaßen: »Es lag vor der Mündung, die bei euch ›Säulen des Herakles‹ [Gibraltar] genannt wird, eine Insel, größer als Asien (Vorderasien) und Libyen zusammen, und von ihr aus konnte man damals noch nach den anderen Inseln [die Karibischen Inseln] hinüberfahren und von den Inseln auf das ganze gegenüberliegende Festland [Amerika], das jenes in Wahrheit so heißende Meer umschließt.«

Trotz der relativ genauen Angaben Platons ist Atlantis im Mittelmeer und sogar in der Nordsee gesucht worden. Von nicht wenigen Historikern wird die Existenz von Atlantis überhaupt in Zweifel gezogen. Ihrer Lehrmeinung nach kann es vor zehntausend Jahren noch keine hochstehende Zivilisation gegeben haben. Zum anderen will man einfach nicht wahrhaben, daß eine so große Insel über Nacht im Meer versinken kann. Beides sind aber – wie immer man sich zu Atlantis stellt – offensichtlich Vorurteile. Den heutigen Menschen mit seiner Intelligenz und seinem Leistungswillen gibt es schon seit mindestens fünfzigtausend Jahren, und um eine Technik zu entwickeln, wie wir sie heute haben, genügt, wie wir aufgrund unserer eigenen Geschichte wissen, nur ein Bruchteil dieser Zeitspanne. Was aber das plötzliche Verschwinden einer großen Insel im Meer betrifft, so ist unsere Kenntnis der Erdgeschichte – plötzliche Erdveränderungen betreffend – viel zu gering, als daß ein solches Geschehen ausgeschlossen werden könnte.

Wir kennen die durch Kräfte des Erdinnern verursachte Katastrophe, die über die Insel Krakatau in der Sundastraße hereinbrach. Dabei wurde ein Teil der Insel in die Luft gesprengt. Drei benachbarte Krater des Krakatauvulkans brachen gleichzeitig aus mit Detonationen, die noch 4800 Kilometer entfernt gehört wurden. Eruptionswolken aus vulkanischem Lockermaterial und Dampf stiegen bis in die Stratosphäre hinauf, und im Umkreis von fünfzig Kilometern um den Vulkan regnete es Bimsstein. In dem 160 Kilometer entfernten Djakarta verfinsterte sich eine Stunde nach dem Ausbruch die Sonne bis zur Nachtdunkelheit. Als sich der Magmakessel entleert hatte, stürzte das 800 Meter hohe Dach des Vulkans zusammen und löste eine riesige Flutwelle aus, in der 36.000 Menschen umkamen. Es entstand ein 22 Quadratkilometer großer Einsturzkessel.

Die Insel Santorin in der Ägäis, das altgriechische Thera, wurde vor einigen tausend Jahren von einer noch größeren Katastrophe betroffen. Der Einsturzkessel ist dort viermal so groß; was von der Insel blieb, wurde von Aschen- und Bimsregen verschüttet.

Manche Forscher sind aufgrund ihrer Studien alter Funde und Mythen zu der Überzeugung gekommen, daß es auf der Erde nicht immer so »zahm« zuging wie in der kurzen Spanne unserer geschichtlich überschaubaren Zeit, sondern daß ungeheure, kosmisch verursachte Naturkatastrophen die Erde verändert und ganze Kulturen vernichtet haben. Anhaltspunkte hierfür finden sich im *Alten Testament,* in der *Weda,* in altgriechischen und römischen Mythologien und auch in den Überlieferungen altamerikanischer Völker. Inzwischen gibt es ja auch bereits Wissenschaftler, die es für möglich halten, daß Kalifornien über Nacht ins Meer abrutschen könnte. Es gibt tatsächlich Berichte und Funde, die auf die Existenz einer oder vielleicht auch mehrerer untergegangener hochentwickelter Zivilisationen hinweisen. Sie sind aber eher Zeugnis für untergegangene alte Kulturen – wie eben jene von Atlantis – als für den Besuch außerirdischer Astronauten (wie Erich von Däniken annimmt). Dazu zählen beispielsweise mehrere tausend Jahre alte indische Überlieferungen, in denen immer wieder Flugmaschinen und, anscheinend, auch atomare Kriege beschrieben werden.

Im *Mausola Purva* heißt es [Lit. 33]: »Cukra, der an Bord eines mächtigen Vimana flog, schleuderte auf die dreifache Stadt ein einziges Geschoß, das mit der Kraft des Universums geladen war. Ein weißglühender Rauch, zehntausend Sonnen gleich, erhob sich in seinem Glanze...« Und an anderer Stelle heißt es: »Da ist eine unbekannte Waffe, ein eiserner Blitz, gigantischer Bote des Todes, der alle Angehörigen der Vrischni und der Andhaka zu Asche zerfallen ließ. Die verbrannten Leichen waren nicht mehr zu erkennen. Den Menschen fielen die Haare und Nägel aus, Töpferwaren zerbrachen ohne sichtbaren Anlaß, die Vögel wurden weiß. Nach einigen Stunden war die gesamte Nahrung vergiftet. Der Blitz zersetzte sich und wurde zu feinem Staub.«

Ich halte es für ziemlich wahrscheinlich, daß Edgar Cayce – dessen ASW-Fähigkeiten anhand überprüfbarer und tatsächlich überprüfter Fälle bzw. aufgrund später eingetroffener Prognosen grundsätzlich feststehen – seine Aussagen aufgrund paranormaler Wahrnehmungen machte, daß also Atlantis mit seiner von Cayce beschriebenen Technologie tatsächlich existiert hat. Jess Stearn kommt das Verdienst zu, in seinem Buch *Der schlafende Prophet* zahlreiche dieser Atlantis betreffenden Readings einer breiten Öffentlichkeit zugeführt zu haben [Lit. 30].

Auffallend viele Gesichte hatte Edgar Cayce – lange bevor dieses Thema aktuell wurde – über Sonnenenergie im untergegangenen Atlantis. In einem seiner Readings heißt es:

»Die bedeutendste wissenschaftliche Leistung der Atlanter war jedoch zweifellos die Nutzbarmachung der Sonnenenergie ... Als ihr Gebrauch später, über die Jahrhunderte hin, vervollkommnet worden war, wurden auch die Verwendungsmöglichkeiten ausgedehnt, bis hin zur Erzeugung von Kraft und Energie, die drahtlos über das Land ausgestrahlt wurden ...

Der im Tempel der Sonne in Poseidia gelegene Feuerstein war ein großer zylindrischer Körper aus Glas oder ein Stein mit vielen eingeschliffenen Facetten, an einem Ende mit einem Mechanismus versehen. Er war im Zentrum des Gebäudes aufgehängt und umgeben von einem nichtleitenden Material, entsprechend unserem Asbest, aber in der Beschaffenheit ähnlich dem Bakelit. Über dem Stein befand sich eine Kuppel, die zur Aufnahme von Sonnenstrahlen zurückgerollt werden konnte. Die Konzentration und Verstärkung der Sonnenstrahlen durch die vielen Prismen waren von ungeheurer Intensität. Sie war so stark, daß sie über das ganze Land hin regeneriert und übertragen werden konnte durch unsichtbare Strahlen, ähnlich unseren Radiowellen. Ihre Energie wurde für Motorschiffe auf See, für Flugzeuge, aber auch für private Fahrzeuge verwendet. Das geschah durch Fernsteuerung mittels Induktionsmethoden in der Apparatur des Fahrzeugs.

Große und kleine Städte erhielten ihre Energie aus der gleichen Quelle ... Man richtete es so ein, daß nur geringe oder gar keine Hindernisse zwischen den verschiedenen Fahrzeugen und der Kuppel lagen, wenn diese gesenkt wurde.«

Zur Beschreibung der Konstruktion des Steines sagte Edgar Cayce: »Wir erkennen, daß es ein großes zylindrisches Glas war, mit so geschickt eingeschliffenen Facetten, daß der oberste Schlußstein für die Vereinigung der Energie oder Kraft auf einen Punkt sorgte und diese Kraft sich dann zwischen Sockel und Schlußstein des Zylinders konzentrieren konnte.«

Die hier beschriebenen Energiestationen, die nach Cayce überall in Atlantis errichtet wurden, sind laserähnliche Konstruktionen. Das zeigt die Art der Konstruktion wie auch die starke Bündelung der Energie in einem Strahl. Als Cayce diese Kraftquellen beschrieb, war noch nichts über diese Art der Energiebündelung bekannt.

Von Cayce wurde 1932 vorhergesagt, daß die Strahlen innerhalb der nächsten fünfundzwanzig Jahre entdeckt würden. Tatsächlich wurde 1957 der erste Laser realisiert, also noch innerhalb des genannten Zeitraumes; 1960 wurde der erste Festkörperlaser gebaut und 1961 der erste kontinuierlich betriebene Laser. Die ersten Vorschläge und theoretischen Arbeiten entstanden zwischen 1951 und 1956, also mehrere Jahre nach dem Tode von Edgar Cayce.

Bei der Konstruktion, die Cayce beschreibt, scheint es sich um einen Festkörperlaser ähnlich dem Rubinlaser zu handeln, nur die Ausmaße sind bei Cayce wesentlich größer. Beim Rubinlaser (der Verfasser benutzt einen solchen Rubinlaser für Messungen im Umweltschutz) wird ein zylindrisch geformter künstlicher Rubin von fünf bis zwanzig Zentimetern Länge und etwa fünf bis sechs Zentimetern Durchmesser der intensiven Strahlung einer Lichtquelle, zum Beispiel einer Blitzlichtlampe, ausgesetzt. Auch Cayce beschreibt einen zylindrischen Körper aus Glas, allerdings von wesentlich größerem Ausmaß und mit eingeschliffenen Facetten. Der Blitzlichtlampe entspricht bei Cayce die Sonneneinstrahlung, die durch Prismen umgelenkt und konzentriert wird, ähnlich wie das heute bei terrestrischen Sonnenkraftwerken mit Hilfe von Spiegeln geschieht. Cayce sprach auch von der gebündelten Energie von Körpern, die selbst in Flammen stehen. Von diesen erhielt der Kristall nach Cayce seine Kraft. Blitzlichtlampe und Laserstab befinden sich gewöhnlich beide in einem geschlossenen elliptischen Reflektor mit zwei Brennachsen, die Blitzlichtlampe in der einen Brennachse, der Laserstab in der anderen. Die Strahlung der Blitzlichtlampe wird durch den elliptischen Reflektor in paralleles Licht verwandelt, erneut reflektiert und dabei auf den in der Brennachse liegenden Laserstab konzentriert. Bei der von Cayce beschriebenen Konstruktion übernehmen anscheinend der Schlußstein und die Facetten des Glasstabes die Aufgabe des Reflektors.

Wenn die Strahlung der Blitzlichtlampe den Laserstrahl trifft, werden die Elektronen des Rubins auf ein höheres Energieniveau angehoben. Anschließend löst eine Bestrahlung mit Licht oder der zufällige Rücksprung eines Elektrons die Rücksprünge aller angeregten Elektronen aus, und es entsteht eine Strahlung ganz bestimmter Wellenlänge, bei der die Strahlungsbeträge von verschiedenen Atomen miteinander in Takt sind, da die Elektronen alle im gleichen Augenblick zum Rücksprung stimuliert werden. Die auf diese Weise erzeugten Strahlen werden in alle beliebigen Richtungen ausgesandt. Durch einen Kunstgriff lassen sich jedoch diejenigen Strahlen aussondern, die zur Längsachse des Rubins parallel sind. Zu dem Zweck versilbert man ein Ende des Rubins vollkommen und das andere teilweise. Die der Achse nicht parallelen Strahlen werden absorbiert, die parallelen dagegen hin und her reflektiert, so daß sie sich verstärken, bis am teilweise versilberten Ende ein starker kohärenter Lichtstrahl austritt. Das ist die Konzentration der Energie zwischen Schlußstein und Sockel bei Edgar Cayce.

Der Laser ermöglicht eine beträchtliche Verstärkung von Licht. Der von einem Laser ausgesandte Lichtstrahl ist so hell und so stark gebündelt, daß er riesige Entfernungen zurücklegen kann und sich sehr genau auf ein Ziel richten läßt. Den spektakulären Beweis dafür lieferten Lasertechniker, als sie einen auf dem Mond installierten Reflektor anpeilten, die zurückgestrahlten Lichtpfeile auffingen und aus ihrer Laufzeit die Entfernung des Mondes von der Erde genauer als je zuvor berechneten. Die Energiestöße, die dabei abgegeben wurden, übertrafen für Bruchteile von Millisekunden die Kapazität von Kraftwerken.

Laserlicht wird nach nur zwei Jahrzehnten Experimentierens bereits universell verwendet. Es findet Anwendung auf vielen Gebieten, beispielsweise im Umweltschutz, in der Werbung und im Flugwesen; in der Medizin wird es als Skalpell und zum Verschweißen von Blutstellen verwendet und im militärischen Bereich für Lenksysteme genutzt. Die Möglichkeiten des Laser und auch des Maser und Raser, die elektromagnetische Wellen im nicht sichtbaren Bereich verstärken, sind bei weitem noch nicht ausgelotet.

In Zukunft wird der Laser der extremen Hitze wegen, die er zu entwickeln vermag, wahrscheinlich auch zum Energietransport über große Entfernungen genutzt werden. Die große Hitze könnte zum Beispiel unmittelbar in Elektrizität umgewandelt werden, ohne daß der Umweg über eine Dampfmaschine notwendig ist. Es würden sich dann ähnliche Nutzungsmöglichkeiten ergeben, wie Edgar Cayce sie schildert. Die Antriebsart für Flugzeuge und Schiffe durch gebündelte Energiestrahlen, wie sie in den Readings beschrieben ist, wird heute von Ingenieuren als möglich und erstrebenswert angesehen. Sonnenenergie könnte damit auch die aus Erdöl gewonnenen Treibstoffe ersetzen. Flugzeuge brauchten dann keinen Treibstoff mehr mitzunehmen, der ja heute bei langen Flügen noch einen großen Teil ihrer Last ausmacht. Von Wladimir A. Kotjenikow wurde zum Beispiel 1978 ein energetisches Strahlenbündel anstelle der herkömmlichen Treibstoffe für Flugzeuge vorgeschlagen. Die drahtlose Übertragung von Energie wird sich nach seiner Auffassung so entwickeln, daß man Hochfrequenzschwingungen bündelt und auf Maschinen konzentriert. Auf diese Weise wird den Flugzeugen die benötigte Energie direkt von der Erde zugeführt. Ein solches Flugzeug – mit keinem Tropfen Treibstoff an Bord, dafür aber um so mehr Reisenden und Fracht – kann auf einem energetischen Strahlenbündel mit hoher Geschwindigkeit von Moskau in die entferntesten Gebiete der Sowjetunion fliegen. Lärm und Abgase gibt es nicht. Das ist genau die Antriebsart, wie Edgar Cayce sie für die Flugzeuge der Atlanter geschildert hat.

Aus den Readings geht übrigens auch hervor, daß die Nutzung der Sonnenenergie möglicherweise doch nicht in jedem Fall so ungefährlich und umweltfreundlich ist, wie uns das heute erscheint. Auffällig häufig kam Edgar Cayce nämlich darauf zu sprechen, daß die Bewohner von Atlantis die Kräfte, die sie entwickelt hatten, mißbrauchten, so daß sie außer Kontrolle gerieten und schließlich zum Untergang von Atlantis führten.

In einem seiner Readings heißt es [Lit. 30]: »Unabsichtlich zu stark eingestellt [die Apparatur zur Umwandlung der Sonneneinstrahlung in andere Energieformen], trug sie schließlich zum Ausbruch der zweiten Katastrophe [auf Atlantis] bei. Ihre Strahlen vereinigten sich mit anderen elektrischen Kräften und ließen viele Feuer im Innern der Erde ausbrechen, vulkanische Eruptionen wurden herbeigeführt durch den mächtigen Energiespeicher der Natur.«

Die heutigen Laser-, Maser- oder Raserstrahlen können nach allem, was wir wissen, nicht tief genug in die Erde eindringen, um das zu bewirken. Bei dem gebündelten Mikrowellenstrahl von einem Sonnenkraftwerk aus dem All ist das vielleicht schon nicht mehr so sicher.

In weiteren Readings äußerte sich Cayce über den Untergang der Atlantis-Zivilisation folgendermaßen: »... Der Mensch brachte die zerstörerischen Kräfte. Diese erzeugten zusammen mit den natürlichen Vorräten von Gasen, natürlichen Kräften und Formen die schlimmste aller Eruptionen, die aus der Tiefe der langsam erkaltenden Erde emporstieg, und jener Teil [von Atlantis], der heute in der Nähe der Sargassosee liegt, versank zuerst im Meer ... Die Kraftgewinnung aus der Sonne selbst bis hin zum Strahl, der zur Atomzertrümmerung führte, hatte die Vernichtung dieser Landesteile zur Folge.«

Insbesondere die letzte Aussage ist erstaunlich. Cayce spricht hier offenbar von der Atomspaltung mit Hilfe von laserähnlichen Strahlen. Heute ist das Ziel der Wissenschaftler zwar nicht die Kernspaltung, wohl aber die Anreicherung von radioaktivem Material sowie die Kernfusion mit Hilfe von Laserstrahlen.

Die Aussage von Cayce könnte bedeuten, daß die laserähnlichen Strahlen indirekt die zerstörerischen Kräfte im Erdinnern freimachten, die zum Untergang von Atlantis führten, indem sie nämlich die Ursache für Kettenreaktionen des radioaktiven Anteils natürlicher Uranlagerstätten waren. Atomare Explosionen, gezündet durch Laserstrahlen, könnten Löcher in die dünne Erdkruste des Atlantischen Grabens gerissen haben, worauf dann das glutflüssige Magma des Erdinnern durchbrach.

Die energetischen Strahlenbündel könnten radioaktives Uran 235 aus natürlichem Uran angereichert und so einen gefährlichen Sprengstoff geschaffen haben. Techniker arbeiten heute mit Hochdruck daran, auf diese Weise Kernbrennstoffe aus natürlichem Uran zu gewinnen. Natürliche Uranlager bestehen hauptsächlich aus dem ungefährlichen Uran-238-Metall. Laserstrahlen können hiervon Uran 235 abtrennen. Das wird heute als der eleganteste und wirtschaftlichste Weg zur Urantrennung angesehen. Laserstrahlen bestimmter Wellenlängen werden nur von Atomen und Molekülen, die Uran 235 enthalten, aufgenommen und nicht von Uran 238. Das verändert sie chemisch und elektrisch so stark, daß sie sich von dem Rest des Materials abtrennen. Die Urantrennung mittels Laser soll sich in den Vereinigten Staaten bereits im Teststadium befinden.

Die Readings von Cayce über den Untergang von Atlantis haben auch noch einen anderen Aspekt. Sie könnten bedeuten, daß ein unterirdischer Atombombenversuch oder auch eine durch atomaren Müll verursachte Explosion an der »richtigen« Stelle eine ähnliche Katastrophe auslösen könnte wie die, welche zum Untergang von Atlantis führte. Die Vorhersage der Seherin von Prag kommt einem in den Sinn, nach der die Menschen den Schoß der Erde öffnen werden und es ihnen nur mit Mühe gelingen wird, ihn wieder zu schließen.

Aber es gibt auch eine andere Erklärung. Für die Aussagen von Cayce dürften die gleichen Gesetzmäßigkeiten gelten, wie sie auch bei anderen paranormalen Wahrnehmungen beobachtet werden. Nach einer dieser Regeln nimmt der Sensitive allem Anschein nach gewöhnlich nicht das eigentliche Geschehen wahr, sondern »sieht«, wie sich das Ereignis in der Psyche eines der Beteiligten spiegelt. Neben richtigen Beobachtungen und zutreffenden Schlüssen übernimmt er infolgedessen natürlich auch Folgerungen, die der Beteiligte zwar für richtig hält, die aber nicht dem tatsächlichen Geschehen entsprechen. Die bedeutet:

Wenn viele Atlanter der Überzeugung waren, daß Atlantis durch den Mißbrauch seiner Technologie zugrunde ging, dann wird diese Überzeugung auf paranormalem Weg auch von dem Sensitiven übernommen – ob sie nun richtig ist oder nicht. Die Menschen neigen dazu, die ihnen unheimliche Großtechnik für Naturkatastrophen verantwortlich zu machen, auch wenn kein Zusammenhang gegeben ist. In den fünfziger Jahren wurde zum Beispiel von manchen Menschen schlechtes Wetter auf Atombombenversuche zurückgeführt. Daß beide tatsächlich etwas miteinander zu tun haben, ist jedoch sehr unwahrscheinlich.

Es ist deshalb nicht ausgeschlossen, daß natürliche Katastrophen allein zum Untergang von Atlantis führten. Nach Platons Bericht lag Atlantis im Bereich der vor gut fünfzig Jahren mit Hilfe des Echolots entdeckten Atlantischen Schwelle, die ein gewaltiges untermeerisches Gebirge über dem angrenzenden Tiefseeboden darstellt, das bei einer Basisbreite zwischen 500 und 1000 Kilometern eine Gipfelhöhe von 4000 bis 5000 Metern erreicht. Die Entdeckung dieses mitten im Atlantik liegenden Gebirges war eine große Überraschung, denn bis dahin hatte man angenommen, daß der Meeresboden flach und eben sei. Ein ähnliches Gebirge wurde später auch im Pazifik gefunden. In den sechziger Jahren mußte dann aufgrund von Tiefseebohrungen und magnetischen Messungen die verblüffende Schlußfolgerung gezogen werden, daß sich am mittelozeanischen Rücken ständig neuer Meeresboden bildet. Glutflüssiges Magma strömt aus den Spaltensystemen in der Mitte des Rückens – die Bergrücken sind der Bereich größter Aktivität – und vergrößert den Meeresboden auf beiden Seiten der Schwelle. Der Meeresboden wächst in die Breite, und die Ausdehnung des Meeres nimmt zu. Da andererseits aber der Durchmesser der Erde als konstant anzunehmen ist, muß Meeresboden an anderer Stelle wieder zerstört werden. Man nimmt an, daß das im Bereich der Tiefseegräben der Fall ist.

Die Überlegungen und Schlüsse, die in diesem Zusammenhang gezogen wurden, stimmen weitgehend mit den Beobachtungen überein. Wenn man weit genug in die Vergangenheit zurückgeht, kommt man zu einem Punkt, wo die Kontinente unmittelbar aneinandergehangen haben. Als die Öffnung der Ozeane begann, blieben Übergangsstücke wechselnder Breite zwischen den Kontinenten im Bereich der mittelatlantischen Schwelle zurück. In der Tiefe findet man in diesen Gebieten noch Gesteine kontinentaler Zusammensetzung.

Atlantis dürfte aus solchen Übergangsstücken bestanden haben. »In der Folge waren diese kontinentalen Reststücke der ozeanischen Querdehnung, Ausdünnung und Durchtränkung mit vulkanischen Förderprodukten ausgesetzt«, wie der Geologieprofessor HANS GEORG WUNDERLICH schreibt [Lit. 34]. Aufgrund der Förderung von magmatischem Material, das den neuen Meeresboden bildet, könnten unter den kontinentalen Reststücken Materialdefizite entstanden sein, die zu Absenkungen führten, so daß die Inseln schließlich vom Meer verschlungen wurden. Den Untergang von Atlantis sollen nach Cayce ja gewaltige Vulkanausbrüche begleitet haben, vor denen viele Atlanter auf die angrenzenden Kontinente flohen.

Die Azoren sind wahrscheinlich ein Überbleibsel des Ostrandes der letzten Atlantis-Inseln. 1957 und 1964 kam es hier zu Erdbeben und Vulkanausbrüchen, die, insbesondere 1957, die Inseln tagelang erschütterten. Es könnte sich hier um die gleiche Instabilität der Erdkruste handeln, die seinerzeit auch den Untergang von Atlantis verursachte. Die Erdbeben und Vulkanausbrüche führten zu Massenauswanderungen, so wie sie von Cayce auch für Atlantis geschildert wurden. Tausende von Häusern wurden zerstört, und die Menschen flohen in Scharen von den Inseln.

Falls die Theorie richtig ist, daß natürliche Ursachen zum Untergang von Atlantis führten, so sind von der großtechnischen Nutzung der Sonnenenergie natürlich nicht die Gefahren zu erwarten, wie sie die medialen Aussagen von Edgar Cayce nahelegen. Wenn andererseits aber Atlantis durch die Umwandlung von Sonnenenergie in laserähnliche Strahlen unterging, weil diese indirekt vulkanische Kräfte aktivierten, so könnte eine solche Katastrophe auch durch eine zukünftige großtechnologische Nutzung von Sonnenenergie wieder heraufbeschworen werden. Bedroht wären dann unter Umständen Gebiete mit ähnlichen geologischen Bedingungen wie Atlantis, also Inselgruppen im Bereich der atlantischen oder pazifischen Schwelle. Bedroht sind vielleicht aber auch ganz allgemein Inseln mit starkem Vulkanismus wie beispielsweise Japan, für das von mehreren Sehern der Untergang vorhergesagt wurde. Es sollte deshalb auf jeden Fall versucht werden zu klären, ob eine solche Bedrohung tatsächlich existiert.

Energie wird noch knapper werden. Die Preise werden weiter steigen, nicht nur die Benzin- und Heizölpreise, sondern auch die Preise für all die Güter, zu deren Herstellung Energie oder Erdöl als Rohstoff benötigt wird. Erdölmangel kann zwar vorübergehend zu Versorgungsengpässen und Nahrungsmittelmangel führen, dürfte jedoch nicht unmittelbar die schweren Katastrophen auslösen, die von den Sehern vorhergesagt wurden. Bevor Erdöl und Ölschiefer zur Neige gehen, werden nämlich wahrscheinlich Ersatzenergien die gravierendsten Lücken ausfüllen, so daß Landwirtschaft und lebenswichtige Industriezweige weiter betrieben werden können.

Der Lebensstandard könnte jedoch rapide absinken, nicht nur wegen Energiemangels, sondern auch, weil die anderen Rohstoffe immer knapper werden und es immer schwieriger wird, mit den aufsteigenden Industrienationen Asiens auf dem Weltmarkt zu konkurrieren. Auch in den Industrieländern der westlichen Welt werden Versorgungsengpässe auftreten. Die Katastrophe in der dritten Welt ist unvermeidlich. Die Bevölkerung steigt dort unaufhaltsam mit einer Rate von zwei bis drei Prozent pro Jahr an. Bald wird die Lebensmittelproduktion nicht mehr Schritt halten und die Schere zwischen Angebot und Bedarf immer weiter auseinanderklaffen. Bei Mißernten werden infolgedessen wahrscheinlich noch vor Ende dieses Jahrhunderts Millionen Menschen verhungern. Gleichzeitig wächst die Gefahr von Umstürzen und atomaren Kriegen.

Die westlichen Industriestaaten werden in diesem Meer des Elends nicht mehr als friedliche Inseln des Wohlstands weiterexistieren können. Solange das Wirtschaftswachstum voranschritt, hielt die Aussicht auf immer höheren Lohn die Schlechtweggekommenen von ihren Forderungen nach Umverteilung ab. Bei Nullwachstum und Rückschritt ist diese Ersatzhoffnung nicht mehr gegeben.

Wie lautet die Prophezeiung von EDGAR CAYCE? ». . . wenn der Hunger kommt, dann kommen auch Zerstörung, Aufruhr und Streit.« Und in der AMSTERDAMER PROPHEZEIUNG heißt es:

»... und dann sehe ich das Wort Hunger stehen und politisches Chaos. Das ist nicht für euer Land allein [die Niederlande], sagt die Frau [eine Muttergottes-Erscheinung], sondern auf der ganzen Welt.« Auch JAKOB LORBER hat den Untergang der bestehenden sozialen Ordnung vorausgesagt.

Wie könnte ein solcher Umsturz vor sich gehen? Wenn der Lebensstandard sinkt, Versorgungsengpässe auftreten, werden die Menschen immer unzufriedener mit der bestehenden Ordnung werden, die als unfähig angesehen wird, »die Güter gerechter zu verteilen«. In der Bundesrepublik Deutschland gehört wie auch in den übrigen Ländern der westlichen Welt immer noch der größte Teil allen Vermögens nur wenigen Prozent der Bevölkerung. Die bestehenden Regierungen werden kaum in der Lage sein, die Privilegien einzelner Gruppen zu beschneiden. Immer mehr Menschen werden sich infolgedessen von den herrschenden Systemen abwenden. Wahrscheinlich werden dann nur noch die Reichen Auto fahren können. Die Regierungen werden gehaßt werden und sich schließlich nicht mehr durch Argumentation und Gründe, sondern nur noch durch nackte Gewalt behaupten, wie das zaristische Regime in Rußland vor der Revolution. Verhältnisse wie in Nordirland oder in den Slums von New York könnten allgemein werden. Kritiker und Extremisten werden alles in Frage stellen und unerfüllbare Forderungen stellen.

Schließlich werden die Radikalen die Massen für sich gewinnen und die alte Ordnung stürzen. Die dann folgenden Machtkämpfe der verschiedenen Gruppen, zu denen auch die Kommunisten gehören, werden in offenem Bürgerkrieg, Massenaufstand und Terror enden und in Chaos und Katastrophen hineinführen. Dann werden auch die westlichen Industrieländer ihre Hungersnöte und Seuchen und starke Bevölkerungsrückgänge erleben. Wenn das Chaos längere Zeit anhält, wie das nach den Prophezeiungen zu erwarten ist, wird ein neuer Aufstieg sehr schwierig werden.

Allerdings wird die Menschheit wahrscheinlich nicht auf Dauer in das vorindustrielle Zeitalter zurückfallen; sie verfügt über Kräfte und Fähigkeiten, die Katastrophen zu überwinden. Denn neben den Visionen von Katastrophen,

Hungersnöten und dem »großen Abräumen« gibt es auch Prophezeiungen, die nahelegen, daß die Entwicklung weitergehen wird. Hierzu gehören Prophezeiungen der Seherin von Prag, von Nostradamus und Edgar Cayce. Das Zeitalter des Nullwachstums wird danach zwar unter heftigen Geburtswehen und Erschütterungen anbrechen, aber wenn es einmal da ist, dann werden sich die Lebensverhältnisse des Menschen weiter verbessern.

In einer Prophezeiung der SEHERIN VON PRAG heißt es beispielsweise, daß die Menschheit einmal ihr »Tagewerk in vier Stunden verrichten wird«, und NOSTRADAMUS sagt in Quatrain 3, 2, »daß Körper, Geist und Seele des Menschen einmal alle Macht haben werden«. EDGAR CAYCE sah für das Jahr 2200 voraus, daß die Menschen dann »dabei sind, New York wieder aufzubauen«. Die Menschheit könnte also dann die Katastrophen bereits überwunden haben.

Daß die Entwicklung weitergehen wird, behauptet auch ADRIAN BERRY in seinem Buch *Die große Vision* [Lit. 35]. Nach seiner Überzeugung werden der wirtschaftliche Fortschritt und die Weiterentwicklung der industriellen Technik nicht nur für Jahrzehnte und Jahrhunderte, sondern für Jahrzehntausende weitergehen. Kriege und wirtschaftliche Rezessionen können diese Entwicklung seiner Prognose zufolge nie für längere Zeit aufhalten. Es müßte schon jeder einzelne Mensch auf der Erde getötet werden, schreibt er, »und das sei ein unmögliches Unterfangen«. Die Menschheitsgeschichte soll noch viele Millionen Jahre lang weitergehen, ehe die Natur den Vorhang herunterläßt. In diesen unermeßlichen Zeiträumen werde nahezu alles, was überhaupt geschehen könne, tatsächlich geschehen.

Adrian Berry nennt drei Voraussetzungen, die erfüllt sein müssen, damit die Entwicklung weitergeht:

1. Es darf nicht zu einer wesentlichen Veränderung der Sonneneinstrahlung kommen.
2. Eine störende fremde Technik darf nicht in unser Sonnensystem eindringen.
3. Die menschliche Psyche darf sich nicht wesentlich verändern. Die menschliche Reaktion auf Reize muß konstant bleiben.

Auch der Astronom FRED HOYLE ist der Ansicht, daß die Straße erst jetzt beginne und fast alles noch im Spiel sei. Unsere und die Zivilisationen der Zukunft können sich seiner Meinung nach um den Faktor 10^9 (eine Milliarde) unterscheiden. Ähnlich dachte auch der Astronom Sir JAMES JEANS, als er schrieb: »Wir leben im allerersten Anfang der Zeit. Wir sind in der frischen Herrlichkeit der Morgendämmerung ins Dasein getreten, und ein Tag von fast undenkbarer Länge erstreckt sich vor uns mit unvorstellbaren Gelegenheiten zur Vervollkommnung!«

7
Eiszeit oder Hitzeschock?

Das Klima auf der Erde war und ist Schwankungen unterworfen. Tropische Urwälder wechselten in Europa ab mit baumlosen Tundren. Die Wetteranomalien in den letzten Jahrzehnten wie Dürreperioden und kalte schneereiche Winter scheinen zu bedeuten, daß sich das Klima erneut verändert. In welche Richtung die Entwicklung gehen wird, ob eine Eiszeit oder eine Hitzeperiode auf uns zukommt, darüber herrscht allerdings Unsicherheit. Ein Teil der Klimatologen erwartet eine Kaltzeit mit einem weltweiten Vorrücken der Gletscher. Andere sind sich ziemlich sicher, daß der Kohlendioxydanstieg in der Atmosphäre aufgrund der Verbrennung von Kohle und Erdöl vorher noch die Temperaturen in die Höhe treiben wird. Für beide Versionen gibt es gute Argumente. Welche der beiden völlig verschiedenen Annahmen wird sich als richtig erweisen?

Kohlendioxyd – die chemische Formel ist CO_2 – wird wesentlich langsamer als die anderen durch menschliche Tätigkeit freigesetzten Stoffe in der Atmosphäre umgewandelt, durch Regen oder Schnee ausgewaschen oder vom Erdboden absorbiert. Die Entfernungsmechanismen wirken hier so langsam, daß der Kohlendioxydgehalt der Atmosphäre immer mehr zunimmt. In den nächsten fünfzig Jahren wird der weltweit wachsende Energiebedarf noch hauptsächlich durch die Verbrennung fossiler Brennstoffe gedeckt werden. Infolgedessen wird der CO_2-Gehalt der Atmosphäre wahrscheinlich auf mehr als das Doppelte des vorindustriellen Wertes ansteigen. Bei der heute (1980) vorliegenden Zuwachsrate beim Verbrauch fossiler Brennstoffe von 3,5 Prozent pro Jahr wird dieser Pegel im Jahre 2030 erreicht werden.

Kohlendioxyd absorbiert die infrarote Strahlung genau in dem Wellenlängenbereich, in dem die Wärmerückstrahlung der Erdoberfläche ins Weltall liegt. Je mehr Kohlendioxyd in der Atmosphäre vorhanden ist, um so weniger Wärme kann die Erde in den Weltraum abstrahlen, und um so höher steigt infolgedessen die Temperatur auf der Erde an. Man spricht vom Treibhauseffekt, den das Kohlendioxyd verursacht. Ein Treibhaus hat nämlich eine ähnliche Wirkung. Die von außen kommenden Sonnenstrahlen fallen durch das Glas hindurch und erwärmen die Erde; die von der erwärmten Erde ausgehende Wärmestrahlung aber wird von den Glasfenstern zurückgehalten. Das Kohlendioxyd entspricht diesen Glasfenstern. Modellrechnungen zeigen, daß bei einer Verdoppelung der Kohlendioxydkonzentration mit einer Temperaturerhöhung der Erdatmosphäre von eineinhalb bis drei Grad Celsius gerechnet werden muß. Viel bedeutsamer als dieser Durchschnittswert sind jedoch die regionalen Besonderheiten, insbesondere der Verstärkungsfaktor in hohen Breiten.

Die Verstärkung ergibt sich vor allem aus der positiven Rückkopplung des CO_2-Erwärmungseffektes mit der Flächenausdehnung des Meereises in der Arktis. Bei einer Erwärmung der Erde um einige Grad schrumpft es oder verschwindet sogar ganz. Dadurch wird weniger Sonneneinstrahlung in den Weltraum zurückgestrahlt, und die Temperatur steigt noch weiter an. Eine weitere Verstärkung erfolgt infolge der besonderen Art der Luftschichtung in den Polargebieten.

Je nach Annahme über die Höhe des Treibhauseffektes und die polare Verstärkung bewirkt eine Verdoppelung des atmosphärischen Kohlendioxydgehaltes eine Temperaturerhöhung am Nordpol von viereinhalb bis fünfzehn Grad Celsius. Das sind sehr hohe Werte, die bei einer Realisierung beträchtliche Auswirkungen auf die atmosphärische Zirkulation und das Klima haben werden. Die Simulationen der Auswirkungen des Kohlendioxydgehaltes der Atmosphäre gelten übrigens nicht als Prognosen der tatsächlich zu erwartenden Klimaveränderungen, sondern als Tendenzen, da wahrscheinlich nicht alle Rückkopplungen erfaßt sind: So verdunstet infolge der Erwärmung mehr Wasser, und es könnten sich mehr Wolken bilden. Durch diese Wolken würde das Sonnenlicht in stärkerem Maße reflektiert und der Temperaturanstieg abgeschwächt. Dieser Effekt kann simulationstechnisch noch nicht berücksichtigt werden. Andererseits wird bei einer Erwärmung der Erde von den Meeren wahrscheinlich mehr Kohlendioxyd freigesetzt – genauso wie von Selterswasser, das warm wird. Das wäre dann wieder eine positive Rückkopplung und würde die Temperaturen noch höher treiben.

Soweit die Argumente für eine Erwärmung der Erde. Aber auch die Vertreter der Erderkaltung haben gute Gründe:

Seit den sechziger und siebziger Jahren mehren sich die Anomalien im Wettergeschehen. Gegenüber den vorangegangenen Jahrzehnten treten stark vom Durchschnitt abweichende Wetterlagen auf: sehr kalte und schneereiche Winter, zunehmende Überschwemmungen, Dürren, Hurrikans und Tornados. Nach der ersten Hälfte des Jahrhunderts, die ein Klimaoptimum darstellte, ist nun eine Periode der Fluktuationen und eine Hinwendung zum Schlechteren eingetreten. Besonders auffällig war die lange Dürreperiode in der Sahelzone, diesem Weideland am Südrand der Sahara. 1968 blieben die regenbringenden Monsunwinde aus und ebenso in den folgenden fünf Jahren. Der Regenmangel führte zur Katastrophe. Dreißig bis siebzig Prozent des Viehs, die Ernährungsgrundlage der Sahelbewohner, verendeten vor Durst oder Hunger. Etwa drei Millionen Menschen verhungerten oder fielen, von Hunger geschwächt, Krankheiten zum Opfer. Der Wüstengürtel hatte sich zum Äquator hin verschoben, wie das bei einem Kälterwerden der Erde zu erwarten ist.

In Übereinstimmung damit sind die Temperaturen auf der Nordhalbkugel in den letzten vierzig Jahren um ein halbes Grad gefallen. Bei länger werdenden Wintern haben die Schnee- und Eisdecken im Norden Amerikas und Ostsibiriens um rund fünfzehn Prozent zugenommen. Die Gletscher sind auf dem Vormarsch.

Gleichzeitig hat sich auch die Zirkulation verändert. Die Winde kommen aus anderen Richtungen und bringen manchen Orten mehr, anderen weniger Wärme und Feuchtigkeit. Die Temperaturabnahme und die Fluktuationen im Wettergeschehen deuten nach Ansicht von Klimatologen auf den Beginn einer Klimaverschlechterung hin.

Das Klima ist nämlich keine Konstante, sondern unterliegt im Laufe der Jahrhunderte großen und kleinen Schwankungen. Wenn man weit genug in der Erdgeschichte zurückgeht, so kommt man in Klimaperioden, in denen in Deutschland tropische Urwälder wuchsen. Die Braun- und Steinkohlenwälder stammen aus jenen Epochen. Wesentlich näher zur Gegenwart hin trat auch das andere Extrem auf, nämlich ein bitterkaltes Klima, in dem der Norden Deutschlands ebenso wie die Britischen Inseln, Skandinavien und Kanada sowie Teile der USA, wie zum Beispiel der Staat New York, tausend bis zweitausend Meter unter Eis begraben lagen. Das übrige Deutschland war eine Kältewüste, gekennzeichnet durch Dauerfrostboden und baumlose Tundra.

Furcht vor der Rückkehr einer solchen Kaltzeit wird wachgerufen, wenn Klimaschwankungen und Temperaturrückgänge ein kälteres Klima anzukündigen scheinen. Eine relativ geringe Temperaturabnahme reicht nämlich schon aus für den Anbruch einer Kaltzeit mit ihren ausgedehnten Vergletscherungen. Der sowjetische Meteorologe MICHAEL BUDYKO hat ausgerechnet, daß ein weiteres Absinken der durchschnittlichen Temperatur auf der Erde um 1,6 Grad die Gletscher in Marsch setzen würde.

Abgesehen von diesen längerfristigen Klimaschwankungen ist das Klima aber auch über kürzere Zeiträume hinweg nicht immer gleich. So sind im Zeitraum der letzten tausend Jahre eine ganze Reihe von kurzfristigen Klimaschwankungen aufgetreten, die zum Teil beträchtliche Auswirkungen auf das menschliche Leben hatten. Die Siedlungen der Wikinger auf Grönland fielen einem als »kleine Eiszeit« bezeichneten Temperaturrückgang zum Opfer.

Die letzte größere Klimaschwankung leitete vor etwa zehntausend Jahren aus der sogenannten Würmeiszeit in die jetzige Warmzeit über. Über diese jüngste Kaltzeit weiß man verhältnismäßig gut Bescheid. Die Vereisung erreichte ihren Höhepunkt vor etwa zwanzigtausend Jahren mit Gletschern, die bis zum Nordrand der norddeutschen Tiefebene vorgestoßen waren. Der Meeresspiegel war so tief abgesunken, daß eine Landbrücke die Britischen Inseln mit dem Festland verband. Vor etwa achttausend bis zehntausend Jahren schmolzen die Deutschland und Skandinavien bedeckenden Eismassen dann wieder ab, und die jetzige Warmzeit begann. In der vor der Würmeiszeit liegenden Kaltzeit stießen die Gletscher sogar bis zum Nordrand des Ruhrgebietes und in den Vereinigten Staaten bis nach Kalifornien und Mexiko vor.

Wenn sich die Gletscher heute auch nach Norden und in höhere Lagen zurückgezogen haben, so leben wir dennoch immer noch in einer Eiszeit, denn Gletschereis und Dauerfrost beherrschen nahezu ein Viertel des gesamten Festlandes der Erde. Den größten Anteil daran hat der von einem zweitausend Meter dicken Eispanzer bedeckte antarktische Kontinent, der viermal so groß ist wie Europa. Die Eiszeit, in der wir heute leben, begann wahrscheinlich vor etwas mehr als fünf Millionen Jahren mit der Vergletscherung dieses Kontinents.

Man muß in der Erdgeschichte weit zurückgehen, nämlich etwa zweihundertsiebzig Millionen Jahre, um auf gesicherte Spuren einer davorliegenden großen Vereisung zu stoßen. Zwei weitere Eiszeiten liegen bereits vierhundert und tausend Millionen Jahre zurück. In den langen Zeiträumen zwischen diesen großen Eiszeiten hat es auf der Erdoberfläche wahrscheinlich kaum Eis gegeben. Die Gegensätze des Klimas waren wesentlich geringer, vor allem die Polargebiete waren viel wärmer als heute.

Die Eiszeit ist noch nicht zu Ende, und es hat auch nicht den Anschein, als ob sie ihren zyklischen Charakter mit dem Wechsel von Kalt- und Warmzeiten verlieren würde. Der Höhepunkt der Erwärmung scheint schon einige tausend Jahre zurückzuliegen, und es könnte sein, daß die jetzt anscheinend beginnende Klimaschwankung geradewegs in die nächste Kaltzeit hineinführt. Das ist jedenfalls die Überzeugung einer Reihe von Klimatologen.

Überlegungen bezüglich einer neuen Kaltzeit hatten noch vor wenigen Jahren fast nur akademische Bedeutung. Man nahm an, daß in den letzten sechshunderttausend bis achthunderttausend Jahren lediglich vier Kaltzeiten aufgetreten seien und daß die dazwischen liegenden Warmzeiten jeweils eine Dauer von einigen zehntausend Jahren gehabt hätten. Die Wahrscheinlichkeit, daß in der Jetztzeit eine Kaltzeit einsetzen könnte, erschien also gering. Außerdem gingen die alten Theorien davon aus, daß sich die Eisdecken lediglich in höheren Lagen und im arktischen Norden gebildet hätten und von dort aus dann allmählich talabwärts bzw. südwärts flossen. Dieser Ausbreitungsvorgang ist ein relativ langsamer Prozeß. Viele hundert Jahre müssen vergehen, ehe die Eismassen durch langsames Vorrücken größere Teile der Erdoberfläche bedecken können. Der Beginn einer Kaltzeit wäre demnach lediglich eine geringfügige Abkühlung der Erde, die mit dem Vorrücken der Gletscher allmählich weiter fortschreitet.

Inzwischen liegen jedoch neuere Forschungsergebnisse vor. Das ist zunächst die Erkenntnis, daß in den letzten siebenhunderttausend Jahren nicht vier, sondern acht Kaltzeiten aufgetreten sind und daß die einzelnen Warmzeiten nur eine Dauer von jeweils etwa zehntausend Jahren hatten. Diese Zeitspanne ist aber seit dem Ende der letzten Kaltzeit gerade vergangen. Die jetzige Warmzeit nähert sich also vermutlich ihrem Ende. Die Wahrscheinlichkeit, daß noch während unseres Lebens eine neue Kaltzeit beginnt, ist infolgedessen relativ hoch. Viele Wissenschaftler sind fest davon überzeugt, daß die nördlichen Regionen Kanadas, Skandinaviens und des europäischen Teils der Sowjetunion innerhalb der nächsten zweieinhalb Jahrtausende wieder unter Eis und Schnee begraben werden.

Die zweite wichtige Erkenntnis der neueren Eiszeitforschung hat die Vorstellung erschüttert, daß sich die Eisdekken lediglich in höheren oder extrem nördlichen Lagen gebildet hätten und bei ausreichender Mächtigkeit von dort aus allmählich talabwärts bzw. südwärts »geflossen« seien. Das Norddeutschland in der Riß-Eiszeit bedeckende Eis sollte beispielsweise in erster Linie aus dem skandinavischen Hochgebirge gekommen sein. Nach den neuen Forschungsergebnissen war das nur zum Teil der Fall. Man hat deshalb eine neue Theorie aufgestellt. Nach dieser sogenannten Schneeblitz-Theorie fielen die Eismassen, die halb Europa und halb Nordamerika in den Kaltzeiten unter sich begruben, sozusagen über Nacht vom Himmel und wuchsen von unten nach oben, jedenfalls das meiste davon.

Den Beginn einer Kaltzeit kann man sich demnach etwa so vorstellen: In einem kalten und schneereichen Winter bildet sich eine dicke Schneedecke aus (wie etwa im Winter 1978/79 in Deutschland). Diese schmilzt in einem kühlen Frühjahr und Sommer nicht ganz weg, sondern bleibt liegen und reflektiert die Sonnenstrahlen. Sie kühlt die Luft ab und sorgt dafür, daß im nächsten Winter noch mehr Schnee fällt. Frischer Schnee strahlt nämlich bis zu fünfundachtzig Prozent des Sonnenlichtes zurück in den Weltenraum, so daß die Erdoberfläche nur sehr wenig Wärme erhält und sich immer weiter abkühlt. Die Eisdecke wird nun mit jedem Schneefall dicker. Riesige Landflächen gehen sozusagen in einem einzigen schlechten Sommer verloren. Innerhalb weniger Jahre könnten sich Nordkanada, Nordeuropa, die Alpen und andere nördliche Regionen mit Inlandeis bedecken. Wenn dieses Inlandeis eine Dicke von dreißig Zentimetern erreicht, dann hat die neue Eiszeit unwiderruflich begonnen.

Sieben bis zehn Jahre reichen für die Bildung dieser Eisschicht aus. Die Klimaverschlechterung stellt sich auf diese Weise nicht allmählich ein, sondern kommt plötzlich.

Wenn die Eisblitz-Theorie richtig ist, so bedeutet dies, daß die Kaltzeiten als Katastrophen beginnen. Es gibt eine Reihe von Beobachtungen, die mit dieser neuen Theorie viel besser in Übereinstimmung stehen als mit der alten, nach der sich das Eis nur ganz allmählich ausbreitet. Dazu zählen vor allem rekonstruierte Fließrichtungen von Eismassen, die im Widerspruch zu der alten Theorie stehen; weiter die kurzfristige Vernichtung riesiger Wälder sowie die Beobachtung, daß auf die Kulturschichten des Neandertalers, der zu Beginn der letzten Kaltzeit ausstarb, nur sehr selten unmittelbar die Hinterlassenschaften des Cro-Magnon-Menschen, des Menschen der Jetztzeit, folgen. Beide Kulturschichten in Höhlen und unter Felsvorsprüngen sind fast immer durch eine sterile Erdschicht getrennt. Für ein plötzliches Einsetzen der Kaltzeiten sprechen auch die vielen Mammuts, die im Eis Sibiriens gefunden werden und stehend erfroren sind. Ihre Mägen sind noch voll von frischem Grün. Proben uralten Grönlandeises zeigen ebenfalls einen abrupten Übergang zu kaltem Klima an.

Das sind alles Fakten, die gegen die alte Theorie sprechen. Die Theorie des Eisblitzes gewinnt denn auch immer mehr Anhänger. Beginnt aber eine Kaltzeit mit einem Eisblitz, bei dem große Gebiete in wenigen kalten Jahren verlorengehen, so stellt eine beginnende Kaltzeit auch eine Gefahr für die heutige Menschheit dar. Von völliger oder nahezu völliger Auslöschung durch Eisdecken bedrohte Länder sind Kanada, Grönland und Skandinavien. Die Vereinigten Staaten und die Sowjetunion würden immerhin noch von ausgedehnten Vergletscherungen betroffen. Da nach neueren Forschungen eine Kaltzeit für die in niederen Breiten liegenden Zonen eine Herabsetzung der Niederschläge bedeutet, sind hier außerdem noch Regenmangel und Dürre zu erwarten.

An dieser Stelle erhebt sich erneut die Frage: Wer wird recht behalten – die Vertreter der »heißen« oder der »kalten Erde«? Die Klimatologen streiten darüber. Was sagen die Prophezeiungen der Seher?

Um die Antwort vorwegzunehmen: Sie stützen die Prognose, daß vor dem Hereinbrechen der nächsten Kaltzeit das Klima auf der Erde noch wärmer werden wird. Von Alois Irlmayer stammt zum Beispiel die Vorhersage, daß »Feigen und Zitronen in Deutschland wachsen werden«! Wenn sich diese Vorhersage erfüllen soll, dann müssen die Temperaturen in Deutschland auf ein Niveau ansteigen, wie es heute im Mittelmeerraum anzutreffen ist. Die mittleren Jahrestemperaturen liegen dort um mehrere Grad höher als in Deutschland.

Auch Prophezeiungen von Edgar Cayce stützen die Prognose von einer Erwärmung der Erde. Cayce kündigt nämlich Umwälzungen in Arktis und Antarktis an [Lit. 19]: »Offenes Wasser wird in den nördlichen Teilen Grönlands erscheinen«, heißt es in einem seiner Readings, und eine andere Stelle lautet: »In der Antarktis, unweit Feuerland, wird Land sein und eine Meeresstraße mit eisfreiem Wasser.«

Diese Gesichte von Cayce können eintreffen, wenn sich die Polarmeere erwärmen und die hier vorhandenen Eismassen teilweise abschmelzen. Sie sprechen für eine Erwärmung der Erde, denn Eisfreiheit in den heute von Packeis bedeckten Polarmeeren ist ja gerade das, was schon bei einer relativ geringen Erwärmung der Erde zu erwarten ist. Wegen des erwähnten Verstärkungseffektes in den Polargebieten wirkt sich ja hier jede Erwärmung der Erde mit einem Mehrfachen des Durchschnittsbetrages aus.

Andere Ursachen, die den gleichen Effekt der Eisfreiheit haben, wie eine Verlagerung der Erdachse oder die rasche Verschiebung von Kontinenten, sind demgegenüber wesentlich unwahrscheinlicher.

Bei einem Rückgang des polaren Meereises wird sich der subtropische Hochdruckgürtel mit seinen absteigenden wolkenauflösenden Luftströmungen nach Norden verschieben – und damit natürlich auch die in seinem Bereich liegenden Steppen und Wüsten. Eine solche Nordwärtsverlagerung ist nach Ansicht bedeutender Klimatologen bei einer Erwärmung der Erde auf jeden Fall zu erwarten. Als Folge davon werden Trockenheit und Dürre die nordafrikanischen und arabischen Länder treffen und hier einen für Europa sehr gefährlichen Unruheherd schaffen, und es könnte ein Kampf um Lebensraum sein. Die am Südrand der Sahara gelegene Sahelzone wird allerdings von einer Nordwärtsverlagerung der Klimagürtel profitieren.

Das Abschmelzen eines Teils des arktischen Meereises kann aufgrund der abnehmenden Reflexion zu einer immer stärkeren Erwärmung und weiteren Vergrößerung der eisfreien Gebiete führen, bis schließlich das arktische Meereis ganz verschwindet. Ein offenes Polarmeer soll aber zu einer ganz drastischen Verlagerung der Klimazonen und damit auch der Dürregürtel um mehrere Kilometer polwärts führen. Trokkenheit und Dürre werden sich dann auch auf die europäischen Mittelmeerländer ausdehnen und Kalifornien und den Südwesten der USA bedrohen. Die Dürrekatastrophen in Nordafrika und im Nahen und Mittleren Osten werden sich auf unvorstellbare Weise wiederholen. Auch Länder in mittleren Breiten werden weniger Niederschlag erhalten. Bei einer Erwärmung der Arktis wird nämlich das meridionale Temperaturgefälle zwischen Nordpol und Äquator stark abgeschwächt und damit auch die Zirkulation. Die regenbringenden Westwinde können nicht mehr so weit in das Innere der Kontinente vorstoßen, so daß auch im zentralen Nordamerika und im osteuropäischen Raum das Niederschlagsangebot zurückgehen wird. Weltweit werden Dürrekatastrophen auftreten und im Gefolge davon wahrscheinlich auch Hungersnöte und Kriege.

Obwohl eine Erwärmung der Erde für nördliche Regionen von Nutzen zu sein scheint, ist eine wärmere Erde auf längere Sicht kein besserer Platz zum Leben für den Menschen, weil sich die bestehenden politischen und wirtschaftlichen Verhältnisse unter ähnlichen Klimabedingungen wie den gegenwärtigen entwickelt haben. Sie sind daran angepaßt, und jede größere Klimaschwankung muß wegen der engen Verbindung von Klima und Kultur zu Katastrophen führen.

Neben der Verlagerung der Klimagürtel und einer Abschwächung der Zirkulation ergeben sich bei einer Erwärmung der Erde noch andere Probleme. Dazu gehört vor allem die Frage, was mit den gewaltigen Eismassen geschieht, die auf Grönland und dem antarktischen Kontinent gespeichert sind. Wie rasch werden sie abschmelzen und mit welcher Geschwindigkeit und um welchen Betrag wird der Meeresspiegel ansteigen?

Ein Abschmelzen des grönländischen Inlandeises wie auch des westantarktischen Schildes führt zu einem Anstieg des Meeresspiegels um etwa fünf Meter, das Abschmelzen des ostantarktischen Schildes allerdings zu einem Anstieg des Meeresspiegels um den etwa zehnfach höheren Betrag. Zusammen ergibt sich bei einem Abschmelzen der in den Polargebieten gespeicherten Eismassen ein Anstieg von sechzig bis siebzig Metern. Wenn die Eiszeit einmal endgültig zu Ende geht, werden daher küstennahe Gebiete in vielen Ländern der Erde in großem Umfang vom Meer verschlungen werden, wie zum Beispiel die Niederlande, ein großer Teil der norddeutschen Tiefebene und das Rheintal bis hinter Köln. Ein derartiger Anstieg des Meeresspiegels ist allerdings für die unmittelbare Zukunft nicht zu befürchten.

Für das Abschmelzen des Inlandeises werden nämlich relativ lange Zeiträume benötigt. Das grönländische und das ostantarktische Eis gelten als ziemlich stabil. Lediglich der westantarktische Schild könnte wegen seiner großen Eisüberhänge über das Schelfmeer relativ rasch abschmelzen und der hieraus resultierende Anstieg der Meeresoberfläche zur Überflutung von Hafenstädten und Küsten führen.

Edgar Cayce hat Überschwemmungen vorhergesagt, die durch ein Ansteigen des Meeresspiegels verursacht werden könnten. Cayce hat nämlich angekündigt, daß in relativ naher Zukunft Teile von Alabama im Meer versinken werden. Die küstennahen Landesteile von Alabama haben eine geringe Meereshöhe, so daß sie bei einem Anstieg des Meeresspiegels überschwemmt würden.

Für das Abschmelzen der sonstigen Inlandeismassen werden vierhundert bis viertausend Jahre veranschlagt. Falls eine Schmelzperiode von eintausend Jahren angenommen wird, so steigt der Meeresspiegel innerhalb eines Zeitraumes von zehn Jahren im Mittel um jeweils mehr als einen halben Meter an. Dadurch kann es innerhalb eines Menschenlebens zu Überschwemmungen von Hafenstädten und niedrig gelegenen Küsten kommen.

Bei einem Abschmelzen des Nordpolareises kann der Meeresspiegel nicht ansteigen, da sich das Eis im Schwimmgleichgewicht befindet. Allerdings wird sich bei seinem Abschmelzen die Tiefenzirkulation im Meer verlangsamen. Diese wird nämlich hauptsächlich durch absinkendes kaltes Wasser an den Polen in Gang gehalten. Dadurch wird sich der Kohlendioxydanstieg weiter beschleunigen, da weniger Kohlendioxyd in die Sedimente abgeführt wird.

Ein offenes Polarmeer bedeutet, daß hier die Lufttemperaturen um sieben bis zehn Grad ansteigen. Verdunstung und Regen bzw. Schneefall in den angrenzenden Gebieten werden infolgedessen stark zunehmen. Diese erhöhten Niederschläge können aber eine neue Kaltzeit einleiten. Unter den Theorien zur Erklärung der Eiszeiten gibt es nämlich eine, die den Aufbau der Festlandeisschilde in Nordeuropa und in Nordamerika auf genau diesen Umkehrungsmechanismus zurückführt.

Eine weitere Theorie, die eine neue Kaltzeit mit einer Erwärmung der Meere in Verbindung bringt, geht von der Instabilität des westantarktischen Schildes aus. Erwärmt sich das Meer, so verdunstet mehr Wasser. Dadurch erhöht sich der Schneefall, und die Gletscher wachsen. Der Druck auf den Boden nimmt zu. Bei Überschreitung eines gewissen Druckes aber fangen die Gletscher an zu laufen. Ihre Fließ- und Gleitgeschwindigkeit nimmt plötzlich rapide zu. Insbesondere bei den Gletschern des instabilen westantarktischen Schildes könnte der kritische Druck bei erhöhten Schneefällen rasch überschritten werden. Sie laufen ins Meer hinaus, und die Meere um die Antarktis bedecken sich mit Eisschollen. Der Meeresspiegel steigt an. Da das Eis einen größeren Teil der einfallenden Sonneneinstrahlung ins All zurückstrahlt, sinken die Temperaturen ab. Eine neue Kaltzeit beginnt. Soweit diese Theorie. Tatsächlich begann die letzte Kaltzeit mit einer Überschwemmung.

Von Josef Giebel, dem Vater des Verfassers, stammt die Prophezeiung, daß die Bäume und Pflanzen, die jetzt die Hänge des Aggertales und überhaupt das Bergische Land bedecken, absterben werden. Diese Vorhersage könnte sich erfüllen, wenn die nächste Kaltzeit mit einem Eisblitz beginnt, nachdem die Erwärmung der Erde durch das Kohlendioxyd wieder abgeklungen ist.

Innerhalb weniger Jahre werden dann infolge der niedrigen Temperaturen nicht nur die Laubwälder im Bergischen Land, sondern größte Teile der Vegetation Nord- und Mitteleuropas absterben und in Mitteleuropa einer kälteliebenden Pflanzenwelt Platz machen, die mit der Taiga Sibiriens vergleichbar ist. Wenn die Gletscher dann weiter vorrücken, wird auch diese Vegetationsform wieder absterben und durch eine baum- und strauchlose Tundra ersetzt werden, die sich dort entfaltet, wo der Boden länger als sieben Monate im Jahr auch oberflächlich nicht mehr auftaut und selbst im wärmsten Monat eine Durchschnittstemperatur von zehn Grad nicht überschritten wird.

Eine Erwärmung der Erde durch den Kohlendioxydgehalt der Atmosphäre, die daraus resultierende Bedrohung des Wasserhaushaltes sowie der vermehrte Schneefall in hohen

Breiten wurde anscheinend von NOSTRADAMUS in dem Quatrain 10, 70 angekündigt. Dort heißt es nämlich: »Die Sonne wird durch eine Substanz [Kohlendioxyd] eine solche Wirkung erhalten, daß infolge der starken Brennkraft Schnee fallen wird: Die bewässerten Felder werden so stark abnehmen, daß die Erstlinge der Regie [Zwangswirtschaft] unterliegen.«

Kohlendioxyd hat die Eigenschaften, die in dem Quatrain genannt werden. Dieses bei der Verbrennung in großen Mengen entstehende Gas verstärkt die Wirkung der Sonne durch den sogenannten Glashauseffekt, indem es die von der Erde ausgehende langwellige Wärmestrahlung zurückhält. Die Hauptwirkungen dieser Erwärmung werden aller Wahrscheinlichkeit nach – wie schon beschrieben – sein: vermehrter Schneefall in den nördlichen Ländern um das wesentlich stärker verdunstende eisfreie Polarmeer sowie ein weltweiter Rückgang der Niederschläge im heute gemäßigten und mediterranen Klima, wo heute das Gros der landwirtschaftlichen Produkte erzeugt wird. Insbesondere im mediterranen Klima, in dem Nostradamus ja zu Hause war, werden die Niederschläge wahrscheinlich so stark abnehmen, daß eine Zwangswirtschaft eingeführt werden muß.

8
Sind Erdumwälzungen im Rheintal zu befürchten?

Einer alten Prophezeiung zufolge soll der Rhein sein Bett verlagern und einen anderen Verlauf nehmen. Eine beängstigende Vorstellung: der Rhein aus seinem alten Bett herausgesprungen und die tosenden Wassermassen auf einem neuen Weg zum Meer, Felder und Wälder, Ortschaften und Städte hinwegspülend!

Die Vorhersage ließe sich als Phantasiegebilde abtun, wenn nicht auch Beobachtungen in die gleiche Richtung wiesen. Geologen beobachten nämlich Anzeichen für eine Verstärkung der Driftbewegungen der Erdschollen im Bereich des Rheingrabens – an dem sich wahrscheinlich einmal Europa spalten wird. Dabei kann sich die Erdkruste heben oder senken und der Fluß dem veränderten Gefälle entsprechend einen neuen Weg zum Meer suchen, wobei es dann zu Stauungen und Überschwemmungen kommt.

Der Rhein folgt auf weite Strecken einem Grabenbruch in der Erdkruste. An solchen Grabenbrüchen verschieben sich zwei Erdschollen gegeneinander. Der Ausgleich der Spannungen führt zu Erdbeben, außerdem können Vulkane aufbrechen.

Am bekanntesten ist die San-Andreas-Spalte in Kalifornien. Verschiebungen von Erdschollen gegeneinander verändern hier das Landschaftsbild von einem Tag auf den anderen. Erdbeben mit katastrophalen Folgen sind dabei nichts Außergewöhnliches, wie zum Beispiel das Erdbeben im Jahre 1906, das San Franzisko in Schutt und Asche legte.

Wie die San-Andreas-Spalte ist auch das Gebiet des rheinischen Grabenbruchsystems für seine Erdbeben bekannt. Immer wieder schrecken hier Erdstöße die Menschen nachts aus dem Schlaf, verschieben Schränke und bringen Bilder und Lampen zum Schwingen, mitunter auch die an langen Ketten hängenden Kronleuchter im Kölner Dom und anderen Kirchen. Von Zeit zu Zeit führen auch schwere Erdbeben zu mehr oder minder großen Zerstörungen. Im Hochmittelalter waren der Oberrheingraben, im Spätmittelalter und danach die niederrheinische Bucht besonders erdbebengefährdet. Seit einigen Jahrzehnten wird der südwürttembergische Raum von stärkeren Erdbeben erschüttert, in dem anscheinend, parallel zum Oberrheingraben, eine Horizontalverwerfung verläuft.

1911, 1943 und 1969 erreichten die Beben die Intensität sieben bis acht auf der zwölfteiligen Stärkeskala und führten zu erheblichen Zerstörungen. 1978 beschädigte ein schweres Erdbeben die Burg Hohenzollern, den Stammsitz der preußischen Könige und des letzten deutschen Kaisers. Der erste und schwerste Erdstoß erreichte die Stärke 5,4. Danach wurden noch hundertzwanzig Nachbeben gezählt mit Stärken zwischen 4 und 5. Im Zentrum des Bebens rissen die Erdstöße fenstergroße Löcher in die Wohnhäuser. Das Gebälk kam aus den Fugen, und der Putz löste sich von den Decken. Wasser- und Stromleitungen wurden unterbrochen. Vom Einsturz bedrohte Häuser mußten niedergerissen werden. Es traten Millionenschäden auf.

Starke Erdbeben in der Köln-Bonner oder Niederrheinischen Bucht könnten insbesondere die auf Sand gebauten Häuser und Hochhäuser gefährden, deren Fundamente nicht tief genug in den Boden hinabreichen. Wie aus Japan bekannt ist, können nämlich Erdbeben »festen« Sand in eine breiige Masse verwandeln, so daß Quellen aus dem Boden aufbrechen und die Häuser einstürzen. Bei den Quetschungen und Stauchungen der Erdschollen wird das in Sand enthaltene Wasser frei und bahnt sich gewaltsam einen Weg nach oben. Etwas Ähnliches ist auch bei dem verheerenden Erdbeben 1906 in San Franzisko geschehen. Wenn man am sandigen feuchten Meeresstrand einige Male mit dem Fuß auf die gleiche Stelle stampft, kann man leicht selber beobachten, wie sich der vorher feste Boden in wäßrigen Sumpf verwandelt.

Die Prophezeiung, daß der Rhein einmal einen anderen Verlauf nehmen wird, stammt von NOSTRADAMUS und betrifft den Verlauf des Rheins im Bereich der Stadt Köln. Der Seher mag eine besondere Beziehung zu diesem schönsten Strom Europas gehabt haben, da er ja jahrhundertelang von Frankreich, seinem Heimatland, als Reichsgrenze angestrebt wurde. Die Vorhersage des Quatrains 6, 4, lautet: »Der Rheinstrom [wörtlich Strom der Kelten] wird sein Gestade verändern. Nicht mehr bewahrt er die Stadt der Agrippina [Köln]. Alles hat sich verändert, nur die alte Sprache ist geblieben. Nach schicksalsschwerer Zeit steht Saturn im Löwen, Mars im Krebs.«

Kleinere Flußverlagerungen hat es in früheren Zeiten des öfteren gegeben. Flüsse im Urzustand suchen sich nämlich von Zeit zu Zeit innerhalb der Talaue neue Wege. In breiten Tälern, insbesondere solchen mit wenig Gefälle, spaltet sich ein Fluß im Urzustand gewöhnlich in mehrere Teilströme auf; außerdem bildet er große Schleifen, die dann im Laufe der Zeit in immer stärkeren Krümmungen verlaufen, bis sich der Fluß eines Tages bei Hochwasser einen kürzeren Weg sucht. Von diesem Geschehen zeugen Altwasser und verlandete Altarme. Im Verlauf seiner Geschichte pendelt ein Fluß über die ganze Talaue hin und her. Das zeigen die Schotter und Sande, die zum Beispiel im Rheintal bei Düsseldorf auf einer Breite von mehr als fünfzehn Kilometern unter einer Flutlehmschicht anzutreffen sind.

Nun befindet sich der Rhein jedoch nicht mehr im Urzustand. Seine Ufer sind befestigt und begradigt. Er ist in ein künstliches Bett eingezwängt und bildet keine Mäander mehr. Damit er sich ein neues Bett gräbt, muß schon einiges geschehen. Der Rhein wird darüber hinaus in der Gegend von Köln von Höhenzügen begleitet, die ein Ausbrechen aus dem Tal verhindern. Der Fluß verläßt das Rheinische Schiefergebirge bei Bonn und strömt in die Köln-Bonner Bucht ein, die von den Höhen des Bergischen Landes und dem Höhenzug der Ville hufeisenförmig eingeschlossen wird. Wo der Rhein die Bucht wieder hinter sich läßt, liegt das Siedlungsgebiet der Stadt Köln, fast die ganze Breite der Bucht einnehmend. Sollte der Rhein sein Bett innerhalb der

Köln-Bonner Bucht verlagern, so »bewahrt« er immer noch die Stadt Köln, denn deren Außenbezirke reichen bis ins Bergische Land und bis in die Ville.

Wenn der Fluß nichts mehr mit der Stadt zu tun haben soll, so muß er schon weiter von seinem alten Weg abweichen. Es sei denn, Bevölkerung und Stadtgebiet schrumpften zusammen, die Uferbefestigungen würden nicht mehr erneuert und der Strom fiele in seinen Urzustand zurück – wenn sich die Rheinebene im Verlauf der nächsten Kaltzeit in Tundra verwandelte.

Es gibt aber auch Erdveränderungen, bei denen sich die Flüsse völlig neue Wege suchen. Sie sind nichts Außergewöhnliches, sofern sie sich in langen Zeiträumen vollziehen. Kräfte des Erdinnern wirken ständig auf die Erdkruste ein. Sie pressen die Erdschollen gegeneinander, so daß sie sich an den Druckstellen ähnlich wie Eisschollen übereinanderschieben, immer höher auftürmen und allmählich zu Gebirgen emporwachsen. Derzeit sind die Wachstumsraten nur klein, aber sie könnten sich steigern.

Sonne, Frost und Pflanzenwelt lassen das Gestein verwittern. Der Regen schwemmt das Verwitterungsprodukt Erde in die Bäche, und die Flüsse transportieren den Schutt und die löslichen Bestandteile ins Meer. Hohe Gebirge werden auf diese Weise Zentimeter um Zentimeter abgetragen, bis sie schließlich nach langen Zeiträumen wieder eingeebnet sind. Wo heute der Rhein fließt, erstreckte sich während des Erdmittelalters ein Meer – die Abdrücke von Seelilienstielgliedern, die man mancherorts im Gestein findet, künden noch davon –, und danach wuchs hier das Variskische Gebirge empor, das inzwischen durch Verwitterung und Regen bis auf den Rumpf wieder abgetragen wurde. Der Rheinstrom sägte sich dann in dieses Rumpfgebirge ein, das sich im Zuge der alpidischen Gebirgsbildung wieder etwas hob.

Die abtragenden Kräfte wirken fast unmerklich und nach derzeit gültiger Lehrmeinung der Geologen gewöhnlich auch die gebirgsbildenden, so daß sich »merkbare« Veränderungen erst im Verlaufe von Jahrtausenden ergeben. Es gibt jedoch auch heute zu beobachtende Ausnahmen. Infolge

Vulkanismus können im Laufe weniger Tage Vulkankegel aufgeschüttet werden, und Erdbeben können Erdschollen um viele Meter in die Höhe schieben oder absenken, so daß sich Flüsse verlagern und sich das Landschaftsbild verändert. Bei einem schweren Erdbeben im Jahre 1811 in der Gegend von New Madrid wurde der Mississippi aus seinem Bett herausgeschleudert, was beträchtliche geographische Veränderungen zur Folge hatte. Inseln verschwanden, und, ganze Wälder hinwegschwemmend, nahm der Strom einen anderen Verlauf und schuf den fünfzehn Kilometer langen Reilford-See.

Sich rasch vollziehende Erdveränderungen müßten auch das Rheintal umgestalten, wenn sich Nostradamus' Gesicht erfüllen soll. Die Aussage des Nostradamus, daß noch die alte Sprache gesprochen wird, deutet darauf hin. Eine Sprache verändert sich nämlich, an geologischen Zeiträumen gemessen, ziemlich rasch. Das vor tausend Jahren gesprochene Althochdeutsch können heute nur noch Experten verstehen, und auch heute, da die Sprache schriftlich fixiert ist, verändert sie sich allmählich, allein schon durch die Aufnahme von neuen Wörtern.

Tatsächlich gibt es Anzeichen dafür, daß sich die derzeitige Gestalt der Erdoberfläche im Bereich des Rheingrabens relativ rasch so verändern könnte, daß sich der Rhein einen neuen Weg zum Meer suchen muß.

Die Gesteinshülle der Erde stellt eine dünne Schale eines spröden Materials dar, die, von ausgedehnten Brüchen durchzogen, in einzelne Schollen oder Platten zerfallen ist. Die Brüche sind die schon erwähnten Spalten und Grabenbrüche wie der Rheingraben und die San-Andreas-Spalte in Kalifornien, an der immer wieder von Erdbeben und Zerstörungen begleitete Verschiebungen beobachtet werden. In Südamerika erstreckt sich ein solcher Graben über tausend Kilometer weit von Santiago in Chile in Richtung Süden.

Der Rheingraben stellt einen Bruch in der Erdkruste dar, der sich allmählich vertieft. Am tiefsten abgesunken ist mit etwa viertausend Metern der Oberrheingraben, das langgestreckte Krustenstück zwischen Basel und Frankfurt am Main. Es wurde mit Sedimentgestein von dreieinhalbtausend

Metern Mächtigkeit aufgefüllt. Nach Süden setzt sich das rheinische Großgrabensystem, um rund hundertdreißig Kilometer nach Westen versetzt, in der Rhône-Saône-Bresse-Senke bis zum Mittelmeer fort. Die Niederrheinische Bucht bildet den nordwestlichen Teil des rheinischen Grabensystems. Die Spalten, aus denen sich dieses System zusammensetzt, trennen zwei Teile der Erdkruste voneinander, welche die Tendenz haben, sich in unterschiedlichen Richtungen zu bewegen. Die Scholle östlich des Grabensystems driftet nach Nordosten, diejenige westlich davon nach Südwesten. Die Bewegung der einen Scholle wird dabei auf die Lage der anderen bezogen. Wenn die Platten bei ihrer Wanderung geographische Breitengrade überqueren, so können sie ansteigen oder absinken. Platten, die äquatorwärts driften, sinken wegen des größeren Umfangs der Breitenkreise ab; sich polwärts bewegende Platten werden emporgehoben. Äquatorwärts driften die Gebiete westlich des Rheins. Sie werden also wahrscheinlich absinken, wobei sich der Rhein über die westliche Platte hinweg, dem veränderten Gefälle entsprechend, einen neuen Weg zum Meer suchen wird.

Im Jahre 1978 erschien ein Aufsatz mit dem Titel *Spaltet der Rheingraben Europa?* Der Autor, der Geologieprofessor RHODES W. FAIRBRIDGE, vertrat darin die Ansicht, daß sich die Driftbewegungen im Bereich des Rheingrabens verstärken. Die Erdbebentätigkeit sieht er als Anzeichen hierfür an. Bei einem Auseinanderdriften der sich im Rheintal trennenden Schollen muß nicht nur mit einer Verstärkung der Erdbebentätigkeit, sondern auch mit Vulkanismus gerechnet werden, wie er hier auch bereits in der Vergangenheit auftrat. Das Siebengebirge am Eingang der Köln-Bonner Bucht, das vulkanischen Ursprungs ist, bildet ein Beispiel hierfür und ebenso die Maare genannten Explosionskrater in der Eifel, die zuletzt vor etwa zehntausend Jahren Unmengen von Bimsstein in der Umgebung verstreuten und sich heute immer noch entgasen. Am Laacher See, der einen solchen Explosionskrater darstellt, kann man an vielen Stellen Gasblasen wie Perlen an einer Schnur aus dem Wasser aufsteigen sehen. Geologen sind der Ansicht, daß der Vulkanismus in diesem Gebiet von heute auf morgen wieder aufleben kann.

Durch Vulkanismus oder stärkere Vertikalverschiebungen der Erdkruste aber kann sich das Bett des Rheins von einem Tag auf den anderen verlagern. Die Wassermassen müssen sich einen anderen Weg suchen, wobei es zu Stauungen und Überschwemmungen kommt. Dabei können unterschiedliche Veränderungen in der Oberflächengestalt der Erdkruste zum gleichen Ergebnis führen. Wenn, wie zu erwarten, die Gebiete westlich des Rheins absinken, so könnte sich der Rhein entlang der Eifel bei Euskirchen einen kürzeren Weg zur Nordsee suchen. Es könnte aber auch das auf den ersten Blick phantastisch anmutende Ereignis eintreten, daß im Bereich des Siebengebirges ein Vulkan aus dem Bett des Rheinstromes, als der schwächsten Stelle des Grabensystems, in die Höhe wächst und dem Fluß den Weg versperrt. Mit den Wasserdampfwolken, die aufsteigen, wenn die Fluten des Rheins auf die glutflüssige Lava treffen, könnten die Kühlturmfahnen der Braunkohlenkraftwerke in der Ville nicht konkurrieren.

Wenn rasch große Mengen Lava gefördert werden, können diese dem Rhein den Weg versperren, so daß er sich stromaufwärts aufstaut und bei Sinzig ein Stück die Ahr aufwärts fließt. Bei Rheinbach könnte er dann in die Zülpicher Börde durchbrechen.

Vulkanausbrüche im Rheintal wurden übrigens von der Krefelder Hellseherin KÄTHE NIESSEN vorhergesehen [Lit. 36]: Ein nahe an die Erde herankommender Komet soll Erdbeben, Vulkanausbrüche und Flutwellen auslösen. Sie sah, wie im Großbereich der nördlichen Eifel von Düsseldorf bis Nijmwegen und tief nach Belgien hinein feuerspeiende Berge ausbrachen und Beben sowie Feuersbrünste die Städte verheerten.

Natürlich sind auch noch andere Erdveränderungen denkbar, ausgelöst zum Beispiel durch einen Polsprung oder einen Asteroidenabsturz, wie Erdbewegungen im Bereich des Rheinischen Schiefergebirges, welche dem Rhein den Weg versperren, so daß er sich, wie gesagt, im Oberrheingraben zu einem Binnensee aufstaut und dann durch die Rhône-Saône-Bresse-Senke ins Mittelmeer abfließt. Allerdings gibt es hierfür keine geologischen Anhaltspunkte.

Bei einem vollständigen Abschmelzen der Eismassen in der Antarktis und auf Grönland würde der Meeresspiegel so weit ansteigen, daß sich die Niederrheinische und Köln-Bonner Bucht in eine Meeresbucht der Nordsee verwandelten. In diesem Fall würde der Rhein dann nicht mehr die Stadt Köln »bewahren«, allerdings existierte dann auch Köln nicht mehr; es sei denn, die Stadt würde an anderer Stelle wieder aufgebaut.

Wann könnten die Veränderungen eintreten, bei denen der Rhein einen anderen Verlauf nehmen wird? Über den Zeitpunkt des Ereignisses sagt NOSTRADAMUS nur so viel, daß Saturn im Löwen und Mars im Krebs steht. Das ist das nächstemal im Jahre 2002/3 der Fall. Dann wieder in neunundzwanzig Jahren und so weiter.

Der nächste Zeitpunkt liegt in einem Zeitabschnitt, für den EDGAR CAYCE große Erdveränderungen vorhergesagt hat. Cayce und andere Sensitive erwarten sie gegen Ende dieses Jahrhunderts. Nordeuropa soll dabei von einem Augenblick auf den anderen seine Gestalt verändern. In den Jahrzehnten davor, insbesondere zwischen 1990 und 2000 soll sich die Erdbebentätigkeit bis zu weltweiten Kataklysmen steigern.

Eine Zunahme der Erdbebentätigkeit wird bereits beobachtet: Von 1961 bis 1970 traten zwölf schwere Erdbeben auf: vier dieser Beben ereigneten sich auf oder bei dem europäischen Kontinent. Von 1971 bis 1980 aber verwüsteten schon einundzwanzig schwere Erdstöße Städte und Dörfer bis auf die Fundamente – fast doppelt so viele wie im Jahrzehnt zuvor; und neun dieser Beben ereigneten sich auf oder am Rand des europäischen Kontinents. Die Beben wurden also nicht nur häufiger. Sie rückten uns auch näher. Der Zeitpunkt, zu dem die Vorhersage eintreffen könnte, liegt also vielleicht gar nicht mehr in so weit entfernter Zukunft.

In Übereinstimmung hiermit sollen sich nach einer Vorhersage des NOSTRADAMUS die meisten seiner Prophezeiungen bis zum Jahre 2050 erfüllt haben.

Die Prophezeiung wird übrigens von einigen Außenseitern so ernst genommen, daß sie bereits heute aus dem Rheintal wegziehen. Wenn diese Vorsichtsmaßnahme auch übertrieben erscheint, so sollte doch die Möglichkeit stärkerer

Erdbeben im Rheintal beim Bau von Kernkraftwerken und Hochhäusern berücksichtigt werden. Das Rheintal sollte vielleicht sogar ganz frei von Kernkraftwerken bleiben.

Immerhin ist in der Sowjetunion im Jahre 1961 ein Kernkraftwerk im Ural durch ein Erdbeben in die Luft geflogen. Dabei wurden eine Stadt und das umliegende Land dem Erdboden gleichgemacht.

Man kann die Prophezeiung des Nostradamus auch anders lesen: Wenigstens so lange, als der Rheinstrom die Stadt Köln »bewahrt« und sich sein »Gestade« nicht verändert, wird in Köln (und dem umliegenden Land) noch die alte Sprache gesprochen werden. Zumindest also bis dahin sterben die Deutschen nicht aus, wie man vielleicht aufgrund des derzeitigen Bevölkerungsrückganges erwarten könnte, und es wird ihnen auch nicht eine andere Sprache aufgezwungen, wie dies im Fall einer militärischen Unterwerfung denkbar wäre.

9
Wird die Sowjetunion das Europa des Westens angreifen?

Die meisten Menschen in den nichtkommunistischen Ländern Europas empfinden die sowjetische Militärmacht als Bedrohung. Die Sowjetunion und die mit ihr verbündeten Staaten sind für sie der Feind schlechthin, der sich halb Europa längst einverleibt hätte, wenn ihn nicht das westliche Verteidigungsbündnis davon abhielte. Das in den kommunistischen Ländern herrschende Gesellschaftssystem gilt als unmenschlich und uneffektiv. Die Gewaltherrschaft der Partei, die schlechte Versorgungslage und der niedrige Lebensstandard in den kommunistischen Ländern sind die Ursache dieser Überzeugung. Das demokratisch-kapitalistische System weist zwar auch Mängel auf, gilt dennoch aber den meisten besser als jedes andere. Von der Sowjetunion weiß man, daß sie das kapitalistische System in einer Weltrevolution beseitigen will.

Jede Ausrüstung der Warschauer-Pakt-Mitglieder mit neuen Waffensystemen wird deshalb als Verstärkung des kommunistischen Angriffspotentials aufgefaßt, die mit einer Erhöhung der Verteidigungsfähigkeit der NATO beantwortet werden muß, damit die Abschreckung aufrechterhalten bleibe.

Andererseits fühlt sich aber auch der Osten bedroht. Die Bedrohung wird einerseits angesichts der Zerstörungskraft der NATO empfunden, die größer ist als die des Ostblocks, wenn auch nicht auf dem Sektor der konventionellen Waffen. Rings um den Ostblock existieren mehr als hundert amerikanische Stützpunkte. Darüber hinaus fürchtet die Sowjetunion andererseits auch die Menschenmassen Chinas, dessen Bevölkerung eine Milliarde überschritten hat, und hütet sich deshalb, die Rüstung zu vernachlässigen.

Das russische Trauma des Sichbedrohtfühlens läßt sich auch historisch ableiten. Im Mittelalter fürchtete Rußland die Tartarenüberfälle. Die Tartaren haben dann lange Zeit Rußland beherrscht. Während der russischen Revolution hat Westeuropa die gegenrevolutionären Kräfte unterstützt, und HITLER hat 1941 die Sowjetunion trotz eines Friedensvertrages überfallen. Eisenbahnzüge mit russischem Weizen rollten noch über die Grenzübergänge, als die deutschen Truppen schon ostwärts marschierten. CHURCHILL überlegte 1945, ob nicht »das falsche Schwein geschlachtet worden sei« (nämlich Deutschland) und man nicht mit Deutschland kehrtmachen und Rußland vom Kommunismus befreien solle. Zu diesem Zweck hielt Churchill noch mehrere Monate nach Kriegsende im britischen Besatzungsgebiet gefangengesetzte deutsche Verbände einsatzbereit.

Die Sowjetunion dürfte deshalb ebenso wie der Westen in erster Linie deshalb aufrüsten, um bei einem Angriff nicht wehrlos dazustehen. Offensivabsichten sind zumindest so lange nicht vorhanden, als sie befürchten muß, daß in einem Krieg das kommunistische System zerstört werden könnte. Die Gefahr eines sowjetischen Angriffs verringert sich weiter in dem Maße, wie China erstarkt. Bei einem längeren Krieg im Westen muß nämlich die Sowjetunion damit rechnen, daß China große Gebiete in Sibirien an sich reißt, auf die es Ansprüche geltend macht.

Wenn nun auch eine Reihe von Gründen gegen einen Angriff der Sowjetunion auf das Europa des Westens spricht, so ist ein solcher Angriff doch nicht völlig ausgeschlossen, nämlich dann nicht, wenn die Sowjets ihre eigenen vitalen Interessen bedroht glauben und darüber hinaus annehmen, den Krieg innerhalb weniger Tage entscheiden zu können, ehe die USA in der Lage sind, Truppen und Kriegsmaterial in großen Mengen über den Atlantik zu bringen.

Die Wahrscheinlichkeit, daß die Sowjetunion die USA direkt angreift, ist sehr gering, aber ebenfalls nicht völlig ausgeschlossen. Die Entwicklung der Waffentechnik auf beiden Seiten hat dazu geführt, daß ein mit allen Mitteln geführter Krieg beide Großmächte als Industriegesellschaften zerstören wird. Dieses atomare Patt könnte zur Zeit noch bestehen: »Wer zuerst schießt, stirbt zuletzt.« Es wird jedoch durch die Weiterentwicklung der Waffentechnik in Frage gestellt. Aufgrund neuer Waffensysteme könnte die Situation entstehen, daß derjenige, der in der Krise zuerst schießt, überlebt, und der andere vernichtet wird.

Solange das Gleichgewicht des Schreckens besteht, werden die USA und die Sowjetunion vorziehen, gegebenenfalls einen begrenzten Krieg außerhalb ihrer eigenen Hoheitsgebiete gegeneinander zu führen.

Die europäischen Verbündeten sollen durch das System der Abschreckung ebenfalls geschützt sein; unklar ist allerdings, in welchem Umfang. Die Bereitschaft der USA, zum Schutz eines Verbündeten Kernwaffen gegen Städte der UdSSR einzusetzen, wird niemals so groß sein, wie wenn die USA selber angegriffen werden. Etwas anderes erwarten heißt, die menschliche Mentalität falsch einzuschätzen. Der Verlaß auf die Amerikaner wird dabei um so geringer sein, je mehr die USA mit Schwierigkeiten im Innern zu kämpfen haben und sich von ihrem weltweiten Engagement zurückziehen. Tendenzen in dieser Richtung sind erkennbar. PRÄSIDENT CARTER hat erklärt, daß Nuklearwaffen nur eingesetzt werden, wenn die Sicherheit des eigenen Landes bedroht ist. PRÄSIDENT REAGAN hat diese Ansicht bisher nicht widerrufen. Es stellt sich daher die Frage, wie weit die Sowjetunion gehen kann, bis sich die USA bedroht fühlen. Europa liegt weit ab, und ein begrenzter Angriffskrieg der Sowjetunion gegen das westliche Europa stellt nicht unbedingt eine Bedrohung von »Gottes eigenem Land« dar. Falls die Sowjetunion angreifen sollte, ist deshalb nicht sicher, ob die USA ihre Kernwaffen freigeben werden. Ziemlich unwahrscheinlich ist in diesem Fall sogar, daß sie sie auf die Städte der UdSSR abwerfen werden.

Wenn die Westmächte den Angriff nicht mit Kernwaffen zu stoppen versuchen, werden die Sowjets halb Europa vielleicht erobern, denn auf dem Gebiet der konventionellen Rüstung ist der Warschauer Pakt den Westmächten überlegen (jedenfalls zur Zeit, Anfang 1981). Falls die Westmächte jedoch Kernwaffen einsetzen, werden die Sowjets höchstwahrscheinlich mit nuklearen Gegenschlägen antworten. Die Folge davon wäre als erstes die wahrscheinliche Zerstörung der Bundesrepublik Deutschland als lebensfähige Industriegesellschaft. Nach Studien über Kriegsfolgen ist diese Zerstörung schon bei wenigen hundert Kernwaffeneinsätzen möglich und bei zwei- bis dreitausend Einsätzen sicher. Beide Pakte haben aber heute in Zentraleuropa wesentlich mehr Kernwaffen stationiert.

Für die Amerikaner und die Sowjets wäre es nicht lebensbedrohend, wenn Mitteleuropa durch ihre Nuklearwaffen in die Steinzeit zurückgebombt und neutralisiert würde. Deswegen brauchten sie noch lange nicht den Krieg auf ihr eigenes Territorium zu tragen. Da würden sie sich schon vorher einigen. Europa ist deshalb durch das System der nuklearen Abschreckung nur dann geschützt, wenn auch die europäischen Staaten des Westens über hinreichende Kernwaffen verfügen und selbst über deren Einsatz entscheiden können. Eine wirksame Abschreckung ist zweifellos nur dann gegeben, wenn ein Angreifer damit rechnen muß, daß nicht nur seine vorgedrungenen Verbände, sondern auch die eigenen Städte durch Kernwaffen zerstört werden. Das ist bei der bisherigen Regelung nicht gewährleistet. Da die Amerikaner Westeuropa über den Einsatz ihrer Kernwaffen nicht entscheiden lassen werden, bleibt als Ausweg nur die atomare Aufrüstung Westeuropas. Auf längere Sicht gesehen, ist sie ohnehin unumgänglich.

Die derzeitigen Vorbereitungen von Ost und West in Europa sind so, daß der Warschauer Pakt mit einem Überraschungsangriff die größten Erfolgschancen hätte. Wenn es zu einer Krise kommt, in der zu militärischen Mitteln gegriffen wird, ist deshalb nach Ansicht von Militärexperten ein Überraschungsangriff mit konventionellen Waffen am wahrscheinlichsten.

Der englische General a. D. Sir John Hackett, ehemaliger Oberbefehlshaber der britischen Rheinarmee, hat ein Buch *Der Dritte Weltkrieg* geschrieben [Lit. 37], in dem er Ausbruch und Verlauf eines dritten Weltkrieges beschreibt, der, konventionell geplant und begonnen, mit dem Einsatz von

Kernwaffen endet. Hacketts Absicht ist es, zur Verstärkung der konventionellen Verteidigung aufzurufen. Nach seiner Auffassung kann die Sicherheit Europas nicht allein darin bestehen, daß wir uns auf die atomare Garantie der Amerikaner verlassen. Da die konventionellen Streitkräfte des Warschauer Paktes denen der NATO beträchtlich überlegen sind, soll die konventionelle Verteidigung unter allen Umständen weiter ausgebaut werden.

Hackett schildert in seiner Studie, wie Ostblocktruppen in einem konventionellen Blitzkrieg in Westeuropa einfallen. Die vorgehenden sowjetischen Panzer und Panzergrenadiere können zunächst nirgendwo länger aufgehalten werden. Sie brechen überall durch, und neue Angriffswellen drängen nach. Flüchtlingsströme verstopfen die Straßen und werden von Panzern niedergewalzt. Viele Menschen kommen um. Norddeutschland wird von den Sowjetarmeen überrollt. Ziel des Warschauer Paktes ist es, die Bundesrepublik Deutschland niederzuwerfen und zu neutralisieren, dann eine Einstellung der Kämpfe und Verhandlungen mit den Amerikanern zu fordern.

Eine der Ursachen des Krieges ist der Einmarsch der Sowjetrussen in das führerlose Jugoslawien, das am Rande eines Bürgerkrieges steht. Die Sowjets wollen dadurch die Satellitenstaaten wieder fester an sich binden, wie sie 1956 in Ungarn und 1968 in der Tschechoslowakei die politische Kontrolle mit militärischer Gewalt wieder an sich gebracht haben. Aufgrund schlechter Ernten und einer mangelnden Wirtschaftspolitik herrscht große Unzufriedenheit unter der Ostblockbevölkerung.

Man kann Hackett hier noch ergänzen und annehmen, daß inzwischen infolge einer globalen Erwärmung aufgrund des Anstiegs der atmosphärischen Kohlendioxydkonzentration das Packeis am Nordpol zusammengeschrumpft ist. Die Temperaturunterschiede zwischen höheren und niederen Breiten haben sich verringert und infolgedessen auch das Druckgefälle und die Stärke des Westwindes. Die regenbringenden Westwinde dringen nicht mehr so weit kontinentalwärts vor. Der Niederschlag geht zurück, und der Niederschlagsmangel führt zu Mißernten, die sich Jahr für Jahr wiederholen. Die Folgen sind chronischer Nahrungsmangel und Hunger.

Da nach dem Einmarsch der Sowjets in Jugoslawien – wieder Hackett zufolge – auch die USA Truppen in dieses Land entsenden, fallen die Armeen des Warschauer Paktes in Westeuropa ein. Aufgrund ihrer beträchtlichen konventionellen Überlegenheit können sie bis zur Lippe vorstoßen. Die Befehlshaber der Westmächte verlangen die Freigabe taktischer Atomwaffen. Der Präsident der Vereinigten Staaten zögert jedoch. Er will so lange wie möglich einen nuklearen Angriff auf die Städte der USA vermeiden. Allerdings kommt es zum Einsatz von Kampfgasen. Die Sowjets haben mit ihnen begonnen, und so werden diese auch von den Westmächten im Kampf verwendet. Mit Sprühtanks ausgerüstete Phantoms greifen die zweite Welle und die Reserven der Sowjets mit dauerhaft wirkenden tödlichen Kampfstoffen an. Die Sowjetarmeen erleiden infolgedessen schwere Verluste. Inzwischen hat sich herausgestellt, daß der Westen auf dem Gebiet der elektronischen Technologie überlegen ist. Der U-Boot-Krieg auf dem Atlantik geht ebenfalls zugunsten der NATO aus. Damit ist ein entscheidender Sieg errungen. Der Nachschub an Kriegsmaterial aus den USA ist gesichert. Die Sowjets können nicht über die Lippe vordringen, sondern werden in einer Gegenoffensive langsam wieder zurückgedrängt. Schließlich steht sogar der Weg nach Berlin offen. Allerdings sind die meisten westlichen Verbündeten gegen einen Einmarsch in die Deutsche Demokratische Republik. Sie fürchten die Wiedervereinigung Deutschlands. Außerdem halten sie es für möglich, daß die Sowjets bei einem Einmarsch Atomwaffen einsetzen werden.

Die Fehlschläge, welche die Sowjetunion hinnehmen muß, ermutigen diejenigen Ostblockländer, welche ihren eigenen politischen Weg gehen wollen. Sie erkennen, daß die Sowjetunion nicht unbesiegbar ist. Insbesondere in Polen mehrt sich eine gegen die Sowjets gerichtete Partisanentätigkeit. Die Sowjetunion muß in Polen, Ungarn und der Tschechoslowakei neben der Bevölkerung auch noch die Armeen überwachen, deren Loyalität von Tag zu Tag zweifelhafter wird. In dieser Situation entschließt sich die Sowjetunion zum Einsatz von Atomwaffen. Ein Atomangriff auf Ziele in Europa soll zeigen, daß der Kreml es ernst meint. Der Atomschlag vernichtet die englische Stadt Birmingham, zehn Minuten nachdem der Präsident der USA unterrichtet wurde, daß es sich um einen Einzelangriff handelt. Der Atomsprengkopf einer sowjetischen SS-17-Rakete explodiert in dreieinhalbtausend Meter Höhe über dem Stadtzentrum und verwandelt die Stadtlandschaft in einem Umkreis von drei bis vier Kilometern schlagartig in ein einziges Trümmerfeld. Hier überlebt kaum jemand die unmittelbaren Folgen der Explosion. Wer nicht von der Hitzewelle getötet wird, wird unter Bergen von Schutt begraben. Noch weit über den Rand dieser Todeszone hinaus werden Menschen im Freien von den Orkanwogen durch die Luft gewirbelt und zerschmettert. Etwa zwei Millionen Menschen in Birmingham und den umliegenden Ortschaften werden von der Katastrophe getroffen. Ungefähr dreihunderttausend Menschen kommen innerhalb weniger Minuten durch die Hitze und die Druckwelle um, fast ebenso viele erleiden schwere Brandwunden und andere Verletzungen. Eine übermäßig hohe radioaktive Strahlung tritt nicht auf, da der nukleare Sprengkopf in sehr großer Höhe explodiert ist.

Nun – so schildert es uns Hackett – entschließt sich der Präsident der USA zu einem atomaren Gegenschlag. Der Atomsprengkopf explodiert über der Stadt Minsk. Kurz vorher wird die Sowjetunion unterrichtet, daß es sich um eine unumgängliche, einzelne Vergeltungsaktion handele. Hitze- und Druckwelle rasen durch die Stadt, und Tod und Zerstörung wiederholen sich in noch größerem Umfang als in Birmingham. Trotz Zensur breitet sich die Nachricht von der atomaren Vernichtung von Minsk in den Ostblockländern aus. Den von der Sowjetunion in den Krieg hineingezogenen Satellitenstaaten wird auf grauenvolle Weise klar, was auf sie zukommt, wenn sie sich nicht von der Sowjetunion trennen. Erbitterung und Auflehnung streben ihrem Höhepunkt zu.

Da erklärt eine Sowjetrepublik an der chinesischen Grenze ihre Unabhängigkeit. China erkennt sie sofort an und läßt demonstrativ Militärmanöver an der Grenze durchführen. Weitere Sowjetrepubliken an der chinesischen Grenze wagen den gleichen Schritt. Die Sowjetunion unternimmt nichts. Der Kreml ist anscheinend handlungsunfähig. Die »Falken« wollen zwar mit einem Nuklearkrieg das Auseinanderfallen der Sowjetunion verhindern, können sich jedoch gegen die »Tauben« nicht durchsetzen. Wenig später erklären auch westliche Satellitenstaaten der Sowjets ihre Unabhängigkeit. Im Kreml selber findet ein Machtwechsel statt, ein »Autounfall«, bei dem führende Politiker umkommen, geht ihm voraus. Die Kriegshandlungen werden eingestellt und Friedensverhandlungen aufgenommen.

Wird es tatsächlich einmal zu einem solchen oder einem ähnlichen Krieg zwischen Ost und West kommen? Es gibt plausible Argumente dafür, daß die Sowjetunion Europa nicht angreifen wird, wie sich auch Situationen aufzeigen lassen, in denen es zu einem Überraschungsangriff durch die Armeen des Warschauer Paktes kommen könnte. Welche dieser beiden Möglichkeiten wahrscheinlicher ist, kann auf rationalem Wege nicht entschieden werden.

In dieser Situation kann man nun wieder nach Prophezeiungen Ausschau halten, die für das eine oder das andere Szenarium sprechen. Es gibt solche Vorhersagen.

Sie legen nahe, daß die Sowjetunion tatsächlich versuchen wird, Westeuropa oder zumindest Westdeutschland zu erobern. Wann das allerdings sein wird, bleibt ungewiß.

Anscheinend ist ein solcher Angriff aber noch nicht in der unmittelbaren Zukunft zu erwarten. Von JOSEF GIEBEL, dem Vater des Verfassers, wurde Anfang der fünfziger Jahre vorhergesagt, daß zumindest bis zum Jahre 2000 kein Angriff durch die Sowjetunion drohe. Er sah die Sowjetunion ostwärtsgewandt und mit ihren Problemen an der chinesischen Grenze beschäftigt.

Prophezeiungen über einen dritten Weltkrieg stammen insbesondere von dem Bayerwald-Seher ALOIS IRLMAYER. Von ihm wurde dieser Weltkrieg schon für das Jahr 1950 erwartet. Da ASW-Informationen aber nur sehr schwer zeitlich einzuordnen sind, spricht dieser Umstand nicht gegen die Echtheit seiner Gesichte. Die Schau sei nach 1950 nicht geschwunden, sagte Irlmayer, sondern er sehe diesen Krieg immer deutlicher herankommen [Lit. 23].

Zwischen der Studie des ehemaligen NATO-Generals Hackett und dem Gesicht Irlmayers gibt es auffällige Parallelen. Beide Vorhersagen, die kalkulierte wie die intuitive, prognostizieren einen Überraschungsangriff, und in beiden Fällen werden die Sowjets auch wieder aus Mitteleuropa hinausgedrängt. Auch das Ende des Krieges wird ähnlich geschildert. Bei Hackett endet der Krieg mit einem Machtwechsel im Kreml, bei dem im begrenzten Umfang Gewalt angewendet wird. Irlmayer sieht im Osten das Anbrechen eines »grausigen Mordens«. Die Leute kämpfen untereinander.

Ein Zeichen dafür, daß der Krieg bald losbricht, ist nach Irlmayer die Ermordung einer hochgestellten Persönlichkeit »südöstlich von uns«. Ein solcher Mord läßt an revolutionäre Zustände denken, wie sie von Hackett in einem ebenfalls südöstlich gelegenen Land als Kriegsursache angenommen werden.

Nach der Studie des Generals findet der Krieg im August statt. Irlmayer sieht Schnee auf den Bergen liegen, wenn die Kriegshandlungen beginnen; es ist trüb, regnerisch, gleichzeitig schneit es. Offensichtlich handelt es sich um die kalte Jahreszeit, den Spätherbst, Winter oder das zeitige Frühjahr. In beiden Fällen ist die Ernte jedenfalls eingebracht. Die Machthabenden beginnen nicht gerne einen Krieg, solange das Getreide noch auf den Halmen reift. Das ist die Verbeugung, die sie vor dem Hunger machen.

Beide Prognosen stimmen auch darin überein, daß der Krieg nicht lange dauert. Nach Irlmayer sind es entweder drei Tage, drei Wochen oder drei Monate; nach Hackett nur einige Wochen.

Der Krieg verläuft nach Irlmayer etwas anders als bei Hackett. Die Sowjets dringen nicht so weit in Westdeutschland ein, sie werden schon eher aufgehalten, und die Gegenoffensive der NATO macht anscheinend auch nicht an der Ostgrenze der Bundesrepublik Deutschland halt. Irlmayer sieht nämlich Männer, die eingezogen werden und erst nach drei Sommern Besatzungstätigkeit zurückkehren.

»Über Nacht geht es an«, hat Irlmayer seine Vision geschildert, »dann kommen sie daher, ganz schwarz kommt es über den Wald [gemeint ist der Bayrische Wald] herein. So schnell kommen sie, daß die Bauern am Wirtstisch beisammensitzen, da schauen die fremden Soldaten schon bei den Türen und Fenstern herein.«

Irlmayer sieht drei Stoßkeile nach Deutschland hineinbrechen. Der untere kommt von Böhmen her über den Bayrischen Wald, der mittlere geht von Sachsen aus direkt nach Westen und der obere von Nordosten nach Südwesten. Wie bei Hackett stoßen die drei Armeen zunächst unaufhaltsam vor. Ihr Ziel ist das Ruhrgebiet, dessen wirtschaftlicher Wert dann größer denn je sein dürfte. In dem Maße nämlich, wie die Ölquellen versiegen, gewinnt das Ruhrgebiet immer mehr an Bedeutung. Nach neueren Untersuchungen liegen zwischen Ruhr und Nordsee Milliarden Tonnen Kohle, die Deutschland noch Jahrhunderte hindurch mit Energie und Rohstoffen versorgen können. Das Ruhrgebiet bildet damit die Basis für die zukünftige Existenz der Bundesrepublik Deutschland als Industrienation. Als Energielieferanten können Kern- und Sonnenenergie das zur Neige gehende Erdöl ersetzen, als Rohstofflieferant aber kann nur die Kohle einspringen. Sie wird die Grundstoffe liefern, ohne die sich unser Leben im nächsten Jahrhundert in der gewohnten Form kaum noch weiterführen ließe. Aus Kohle werden die Produkte hergestellt werden, für die heute noch Erdöl gebraucht wird: Autoreifen und Plastikprodukte, Waschmittel, Kosmetika und Arzneimittel und wahrscheinlich auch einer der Autotreibstoffe der Zukunft. Es ist klar, daß diese Schätze die Begehrlichkeit anderer Völker in um so stärkerem Maße erregen werden, je mehr die bisherigen Rohstoffe zur Neige gehen. Darüber hinaus ist natürlich auch das hier vorhandene Menschenpotential und das technische Know-how von unschätzbarem Wert.

In der offenen Ebene im Norden des Ruhrgebietes wird dann vermutlich auch einmal jene entscheidende (Panzer-?) Schlacht zwischen Ost und West geschlagen werden, von der in alten Prophezeiungen die Rede ist. Dort im Gebiet der Hellwegscholle, an die diese Prophezeiungen von der »Schlacht am Birkensaum« geknüpft sind, treffen zwei Großlandschaften aufeinander, nämlich Tiefland und Mittelgebirge. Die Tieflandebene erstreckt sich bis zum Ural. Entlang des Mittelgebirges verläuft damit eine natürliche Ost-West-Verbindung und Einfallstraße für Invasionen aus dem Osten, deren Ziel das Menschenpotential und die Rohstoffvorräte des Ruhrgebietes sind. Im Gebiet der Hellwegscholle soll eine dieser Invasionen gestoppt werden.

In dem Gesicht des Alois Irlmayer kann der Vormarsch der Sowjetarmeen allerdings schon weit weg aufgehalten werden. Irlmayer sieht Schwärme von Flugzeugen aus dem Sand im Süden (der Sahara?) aufsteigen. Ihr Ziel sind die eingedrungenen russischen Verbände. »Auf einmal regnet es ganz gelb vom Himmel herunter. Eine klare Nacht soll sein, wenn die Flugzeuge anfangen, die Kampfstoffe abzuwerfen. Die Panzer rollen noch, aber die Fahrer sind schon tot, sie sind ganz schwarz geworden. Dort, wo die Kampfstoffe hinfallen, sterben Mensch, Tier und Pflanze. Alles ist tot, die Pflanzen sind welk und schwarz. Aber die Häuser stehen noch.« Irlmayer sieht den Weg der Panzer durch einen langen Streifen versperrt. Dieser Streifen zieht sich von Böhmen bis an die Ostsee. Niemand kann diesen Todesstreifen überqueren. Wer darüber geht, stirbt. Die russischen Armeen, die bereits auf der westlichen Seite sind, können nicht mehr zurück, und die zweite Angriffswelle und der Nachschub kommen nicht nach. Da bricht bei den eingedrungenen Kampfverbänden alles zusammen.

Anscheinend handelt es sich um den Einsatz von hochkonzentrierten tödlichen Kampfstoffen, die zumindest in der Öffentlichkeit heute noch nicht bekannt sind. Es scheint ein Gift zu sein, das noch längere Zeit, nachdem es abgeworfen wurde, seine tödliche Wirkung entfaltet. In welch geringen Konzentrationen gewisse Giftstoffe wirken, hat ja die bereits erörterte Katastrophe von Seveso eindringlich gezeigt. Eine Abgaswolke verwandelte das Gebiet, über das sie nur wenige Minuten lang hinwegzog, auf Jahre hinaus in eine für Menschen unbewohnbare Region. Bei dem Kampfstoff läßt sich an ein Giftgas denken, das ähnlich wie bestimmte von den Militärs entwickelte Nervengase schon in sehr geringen Konzentrationen wirkt und längere Zeit stabil bleibt. Bei dem Nervengas mit dem Tarnnamen VX reicht zum Beispiel schon ein Zweitausendstel Gramm aus, um einen Menschen zu töten; fünfzig Kilogramm sind ausreichend, um die Bevölkerung der Bundesrepublik Deutschland auszulöschen. Das Gift braucht nicht eingeatmet zu werden, sondern dringt auch durch die Haut und tötet innerhalb von Sekunden. Als 1968 in dem US-Staat Utah eine kleine Menge aus einem Giftlabor entwich, starben auf den Weiden sechstausend Schafe.

Der Einsatz eines Kampfmittels, wie es von Irlmayer geschildert wird, könnte als Möglichkeit angesehen werden, einen Atomkrieg zu vermeiden. Auch Hackett hält es ja für wahrscheinlich, daß in einem zukünftigen Krieg chemische Kampfstoffe eingesetzt werden. Ohne Zweifel dürften die Waffentechnologen bestrebt sein, Kampfstoffe mit jenen Wirkungen zu entwickeln, wie Irlmayer sie schildert. Die von den Amerikanern entwickelte Neutronenbombe kann ebenfalls als ein Schritt in diese Richtung angesehen werden.

Bei einem Einsatz der heute vorhandenen sogenannten taktischen Nuklearwaffen wird nicht nur der Angreifer getroffen; auch die eigene Zivilbevölkerung muß schwere Verluste und katastrophale Zerstörungen hinnehmen. Die Hitze setzt alles in Brand, Wälder und Felder. Ein Flammenmeer wird entfacht, das geordnete Militäroperationen unmöglich macht. Der radioaktive Fallout schließlich tötet Menschen und verseucht Landstriche, die sich weit außerhalb des Kampfgebietes befinden. Die Neutronenbombe setzt demgegenüber achtzig Prozent ihrer Energie als Strahlung frei, die wegen der Leere der Materie Stahlplatten und Betonwände so mühelos durchdringen wie ein Pfeilhagel einen Maschenzaun. Gegenstände und Gebäude bleiben infolgedessen weitgehend unversehrt – die Wirkung auf den lebenden Organismus ist allerdings um so verheerender. Die Neutronen spalten die chemischen Verbindungen in den Körperzellen auf. Der Organismus wird – in der Ausdrucksweise der Chemophysiker – versaftet. In siebzig Prozent des Wirkungsbereiches einer Neutronenbombe, der auf wenige hundert Meter begrenzt werden kann, zerstört die Neutronenstrahlung alles Leben. Menschen, die einer Strahlendosis von mehr als 600 rad ausgesetzt waren, sind dem Tode geweiht. Wer von einer Strahlendosis von mehr als 8000 rad getroffen wird, ist sofort handlungsunfähig und stirbt innerhalb von Minuten. Die anderen sterben langsamer, nach Stunden, Tagen oder Wochen. Soldaten, die von einer Strahlendosis von 6000 rad getroffen werden, werden ungefähr drei Minuten nach der Bestrahlung handlungsunfähig. Nach einer halben Stunde erholen sie sich etwas und können unter starken Schmerzen und großer Willensanstrengung noch einzelne Handlungen ausführen. »Reißen Sie sich zusammen und erweisen Sie Ihrem Vaterland einen letzten Dienst!« Über das Mikrophon wird diese Aufforderung des Befehlshabers in ihr verdämmerndes Bewußtsein dringen. Einen Tag lang dauert das qualvolle Sterben.

Die Summe des Leidens und des Schmerzes eines Atomkrieges vermindert die Neutronenbombe anscheinend nicht. Sie wird eher größer. Die Kulisse bleibt erhalten, »nur« das Leben verschwindet. Die Panzer, die von einer Neutronenbombe nicht voll getroffen wurden, fahren noch, aber die Insassen sind schon tot – oder handlungsunfähig und dem Tode geweiht –, wie es Irlmayer in seinem Gesicht gesehen hat.

Allerdings scheint der Einsatz von tödlich wirkenden Giftstoffen eher dem Gesicht des Sehers zu entsprechen. Bei einem Einsatz der Neutronenbombe ist im übrigen damit zu rechnen, daß Vergeltungsschläge mit anderen Nuklearwaffen durchgeführt werden – mit unabsehbaren Folgen für Europa. Bevor es zum Abwurf (oder Abschuß) der Neutronenbombe kommt, wird man deshalb versuchen, den Angriff mit chemischen Kampfstoffen zu stoppen.

Auf Dauer wird höchstwahrscheinlich der Menschheit ein Atomkrieg kaum erspart bleiben. Darauf kommt schon, wer an die von Kriegen erfüllte Vergangenheit der Menschheitsgeschichte denkt und daran, daß Atomwaffen allmählich in den Besitz von immer mehr Ländern gelangen. Auch Prophezeiungen scheinen dafür zu sprechen, daß es zu einem solchen Krieg kommen wird. Der Kernphysiker BERNHARD PHILBERTH hat die in der *Apokalypse* geschilderten Gesichte des Johannes dem Inferno eines Atomkrieges zugeordnet und ist dabei auf zahlreiche verblüffende Übereinstimmungen gestoßen [Lit. 38].

10
Droht ein islamischer Angriffskrieg?

In einem Sketch, der 1979 über den Bildschirm lief, sah man Afrikaner Dörfer in Europa überfallen und die Einwohner verschleppen, um sie als Sklaven zu verkaufen. Dunkelhäutige Menschen packten sich blonde Frauen, die schrien und um sich schlugen, und schleppten sie davon. Die befremdeten Zuschauer sollten aus ihrer Gleichgültigkeit aufgeschreckt und auf drastische Weise daran erinnert werden, welches brutale Unrecht Europäer und Amerikaner den Afrikanern durch die Sklavenhaltung zugefügt haben. Der Überraschungseffekt war da; aber zur Selbstbesinnung wird der Film nur in den wenigsten Fällen geführt haben. Irritiert dürfte sich die Mehrheit der Zuschauer vielmehr versichert haben, daß dieser Fall ja wohl niemals eintreten werde.

Aber stimmt das wirklich? Welche Garantien gibt es dafür, daß nicht unsere Kinder oder Enkel oder vielleicht sogar schon wir selber als Sklaven nach Afrika verkauft werden? Wie lange noch sind die Machtverhältnisse so festgelegt, daß westliche Zivilisation dominierend und die Sklavenhaltung verpönt ist?

Morgen schon kann alles ganz anders sein, wenn sich die Industrienationen der nördlichen Halbkugel in einem Atomkrieg in ein vorindustrielles Zeitalter zurückbomben. Arabische Händler werden dann vielleicht wieder, wie früher, Ungläubige als Sklaven verkaufen, und zwar – warum auch nicht! – diesmal Weiße nach Afrika. Viele der reicheren Afrikaner würden sich gewiß mit tiefer innerer Befriedigung von weißen Köchen, Chauffeuren und Sklavinnen bedienen lassen, die ärmeren könnten einem weißen Toilettenwärter ihr Trinkgeld hinwerfen oder sich von einem anderen »armen weißen Teufel« die Schuhe putzen lassen wollen.

Man braucht nicht einmal einen Atomkrieg vorauszusetzen, damit die Überlegenheit Europas gegenüber Ländern der zweiten oder dritten Welt verlorengeht. Die Machtverhältnisse zwischen den Völkern verändern sich unablässig. Der Wandel geht gewöhnlich fast unmerklich vor sich. Die Veränderungen sind jedoch deutlich zu erkennen, wenn man Machtsituationen miteinander vergleicht, die zwanzig, fünfzig oder gar hundert Jahre auseinanderliegen. Verschiebungen der Machtverhältnisse und Wechsel der Vormacht sind typisch für die Geschichte der Völker. Jedes zu Macht und Bedeutung aufgestiegene Reich der Vergangenheit hat bisher noch seinen Niedergang erlebt, wie Ägypten, Hellas, Rom, das persische Reich, die indianischen Kulturen und andere. Großreiche zerbrechen, und vorher zweitrangige Völker übernehmen die Führungsrolle. Der Zerfall des britischen Imperiums und der Aufstieg der Sowjetunion zur zweiten Weltmacht innerhalb eines halben Menschenlebens sind ein Beispiel hierfür.

Die nächsten Jahrzehnte werden dadurch gekennzeichnet sein, daß sich die machtpolitischen Verhältnisse immer mehr zuungunsten Europas und auch der USA verschieben. Profitieren werden vor allem die östlichen und fernöstlichen Staaten. Neben der Sowjetunion ist nun auch China zur Weltmacht herangewachsen. Das Machtpotential dieses Riesenreiches wird schon ziemlich bald mit dem der USA vergleichbar sein. Die ersten drei Plätze sind damit fürs erste vergeben. Ob auch die folgenden Ränge noch innerhalb heute lebender Generationen neu besetzt werden – etwa durch Brasilien oder die Arabische Liga oder vielleicht auch ein Vereinigtes Europa –, wird sich im Verlauf der nächsten Jahrzehnte zeigen. Das hängt vor allem davon ab, wie rasch die Industrialisierung fortschreitet bzw. ob und wie rasch die europäischen Staaten einerseits und die arabischen Länder andererseits zu einem Staatenbund zusammenfinden.

Der Physiker Wilhelm Fucks, der 1965 mit seinem Werk *Formeln zur Macht* Aufsehen erregte [Lit. 39], hat die maßgebenden Faktoren für diese Machtverschiebungen genannt. Er unterscheidet zwischen militärischer und virtueller Macht. Die militärische Macht eines Landes wird repräsentiert durch Streitkräfte und Rüstungsmittel; die virtuelle Macht beinhaltet dagegen die Basis für die Aufstellung von Streitkräften und die Produktion von Rüstungsmitteln. Die virtuelle Macht eines Staates kann man vor allem an der Größe und Struktur der Bevölkerung und des Landes sowie am Umfang der Energie- und Stahlerzeugung messen.

Der machtpolitische Aufstieg eines Landes hängt demnach, abgesehen vom Bevölkerungszuwachs, in erster Linie davon ab, wie rasch die Stahlproduktion ansteigt. Die Steigerungsraten können beträchtlich sein. Die Bevölkerung eines Landes kann sich in zwanzig Jahren verdoppeln, die Stahlproduktion aber um mehr als das Zehnfache ansteigen. Das war beispielsweise in China zwischen 1955 und 1975 der Fall. Die japanische Stahlproduktion stieg in diesem Zeitraum sogar um mehr als das Zwanzigfache an. In Brasilien, um ein Entwicklungsland zu nennen, stieg die Stahlerzeugung um das Siebenfache an, während sie sich in der Bundesrepublik Deutschland lediglich verdoppelte. In den übrigen Ländern Westeuropas und in den USA waren die Steigerungsraten ähnlich niedrig. Innerhalb dieser zwanzig Jahre haben also die fernöstlichen Staaten gegenüber den alten Industrienationen beträchtlich an virtueller Macht gewonnen.

Man könnte vermuten, daß Kriege nur von den Gruppen begonnen werden, deren Machtpotential größer ist als das der Angegriffenen. Daran hält sich der Angreifer jedoch häufig nicht. Rationale Abwägungen scheinen beim Ausbruch eines Krieges vielfach nur eine untergeordnete Rolle zu spielen. Fucks führt als Beispiel hierfür den Angriff der Japaner auf die USA im Zweiten Weltkrieg an. Die virtuelle Macht der Japaner, gemessen an der Stahlproduktion, war zu diesem Zeitpunkt wesentlich kleiner als die der Amerikaner. Es lassen sich leicht weitere Beispiele finden. FRIEDRICH DER GROSSE hat ebenfalls solche Kriege geführt und sogar gewonnen. Auch in Zukunft müssen Kriege nicht unbedingt von virtuell stärkeren Mächten begonnen werden, vor allem dann, wenn die schwächeren Rückendeckung durch eine der Großmächte haben.

Ein solcher Fall wäre zum Beispiel der Angriff eines Vereinigten Arabiens auf Europa. Ein Schlagwort wie »Allah will es!« kann allerhand Logik in den Hintergrund drängen. Welche Macht Religion und Religionsführer auf die Menschen ausüben, hat ja die islamische Revolution in Persien gezeigt. Es läßt sich infolgedessen leicht eine Situation aufzeigen, in der es zu einem islamischen Angriffskrieg kommen könnte. Außerdem gibt es die schockierenden Visionen eines bedeutenden Sehers, der die arabischen Heere unter dem grünen Banner des Propheten in Richtung Europa auf dem Marsch sah.

Beide zusammen, Szenarien und Prophezeiungen, müssen die Möglichkeit eines islamischen Angriffskriegs auf Europa noch innerhalb heute lebender Generationen als reale Gefahr erscheinen lassen. Die Furcht vor einem islamischen Angriffskrieg wird schon in naher Zukunft alle Bedrohungen durch andere Mächte in den Hintergrund treten lassen. Nicht zuletzt aus Furcht vor der Expansion des Islams ist die UdSSR 1980 in Afghanistan einmarschiert. Im Herrschaftsbereich des Sowjetstaates leben rund fünfzig Millionen Moslems, deren Aufwiegelung durch eine islamische Republik an der Grenze befürchtet wurde.

Die meisten arabischen Staaten – beginnend beim Irak, dem früheren Babylon im alten Zweistromland, über Syrien auf der Halbinsel Arabien, ferner dann Ägypten, Libyen, Algerien, Marokko in Nordafrika – liegen Südeuropa in einem Halbkreis gegenüber. CHURCHILL hat die südeuropäischen Staaten den schwachen Unterleib Europas genannt, und das sind sie auch heute noch. Lediglich Frankreich bildet eine Ausnahme. Frankreich soll während der arabischen Aggression nach den Prophezeiungen denn auch eine Außenseiterrolle spielen.

In den arabischen Ländern wohnen Menschen einer anderen Rasse, Religion, Kultur und Lebensauffassung. Viele dieser Menschen träumen von einem großarabischen Reich, zum Beispiel die Machthaber im Irak oder MOAMAR AL-GADDHAFFI, der Staatspräsident Libyens. Libyen, von Gaddhaffi das »Herz der arabischen Nation« bezeichnet, soll den Anstoß zur Vereinigung der arabischen Länder geben. Libyen besitzt im Vergleich zu den anderen arabischen Staaten zwar nur eine geringe Einwohnerzahl, Gaddhaffi vergleicht sein Land jedoch mit Mekka, von dem zur Zeit des Propheten die Einigung ausging. Ein großarabisches Reich soll entstehen, dessen Ziel die Ausbreitung des Islams ist. Der natürliche Gegner ist für Gaddhaffi dabei Europa. Der libysche Staatspräsident hält den Islam für ausersehen, das christliche Abendland zu beherrschen. Das Christentum gilt ihm als minderwertig, als Werkzeug des Kapitalismus und Imperialismus, Hilfsmittel bei der Ausbeutung der Völker der dritten Welt. Der Islam ist für ihn die einzig gültige göttliche Konzeption, die als Krönung und Korrektur aller Religionen zuletzt verkündet wurde und alle anderen Religionen ablösen soll.

Gaddhaffi sieht zwei bestimmende Kräfte in der Geschichte: Religion und Nationalismus. In Europa sterben Religion und Nationalismus ab; in Arabien erwachen sie von neuem. Deshalb werden seiner Überzeugung nach die Araber schließlich über Europa siegen. Überzeugt davon, daß die Geschichte diesen Lauf nehmen wird, finanziert Gaddhaffi bereits jetzt den Bau und die Unterhaltung von Moscheen in Europa, beispielsweise jener in Rom und im spanischen Cordoba. Cordoba hat für die arabischen Nationalisten Symbolwert. Die Stadt war seit der Eroberung im Jahre 756 fast fünfhundert Jahre lang Hauptstadt eines Emirats und Bollwerk des Islams in Europa. Bei diesem ehemaligen Herrschaftsbereich soll wieder angeknüpft und der Vormarsch in Europa neu begonnen werden.

Die arabischen Staaten besitzen Öl und Kapital, die beiden Wirtschaftsfaktoren, auf welche die Industrienationen angewiesen sind. Mit deren strategischem Einsatz, wie der gesteuerten Ölverknappung – so die arabischen Nationalisten mit Europa als Feindbild –, läßt sich ein Chaos in der westlichen Welt verursachen. Der Egoismus der einzelnen Staaten erwacht. Bündnisse zerbrechen. Mit den wirtschaftlichen Katastrophen brechen Bürgerkriege aus. Dann ist die Stunde der arabischen Nation gekommen. Das einige arabische Volk, zur Industrienation herangewachsen, dominiert über Europa. Der Vormarsch des Islams, 732 durch KARL MARTELL bei Tours und Poitiers in Mittelfrankreich gestoppt, kann neu beginnen.

Gaddhaffi betrachtet die islamischen Unruhen, insbesondere auch die Revolution im Iran und die Herausforderung der USA durch KHOMEINI als Anfang der Befreiungsbewegung, die zu einer Rache an den Europäern führen werde. Im Falle kriegerischer Zuspitzung werde sein Land Mitglied des Warschauer Paktes und erhalte damit die Unterstützung der Sowjetunion. »Falls dies wirklich der Beginn des dritten Weltkrieges ist«, erklärte er im Zusammenhang mit der Besetzung der amerikanischen Botschaft in Teheran durch die persischen Extremisten, »werden wir nicht die Hände in den Schoß legen und neutral bleiben!«

Wie stehen die Chancen, daß sich die Träume der arabischen Nationalisten erfüllen werden? Vier Voraussetzungen müssen erfüllt sein: Die Industrialisierung der arabischen Länder muß vollzogen bzw. die militärische Unterstützung durch eine Industrienation, wie Rotchina oder die UdSSR, gesichert sein. Der politische Zusammenschluß der arabischen Länder muß verwirklicht sein. Er muß vom Willen zur Expansion, zum »Heiligen Krieg«, begleitet sein. Und schließlich muß ein aktueller Anlaß gegeben sein.

In Persien, wo die Industrialisierung schon relativ weit fortgeschritten ist, kann man die erste Voraussetzung schon fast als erfüllt ansehen. In den meisten anderen islamischen Ländern wird sie zielstrebig vorangetrieben. Dabei sind die ölfördernden Länder zunächst vor allem an Chemiewerken zur Veredelung des Rohöls interessiert. Auch nach der Ölära wird in den arabischen Ländern kein Energiemangel herrschen: Die reichliche Sonneneinstrahlung in diesen äquatornahen Regionen bietet die Gewähr dafür. Schon heute ließen sich Sonnenkraftwerke errichten, die den größten Teil der benötigten Energie liefern könnten. Da immer ausreichend Energie vorhanden sein wird, ist auch die Rohstoffversorgung sichergestellt. Mit ausreichenden Mengen billiger Energie können die Rohstoffe tiefer im Erdinnern oder am Meeresboden abgebaut oder auch aus dem Meerwasser herausgezogen werden. Die vollständige Industrialisierung der arabischen Länder ist aus den genannten Gründen nur eine Frage der Zeit und wird sich ohne ernsthafte Hindernisse wahrscheinlich ganz automatisch vollziehen.

Auch eine Unterstützung durch Rotchina zu einem Zeitpunkt, da die arabischen Länder selber noch nicht genügend moderne Waffen produzieren, ist denkbar. Rotchina wird in Kürze zu einer der mächtigsten Industrienationen der Welt herangewachsen sein. Seiner Machtstellung entsprechend wird dieses Riesenreich dann wesentlich stärker in das politische Geschehen der Welt eingreifen als bisher.

Der politische Zusammenschluß der arabischen Staaten ist keine Utopie. Die Araber sind durch eine gemeinsame Sprache und Religion sowie die gleiche Herkunft, nämlich das Hervorgehen aus den lebensfeindlichen innerarabischen Wüsten, miteinander verbunden. Einigungsbestrebungen zwischen den verschiedenen arabischen Staaten hat es nach dem Zerfall des großarabischen Reiches häufiger gegeben. Sie wurden jedoch von den Türken und später von den Engländern vereitelt, die ihre Interessen gefährdet sahen. Hindernisse auf dem Weg zu einem neuen großarabischen Reich sind heute noch die unterschiedlichen politischen Konzeptionen und der Egoismus der einzelnen Staaten. Die feudalistischen Herrschaftsstrukturen dürften jedoch allmählich verschwinden. Man kann die arabischen Staaten in zwei Gruppen einteilen, nämlich in diejenigen, in denen die traditionellen Herrschaftsstrukturen bereits zerschlagen sind, und in diejenigen, in denen Militärputsch, Revolution oder auch Wandel von innen her noch bevorstehen. Zur Sicherung ihrer Herrschaft suchen die royalistischen Länder Rückhalt bei den kapitalistischen Ländern des Westens und vermeiden deshalb die Konfrontation mit Europa. Es ist jedoch wenig wahrscheinlich, daß die alten Herrschaftsstrukturen noch lange bestehen bleiben. Die islamische Revolution in Persien beweist das.

Sind die Unterschiede zwischen den verschiedenen Staatsformen erst einmal beseitigt, so werden sich die arabischen Staaten rascher und leichter als heute zu gemeinsamen Aktionen zusammenschließen. Der Wunsch nach Einheit ist groß unter den arabischen Völkern. Als es um die Union zwischen Ägypten und Libyen ging, stimmten 98 Prozent der ägyptischen Bevölkerung für diese Union. Die irakische Verfassung ist ebenfalls ein Beweis für dieses Verlangen nach einem engen Bündnis zwischen den arabischen Staaten (siehe auch Kapitel 11).

Zur Einigung könnte es kommen, wenn es um die Wahrung gemeinsamer Interessen geht, wie um Aktionen zur Sicherung der Ölmilliarden auf europäischen Banken oder der Industrien, die in Europa gekauft wurden. Insbesondere dürfte die Abwehr einer alle arabischen Länder bedrohenden Gefahr zum politischen Zusammenschluß führen. Eine solche Gefahr zeichnet sich bereits am Horizont ab. Es ist die Verlagerung des subtropischen Hochdruckgürtels nach Norden aufgrund der Erwärmung der Erde durch den Kohlendioxydanstieg in der Atmosphäre. Dadurch werden die arabischen Länder mit extremer Trockenheit bedroht (siehe Kapitel 7).

Der Wille zur Expansion ist sowohl im Volkstum als auch in der Religion der arabischen Völker verankert. Keiner anderen Religion wohnt ein solcher von Energie und Fanatismus getragener Ausdehnungs- und Unterwerfungsdrang inne wie dem Islam. Die sechsmal täglich wiederholten Rituale sind Autosuggestionen, die den Praktizierenden mit seinem ganzen Denken und Handeln auf ein bestimmtes Ziel hin ausrichten. Ein solches Ziel könnte wie zur Zeit der Religionsgründung der »Heilige Krieg« und die Ausbreitung des Islams werden. Auch im Volkstum ist der Eroberungswillen begründet, zumindest bei den aus dem Innern Arabiens kommenden Stämmen. Auf dieser wüstenhaften Halbinsel, die größer als Europa ist, haben die Stämme jahrhundertelang einen permanenten Krieg gegeneinander geführt. Das hat die Menschen geprägt. Sie sind stolz, unabhängig und besitzen einen zähen Kampfeswillen.

Mit Hilfe der von ihm gegründeten Religion des Islams konnte MOHAMMED die kriegerischen Unternehmungen der einzelnen Stämme zusammenfassen und nach außen lenken. Sein Vermächtnis waren Kampf und Expansion. In den fünf Jahren nach seinem Tod im Jahre 632 schlugen die Armeen seiner Anhänger die römischen und persischen Heere. Im achten Jahrhundert dehnten sie ihre Eroberungen von Zentralasien bis Spanien aus. Die Führungsschicht wurde ermordet, die Massen in Tributpflicht genommen. Viele Jahrhunderte lang gab es in diesem Riesenreich eine gemeinsame Kultur und Religion. Die arabische Kultur war damals führend in Wissenschaft und Technik. Sie ist das Bindeglied zwischen der griechisch-römischen und der modernen Zivilisation.

Der Vormarsch der Araber in Europa könnte aufgrund der zu erwartenden Klimakatastrophe infolge des Kohlendioxydanstiegs der Atmosphäre beginnen. Bei einer Erwärmung der Erde wird sich, wie schon dargelegt, der subtropische Trokkengürtel nach Norden verschieben. Die heute schon geringen Niederschläge in den arabischen Ländern werden noch weiter abnehmen. Wassermangel und Hungersnöte könnten die Araber den »Heiligen Krieg« als letzten Ausweg wählen lassen. Wenn dann noch revolutionäre Verhältnisse in Südeuropa herrschen, so ist das die schwache Stelle, wo der Kampf der arabischen Völker um neuen Lebensraum seinen Anfang nehmen wird.

Unter dem Eindruck der ersten, wahrscheinlich leicht errungenen militärischen Erfolge könnten sich die arabischen Staaten leicht zum Angriffskrieg auf Europa vereinen – ähnlich wie in dem folgenden Szenarium:

Es ist kurz vor der Jahrtausendwende. In Europa bereitet man sich darauf vor, dieses Ereignis festlich zu begehen. Da werden die Menschen durch die Nachricht aufgeschreckt, daß in Italien die Roten Brigaden die Macht übernommen haben (nach Zeitungsberichten war das schon für 1978 geplant). Alle führenden Politiker und Militärs sind ermordet. Um die Kontrolle zu behalten, gehen die Revolutionäre mit äußerster Brutalität gegen jeden tatsächlichen oder auch nur vermuteten Widerstand vor. Die katholische Geistlichkeit wird dezimiert. Auch die in Italien lebenden Moslems sind dem Terror ausgesetzt. Die europäischen Nachbarländer sehen tatenlos zu. Einmal steht Moskau im Hintergrund dieser roten Revolution, zum anderen hat die Revolution auch eine gewisse Berechtigung. In keinem anderen europäischen Land ist der Gegensatz zwischen arm und reich so groß wie in Italien. Eine Änderung der Verhältnisse scheint nur durch einen gewaltsamen Umsturz möglich.

Ein arabischer Führer, mit China im Rücken, gibt vor, die in Rom lebenden Moslems schützen und wieder »normale« Verhältnisse herstellen zu wollen. Arabische Truppen landen an der italienischen Küste und dringen fast ungehindert ins Landesinnere vor. Nach Ermordung der Führungsschicht ist die Revolutionsregierung nicht so rasch in der Lage, geordneten Widerstand zu organisieren. Die anderen europäischen Länder senden keine Truppen zur Unterstützung. Die vordringenden Araber sind ihnen nicht unsympathischer als die Roten Brigaden; außerdem wollen sie es sich wegen des äußerst knapp gewordenen Erdöls nicht mit den Arabern verderben. Man hat nichts dagegen, daß sozusagen der Teufel vom Beelzebub ausgetrieben wird. Auch Moskau greift nicht ein, da die Chinesen für diesen Fall den Arabern ihre Hilfe zugesagt haben. Rom wird von den Arabern eingenommen und der Papst verjagt

Dabei könnte sich die Vision von PIUS X. erfüllen. Er sah den Papst aus dem Vatikan fliehen und dabei auf die Leichen seiner Priester treten.

Die arabischen Armeen rücken weiter gegen Norden vor und haben bald den größten Teil des Landes unter Kontrolle gebracht. Der Sieg löst im arabischen Volk eine ungeheure Begeisterung aus. Die Araber sehen eine Möglichkeit, der klimatisch bedingten Misere in ihren Ländern zu entfliehen und neuen Lebensraum zu gewinnen. Fast ebenso wichtig ist es ihnen aber auch, sich für die jahrhundertelangen Demütigungen zu rächen, die sie durch die Europäer erfahren haben. Außerdem erwacht der Beutetrieb. Alle wollen mithelfen, Europa zu besiegen und zu plündern. Sie sehen das als ihr Recht an, da sie Europa für die Klimakatastrophe und das Unfruchtbarwerden ihrer Länder verantwortlich machen.

Die hochgestellten Erwartungen, die sie an eine einige arabische Nation stellen, scheinen in Erfüllung zu gehen. Militärputsche finden statt. Gemäßigte Regierungen werden hinweggefegt. Die Militärdiktaturen unterstellen sich der Oberhoheit des in Italien vordringenden arabischen Führers und fallen auf sein Geheiß in Griechenland und Spanien ein. Der Vormarsch der Araber in Europa, unterstützt von China, beginnt von neuem. Gleichzeitig stoßen die Araber nach

Süden ins Innere Afrikas vor, um sich die Rohstoffquellen zu sichern.

Soweit dieses Szenarium. Es wird durch Prophezeiungen gestützt. Vor allem hat NOSTRADAMUS einen Angriffskrieg der Araber auf Europa vorhergesagt. Die entsprechenden Prophezeiungen finden sich in Quatrain 5, 55: »In einer Gegend des glücklichen Arabien wird ein Mächtiger geboren, der sich zum Islam bekennt: Er wird Spanien quälen und Granada wiedererobern, noch mehr richtet er aus über das Meer gegen das Volk von Ligurien [Italien].« Und weiter (Quatrain 5, 25): »Der arabische Fürst wird über das Meer her die Regierung der Kirche zu Boden zwingen. Mars, Sonne und Venus stehen im Löwen: Nach Persien zu stehen rund eine Million [Soldaten] bereit [die Revolutionstruppen des Khomeini oder eines seiner Nachfolger], um über Byzanz und Ägypten mit Würmern [Bakterien] und Schlangen [Feldschlangen = Geschütze] eine Invasion zu unternehmen.«

Nach dem Kommentator LEE MC CANN findet die von Nostradamus genannte Konjunktion zum nächstenmal am 21. August 1987 statt.

Die Türken kennen eine verwandte Prophezeiung. Danach werden sie Ende dieses Jahrhunderts um die Vorherrschaft in Europa kämpfen.

Auch der Quatrain 1, 18, des NOSTRADAMUS weist auf einen islamischen Angriff hin: »Infolge Zwietracht vernachlässigt Frankreich [die Außenpolitik]. Dadurch wird die Tür dem Islam geöffnet: Die Erde trieft von Blut, ebenso das Adriatische Meer. Der Hafen von Marseille ist mit Schiffen überfüllt.« Die letzte Zeile in diesem Vierzeiler scheint anzuzeigen, daß viele Schiffe auf der Flucht vor den Arabern Zuflucht in Marseille suchen werden.

In diesem Quatrain zeigt sich auch die Außenseiterrolle Frankreichs während des Beginns der arabischen Aggression. Sie klingt auch in anderen Prophezeiungen von Nostradamus an. Die Franzosen sind mit den Arabern durch einen Freundschaftspakt verbunden. Schließlich müssen sie aber ihre Neutralität aufgeben und werden ebenfalls in den Krieg hineingezogen, in dem sie dann, da sie Atommacht sind, eine Schlüsselrolle spielen. Das verrät unter anderem der folgende

Vierzeiler (2, 29): »Der Orientale wird seinen Wohnsitz verlassen, er wird die Apenninen überschreiten, um Gallien zu erblicken. Er wird den Himmel, die Gewässer und den Schnee durchqueren und einen jeden mit seiner Waffe schlagen.«

In diesem Kampf um Europa werden die Araber aber allem Anschein nach nicht siegen, sondern, nachdem sie auch in Frankreich und Deutschland eingefallen sind, allmählich zurückgedrängt und in einem zähen und langwierigen Krieg wieder ganz vom europäischen Kontinent vertrieben. Das besagen die Prophezeiungen des Nostradamus, zum Beispiel folgende (5, 68): »Vom Rhein wird es kommen, um in der Donau zu trinken. Das große Kamel wird sich daraus kein Gewissen machen. Es zittern die Anwohner der Rhone und noch mehr das Volk an der Loire. Aber dicht bei den Alpen wird der Hahn [Frankreich] es vernichten.«

Mit dem »großen Kamel«, das auch in zwei anderen Vierzeilern eine Rolle spielt, ist allem Anschein nach eine arabische Armee gemeint.

Im Verlauf dieses Krieges könnte es zu einer Wiedervereinigung der beiden Deutschland kommen. Der Quatrain 10, 86, läßt sich jedenfalls so deuten. Er lautet: »Wie ein Greif wird der König von Europa kommen, begleitet von den Völkern aus Aquilon [Norden]. Eine große Truppe, aus Roten und Weißen zusammengesetzt, wird er anführen, und marschieren gegen den König von Babylon [Irak].«

Dem Quatrain 10, 31, läßt sich entnehmen, daß die Araber neuen Lebensraum finden werden, nachdem sich ihr Land in Wüste verwandelt hat und der Angriff auf Europa fehlgeschlagen ist. Der Vierzeiler wird hier – wie alle Nostradamus-Texte dieses Buches [Lit. 3] – in der Übersetzung des Historikers N. ALEXANDER CENTURIO zitiert: »Das heilige Reich wird in Deutschland entstehen. Die Araber werden offene Orte [Lebensraum] finden. Auch die Seelen wollen ihre Wiedergeburt [nachdem in den vorangegangenen Kämpfen so viele Menschen gefallen sind]. Die Stützen der Erde werden alle bedeckt sein.«

Nach diesem Quatrain scheint Deutschland zu größerer Bedeutung als heute aufzusteigen.

11
Das Schicksal Israels

Welches Schicksal wird der Staat Israel erleiden? Wird er sich behaupten können, oder werden die Araber ihn wieder auslöschen?

Es gibt Prophezeiungen, die mit dem Schicksal Israels in Verbindung gebracht werden können, wie biblische Prophezeiungen über endzeitliche Kriege.

NOSTRADAMUS hat die Rückkehr der Juden nach Palästina vorhergesagt und auch die hieraus sich ergebenden Konflikte mit den Arabern. Der entsprechende Quatrain (8, 96) lautet: »Die Synagoge, unfruchtbar und ohne Erfolg, wird Aufnahme finden unter den Ungläubigen. Von der Tochter Babylons droht ihr Verfolgung. Elend und traurig wird sie ihr die Flügel abschneiden.«

Die Vorhersage ist wahrscheinlich erst zum Teil eingetroffen: Die Weltorganisation der Vereinten Nationen sprach 1948 den Juden das Recht zu, einen Teil Palästinas als ihr Land zu betrachten. Die Juden, schon seit 1918 in großer Zahl nach Palästina zurückgekehrt, gründeten daraufhin ihren eigenen Staat – allerdings auf Kosten der Araber. Wenn die Juden auch historisch begründete Heimatrechte in Palästina haben, so war die Gründung des jüdischen Staates dennoch ein – vielleicht unvermeidlicher – Gewaltakt. Die Einwanderung der Juden in Palästina begann zudem mit einem Wortbruch Englands gegenüber den Arabern, die im Ersten Weltkrieg Verbündete der Engländer gegen die Türken waren.

Erbittert über die Wegnahme ihres Landes, waren die Araber nicht bereit, den jüdischen Staat zu akzeptieren. Der erste Angriff erfolgte unmittelbar nach der Gründung des Staates im Jahre 1948 und endete, wie auch die beiden folgenden Kriege, mit einer Niederlage der Araber. Zwischen den Kriegen mußten die Israelis Überfälle und Terrorakte hinnehmen, die insbesondere von den aus Israel vertriebenen Arabern begangen wurden.

Im vierten Israelkrieg 1973 waren die Kräfteverhältnisse schon ausgeglichener. Die Phantom-Kampfflugzeuge der Israelis wurden beim Einfliegen in die Suezkanalzone von elektronisch gesteuerten Flugabwehrraketen abgeschossen. Die Ägypter konnten den Suezkanal überqueren und sich am anderen Ufer festsetzen. Der Krieg war ein Erfolg für Ägypten.

Die Gegner Israels verfügen heute über sowjetische Raketen modernster Bauart. Ägypten ist zum Beispiel in der Lage, die Hauptstadt Israels mit Fernraketen zu beschießen. MOHAMMED ANWAR AS-SADAT bemüht sich allerdings, die dreißigjährige Feindschaft zwischen den beiden Völkern zu beenden. Ende 1977 reiste er deswegen nach Israel. Die meisten anderen arabischen Staaten wünschen jedoch keinen Frieden. MOAMAR AL-GADDHAFFIS Libyen brach die diplomatischen Beziehungen zu Ägypten ab; Syrien erklärte den Tag, an dem Sadat nach Israel reiste, zum nationalen Trauertag und setzte die Fahnen auf Halbmast.

Mitte 1979 kam es zum Friedensvertrag. Gaddhaffi drohte mit der Ermordung Sadats, und heftige Unmutsäußerungen kamen auch aus anderen arabischen Staaten. Es ist deshalb kaum anzunehmen, daß die Zeit der Verfolgungen für Israel schon vorbei ist. In dem oben zitierten Quatrain 8, 96, des NOSTRADAMUS heißt es, daß die Verfolgung von der »Tochter Babylons« ausgehen wird. Bisher wurden die Israelkriege vor allem von Ägypten getragen. In Zukunft könnten die Aktionen entsprechend der Vorhersage des Nostradamus in erster Linie von dem Gebiet ausgehen, das früher von Babylon beherrscht wurde. Dabei dürfte es sich um die für Israel gefährlicheren Aktionen handeln.

Babylon war eine Stadt zwischen Euphrat und Tigris, im weiteren Sinne auch das Land zwischen diesen beiden Flüssen. Dieses Gebiet wird heute größtenteils vom Irak eingenommen, der zwölf Millionen Einwohner (1978) und große Erdölvorräte besitzt. Bereits heute geht die stärkste

Aggression gegen Israel wahrscheinlich von diesem Staat aus. Nach der Londoner *Times* ist der Irak wahrscheinlich auch die Terrorhauptbasis der Welt. Die irakische Regierung, die von ihren Gegnern als brutal und unethisch bezeichnet wird, soll hinter den meisten spektakulären Terroranschlägen stehen.

Der Irak gilt Politikern des Westens wie auch den Arabern gleichermaßen als radikalster und rätselhaftester Staat im Nahen Osten. Das Land liegt im Grenzgebiet zwischen Kulturland und Wüste, und die irakische Persönlichkeit ist durch kriegerische Auseinandersetzungen zwischen nomadisierenden Beduinen und seßhaften Bauern geprägt. Hinzu kommt ein extrem heißes Klima, Überschwemmungen und Sümpfe, die das Entstehen von Seuchen fördern, die in unregelmäßigen Abständen die Menschen dahinraffen. Ein Menschenleben gilt infolgedessen wenig im Irak. Gewalt ist im irakischen Volkscharakter tief verwurzelt. Da außerdem der Kampf für Ideale, insbesondere der um die »Freiheit«, obenan steht, ergibt sich eine explosive Mischung. In der Vergangenheit haben sich die kämpferischen Aktivitäten in Putschen und Revolutionen erschöpft, die mit äußerster Grausamkeit geführt wurden. Dem ehemaligen ägyptischen Staatschef Nasser wurde bei einem Besuch zum Beispiel der Finger eines gestürzten Regierungschefs als Geschenk überreicht. Seit einiger Zeit herrscht jedoch eine gewisse politische Stabilität. Die kämpferischen Aktivitäten richten sich nun in verstärktem Maße nach außen, wie der Kampf gegen Iran zeigt.

Die Aggressionen gegen Israel rühren daher, daß der Irak sich als Vollstrecker der Baath-Bewegung, der sozialistischen Partei der arabischen Wiedergeburt und damit des arabischen Volkes schlechthin betrachtet, der Ideologie, der auch Gaddhaffi leidenschaftlich anhängt. Danach bildet die ganze arabische Welt eine einzige Nation, die wiedervereinigt werden muß. Von der Schmach, welche die Araber in Palästina hinnehmen mußten, fühlen sich auch die Iraker befleckt.

Der Irak spricht offiziell nie von Irakern oder Palästinensern, sondern vom arabischen Volk des Irak oder dem arabischen Volk Palästinas. Jeder Araber kann einen irakischen Paß beanspruchen und im Irak Grund und Boden erwerben. Die nationale Führung der Baath-Partei, der Politiker aus zahlreichen arabischen Ländern angehören, hat mehr Macht als die irakische regionale Führung.

Welche Gefahr könnte Israel nach der Vorhersage des NOSTRADAMUS von diesem Staat drohen? »Elend und traurig wird sie ihr die Flügel abschneiden«, heißt es in dem zitierten Quatrain. *Sie* ist die Tochter Babylons, also der Irak, und *ihr* wird sie's antun, das heißt dem Staat Israel. Was kann das bedeuten? Die Vorhersage ist als Einschränkung der Bewegungsfreiheit gedeutet worden. Man kann sie aber auch wörtlich nehmen. Wer Flügel hat, kann fliegen; wenn sie abgeschnitten sind, ist das nicht mehr möglich. Wie jeder moderne Staat besitzt auch Israel eine zivile und militärische Luftfahrt. Die Vernichtung der Luftflotte oder eines Teils davon könnte mit dem symbolischen Bild des Flügelabschneidens gemeint sein.

Tatsächlich sind die von den irakischen Terrorgruppen ausgehenden Aktionen zum Teil gegen die israelische Luftfahrt gerichtet. Es könnte sein, daß sie durch Terrorakte stark eingeschränkt wird. Eine andere Deutung ist ebenso wahrscheinlich, daß nämlich in einem kommenden Israelkrieg die israelische Luftflotte durch elektronisch gesteuerte Raketen vernichtet wird. Der Anfang dazu wurde ja bereits im letzten Israelkrieg gemacht. Die Luftüberlegenheit wird dann an die Araber übergehen und wahrscheinlich zu Luftangriffen auf Israel führen. In diesem Zusammenhang läßt sich auch das im Folgenden beschriebene Bild aus der *Apokalypse* des JOHANNES verstehen. Ob die Araber den jüdischen Staat vernichten werden, bleibt offen. Es ist in dem Quatrain 8, 96, von Verfolgung die Rede, nicht aber von Vernichtung. Vielleicht kann sich Israel mit einem großarabischen Reich arrangieren.

In der Offenbarung des Johannes werden möglicherweise fünf Monate andauernde Luftangriffe geschildert (9, 7 – 10): »Und die Heuschrecken sind gleich den Rossen, die zum Kriege gerüstet sind, und auf ihrem Haupt ist's wie Kronen, dem Golde gleich, und ihr Antlitz gleich der Menschen

Antlitz, und hatten Haare wie Weiberhaare, und ihre Zähne waren wie die der Löwen, und hatten Panzer wie eiserne Panzer, und das Rasseln ihrer Flügel war wie das Rasseln der Wagen vieler Rosse, die in den Krieg laufen, und hatten Schwänze gleich den Skorpionen und Stacheln; und in ihren Schwänzen war ihre Macht, Schaden zu tun den Menschen fünf Monate lang ...«

Bernhard Philberth hat diese Stelle wie folgt in eine zeitgemäße Ausdrucksweise übersetzt [Lit. 38]: »Er [Johannes] sieht die Zerstörungsgeschwader auf die Menschen aus der Luft niederstoßen wie die Heuschreckenschwärme auf die Felder. Mit ihrer Flügel- und Rumpfform, mit der Steifheit und dem metallischen Glanz ihres Chitins, mit der Art ihrer Körperhaltung und der Flugbewegung hat die Heuschrecke mehr Ähnlichkeit mit dem Flugzeug als jedes andere flugfähige Tier. Er sieht die metallische Verschalung der Flugzeuge – und vergleicht sie mit der Rüstung von Kampfrossen. Er sieht die Flugzeugkanzel mit ihrer durchbrochenen Metallkonstruktion – und vergleicht sie mit goldähnlichen Kronen. Er sieht den Piloten durch die Kanzel schauen und erkennt das Gesicht des Menschen – der Gedanke, daß hier der Homo sapiens selbst in seiner flugzeugmäßigen Pilotengarnitur schaltet und waltet, scheint ihm gar nicht gekommen zu sein – und wäre wohl auch grotesk aus antiker Sicht. Er sieht die Kondensstreifen als ein Gewirr feinster Nebelfäden längs der Ionisationsbahnen der sich elektronisch aufladenden Abgasteilchen – und vergleicht sie mit dem Frauenhaar. Er sieht die Verstabungen und Verzahnungen durch die Kanzel – und vergleicht sie mit Löwenzähnen. Er erkennt die Leichtmetallegierungen der Flugzeugaußenhaut in ihrer eisenähnlichen metallischen Beschaffenheit, wobei er bemerkt, daß sie sich vom Eisen doch unterscheiden. Er hört den gewaltigen Lärm der Triebwerke, die er als Flügelschlag bezeichnet, und vergleicht sie mit dem Lärm vieler in den Kampf stürmender Streitwagen. Er sieht die Läufe der Bordwaffen als Schwänze und Stacheln und empfindet, daß eben aus diesen – wie mit dem Schwanz eines Skorpions – das ausgestoßen wird, das die Menschen schädigt und peinigt.«

Die Prophezeiung zeigt übrigens, daß die Seher bisweilen Dinge vorhersagen, die sie selber nicht verstehen.

12
Die Zukunft des Kommunismus

In den ersten fünfzig Jahren dieses Jahrhunderts ist unsere Welt zu einem Drittel kommunistisch geworden. Wird der Vormarsch des Kommunismus weitergehen – auch hinein in das Europa des Westens? Unterschwellig befürchten das sehr viele Menschen, nicht nur die Besitzenden. Abgesehen von einer möglichen militärischen Eroberung durch die Sowjets könnte eine Machtergreifung auf dem Wege einer Revolution stattfinden. In Italien erhält die kommunistische Partei etwa ein Drittel der abgegebenen Stimmen, und es gibt Prophezeiungen, die auf eine blutige Revolution in Italien hinweisen. Im übrigen Westeuropa haben die kommunistischen Parteien bedeutend weniger Rückhalt in der Bevölkerung.

Nun kann aber auch eine Minderheit die Macht an sich reißen, wie das ja die Bolschewiki in der Oktoberrevolution 1918 vorgemacht haben. Allerdings steht in Europa das Militär grundsätzlich rechts, und überdies sind die USA militärisch präsent. Das verringert die Chancen einer kommunistischen Revolution. Außerdem sind das kommunistische und kapitalistische Gesellschaftssystem dabei, sich einander anzugleichen. Dieser Prozeß ist seit langem im Gange und vermindert ebenfalls die Gefahr eines Umsturzes.

Sollte der Kommunismus seinen Vormarsch in den außereuropäischen Ländern fortsetzen, so wird das am ehesten in den unterentwickelten Ländern der dritten Welt sein. Vor allem dort, wo durch verkrustete Gesellschaftsstrukturen ein großer Gegensatz zwischen arm und reich besteht, erwartet die Mehrheit der Bevölkerung vom Kommunismus eine Verbesserung ihrer Lebensverhältnisse. Falls dann auch noch die Sowjetunion oder auch China entweder in Form von Militärhilfe oder aber durch Überredung, Druck oder Korrumpierung Einfluß nehmen, so können weitere kommunistische Revolutionen stattfinden.

Direkte militärische Operationen sind relativ unwahrscheinlich, aber nicht auszuschließen, wie der Überfall der Sowjets auf Afghanistan gezeigt hat. Militärische Aktionen dürften jedoch die Ausnahme bleiben, weil dadurch ein Weltkrieg heraufbeschworen werden könnte und zum anderen nicht sicher ist, ob ein kommunistisch regiertes Land nach einer siegreichen Revolution sich nicht an den Gegner anlehnen oder auch einen vollständig selbständigen Kurs steuern wird. Wurde früher ein Krieg zwischen kommunistischen Ländern für sehr unwahrscheinlich gehalten, so zeigen heute die Spannungen zwischen China und der Sowjetunion sowie die Kriege zwischen Vietnam und China und zwischen Vietnam und Kambodscha, daß der Egoismus selbständiger Staaten größer ist als die Verbundenheit durch das gleiche Gesellschaftssystem.

Soviel an rationalen Überlegungen zur Frage des weiteren Vormarsches des Kommunismus. Im Folgenden sollen nun Seher zu Wort kommen. Von NOSTRADAMUS stammen mehrere Vierzeiler, die sich allem Anschein nach auf das Schicksal der Sowjetunion und des Kommunismus beziehen. Der Seher scheint die militärische Erstarkung Rußlands, die kommunistische Revolution, deren Überspringen auf andere Länder und anscheinend auch den Niedergang des Kommunismus vorhergesehen zu haben.

In Quatrain 5, 26, heißt es zum Beispiel: »Das Slawenvolk wird durch Kriegsglück auf eine hohe Stufe gelangen ...« Mit diesen Worten könnte Rußlands Aufstieg zur zweiten Weltmacht nach den beiden Weltkriegen gemeint sein. Nach dem letzten Weltkrieg konnte sich die Sowjetunion weit nach Westen ausdehnen und die heutigen Ostblockstaaten in ihren Machtbereich bringen. Die Ausdehnung Rußlands nach Osten bis jenseits des Urals und die Einverleibung Sibiriens im siebzehnten bis neunzehnten Jahrhundert waren ebenfalls eine Folge gewonnener Kriege.

In Quatrain 3, 95, kündigt Nostradamus Entstehung und Ausbreitung des Kommunismus an. Dort heißt es: »Man wird sehen, wie das Gesetz des [Thomas] More hinfällig wird.

Danach wird ein anderes entstehen, das noch viel verführerischer ist: Der Borysthenes [lateinisch für Dnjepr] wird ihm zuerst verfallen, durch Geschenke und Überredung lockt es an sich heran.«

Der englische Kanzler, Staatsmann und Humanist Sir Thomas More entwarf in seinem 1516 erschienenen Werk *Utopia* ein Programm mit kommunistischen Tendenzen. Diese fanden jedoch keinen Anklang. Erst die aufgrund der Mißstände und Ausbeutung im beginnenden Industriezeitalter schärfer formulierten Thesen des Kommunismus marxistisch-leninistischer Prägung konnten größere Bevölkerungsmassen aktivieren und einen Umsturz bewirken. In Rußland, einem der damals rückständigsten Länder der Erde, wurden die kommunistischen Ideen aufgenommen, aber schließlich nie wirklich verwirklicht. Verführerisch sind die kommunistischen Lehren für diejenigen, die glauben, sie könnten dadurch ihr Los verbessern. Ihre Ausbreitung erfolgt durch Schulung und Propaganda, also durch Überredung, die im Kommunismus eine große Rolle spielt. Es werden Geschenke versprochen, die die Massen bei der Neuverteilung der Besitztümer und Ländereien in Empfang zu nehmen hoffen.

Nostradamus' schwierig zu übersetzender Quatrain 1, 14, der früher vielfach anders gedeutet wurde, läßt sich ebenfalls mit einer proletarischen Revolution in Rußland in Verbindung bringen. Dort heißt es: »Vom Slawenvolk hört man Gesänge, Lieder und Bitten, solange Prinzen und hohe Herren Menschen ins Gefängnis warfen: In Zukunft geschieht das nur durch Dummköpfe ohne Verstand, ihre Worte werden wie göttliche Offenbarungen aufgenommen.«

Nach der Oktoberrevolution sind es nicht mehr die Adeligen, die Menschen verhaften und nach Sibirien verbannen. Die Macht ruht nun in den Händen von Leuten, die aus dem einfachen Volk kommen und von Nostradamus als Dummköpfe beschimpft wurden. Nostradamus hat möglicherweise präkognitiv die Ansichten derjenigen unserer Zeitgenossen wahrgenommen, die es als falsch ansehen, Menschen einer utopischen Heilserwartung wegen zu opfern und eine Lehre durchsetzen zu wollen, die sich in vielem gegen die Natur des Menschen richtet.

Die Lehren des Kommunismus wurden und werden insbesondere von den Besitzlosen und Schlechtweggekommenen vielfach als »Offenbarung« aufgenommen, wie es in der letzten Zeile des Quatrains heißt, etwa wenn sie hören, daß ihr Los kein unabwendbares Schicksal sei und Land und Besitz den Reichen weggenommen und »gerecht« verteilt werden sollen. Nachdem der Kommunismus aber erst einmal in Rußland etabliert war, unterscheidet sich (Nostradamus zufolge) die neue Zeit von der vorhergehenden, daß man keine Gesänge und Lieder mehr hat. Ein solches Leben erschien ihm möglicherweise als verarmt und gefühlloser. Ursachen gibt es genug: die Säuberungsaktionen, das Absterben der Religionen, die Wohnungsnot und überhaupt die neue schnellebigere Zeit mit ihrer Konservenmusik, die kaum noch echte Gefühle aufkommen läßt. Insofern enthält diese Vorhersage auch eine Zeitcharakterisierung.

Der folgende Quatrain 5, 60, läßt sich der Ausbreitung des Kommunismus zuordnen: »Durch ganz Asien findet eine Einziehung der Güter statt, das gleiche geschieht in Mysien, Lykien und Pamphylien [Kleinasien]: Blut wird man vergießen infolge Freispruchs eines jungen Schwarzhaarigen, voll von Treulosigkeit.«

Für den Kommunismus typisch ist die Verstaatlichung von Land und größerem Besitz, das heißt die Einziehung des Eigentums. Dies soll nach Nostradamus in ganz Asien erfolgen. In dem größeren Teil Asiens ist das schon geschehen, nämlich in Sibirien, China, Tibet, Kambodscha, Vietnam und neuerdings auch in Afghanistan. Wenn in den kommenden Jahrzehnten eine Einziehung der Güter auch in den übrigen Ländern Asiens und Kleinasiens erfolgen sollte – zum Beispiel in Indien und Pakistan –, so müssen diese Länder deswegen nicht unbedingt kommunistisch werden. Unter »Einziehung der Güter« kann man auch Landreformen verstehen, wie sie im Iran und in der Türkei teilweise schon durchgeführt wurden.

Mit dem »jungen Schwarzhaarigen« des zitierten Quatrains könnte der junge STALIN gemeint sein, der für seine revolutionäre und terroristische Tätigkeit nie bestraft wurde. Zur Macht gekommen, liquidierte er die Großbauern, und später richtete sich sein Terror auch gegen viele seiner alten Mitstreiter, die sich keines Treuebruchs bewußt waren.

Aus der Vorrede des NOSTRADAMUS zu seinen Prophezeiungen an die Adresse seines Sohnes Cäsar ist der Schluß gezogen worden, daß auch Frankreich einmal dem Kommunismus verfallen wird. Es handelt sich dabei um folgende Stelle: »Wollet nicht das Heiligtum den Hunden geben und die Perlen vor die Säue werfen ... und ich ferner willens war, das Geschriebene auszulöschen aus dem Grunde, weil doch einmal der Kommunismus kommt [»le commun advenement«], so habe ich den Weg gewählt, in verborgene und unergründliche Orakel die Dinge der Zukunft, die jeden innerlich sehr beunruhigen, zu kleiden.«

Dieser Abschnitt klingt pessimistisch. Nostradamus scheint eine Übernahme der Macht durch die unteren Volksschichten zu befürchten. Mit »le commun« könnte der Kommunismus gemeint sein. Es kann sich aber auch, wie andere Interpreten vermuten, um die Kommune der Französischen Revolution handeln.

Wenn sich der Kommunismus zunächst auch vielleicht noch weiter ausdehnen wird, so scheint er sich auf Dauer jedoch nicht in allen kommunistischen Ländern halten zu können. In Ungarn, der Tschechoslowakei und neuerdings in Polen wurden schon erste Zeichen gesetzt. Davon kündet auch der Quatrain 4, 3. Er lautet: »In Zeiten und Orten, wo Fleisch durch Fisch ersetzt werden wird, wird das allgemeine Gesetz in Opposition dazu gemacht werden. Die alte [Ordnung] wird fest stehen, dann aber entfernt werden, danach wird das Prinzip, alle Dinge zwischen Freunden gemeinsam zu haben [der Kommunismus] ganz verworfen werden.«

»Panta chiona philon«, wie es im Original heißt, ist der altgriechische Ausdruck für »alle Dinge zwischen Freunden gemeinsam« (haben). Das aber ist der Kommunismus im striktesten Sinne. Zu einer Zeit also, die anscheinend dadurch gekennzeichnet ist, daß Fische in größerem Umfang als heute zur Ernährung dienen, soll das Prinzip des Kommunismus in bestimmten Ländern wieder verworfen werden. Von einer gewaltsamen Abschaffung ist nicht die Rede. Wann wird dieser Zeitpunkt kommen? Kann Fisch überhaupt Fleisch je ersetzen, da doch die Fangerträge der Fischfangflotten aufgrund von Überfischung und Verschmutzung der Meere zurückgehen?

Es könnte sich die Notwendigkeit ergeben, den Fleischverbrauch zu drosseln. Fleisch wird wahrscheinlich in naher Zukunft immer teurer werden und der Fleischverbrauch infolgedessen zurückgehen. Derzeit nimmt mit steigendem Lebensstandard der Fleischverbrauch pro Kopf der Bevölkerung allerdings noch zu. Aber dieser Trend dürfte sich in nicht allzu weit entfernter Zukunft wieder umkehren. Ursache werden die Preissteigerungen für das aufgrund der Bevölkerungsexplosion immer knapper werdende Getreide sein. Um ein Pfund Fleisch zu erzeugen, werden nämlich sechzehn Pfund Getreide benötigt. Das ist das Äquivalent der Tagesrationen von dreizehn Asiaten. Wenn der Fleischverbrauch zurückgeht, können bei gleichbleibender Getreideerzeugung in den kommenden Jahrzehnten des Hungers wesentlich mehr Menschen überleben. Bei einer Menschheit, die zumindest noch bis Ende des einundzwanzigsten Jahrhunderts immer stärker ansteigen und unter Nahrungs- und insbesondere Eiweißmangel leiden wird, ist der Verzicht auf Fleisch und der Rückgriff auf Fisch (falls möglich) dringend geboten. Das bei zurückgehendem Fleischverbrauch fehlende Eiweiß könnte durch Fisch ersetzt werden, wenn es gelingt, die Aufzucht von Speisefischen zu steigern.

Auf unserem »Wasserplaneten« Erde werden in den oberen Schichten der Weltmeere durch die Photosynthese mit Hilfe des Sonnenlichtes über hundert Milliarden Jahrestonnen Urnahrung erzeugt, von denen bis heute nur ein winziger Bruchteil von der Menschheit indirekt durch den Verzehr von Speisefischen genutzt wird. Diese Riesenmenge organischer Substanz sind winzige Pflanzen, die am Anfang der Nahrungskette im Meer stehen. Sie werden von kleinen Fischen gefressen, die ihrerseits größeren Fischen als Nahrung dienen.

Bisher werden diese gewaltigen Mengen organischer Substanz nur insofern genutzt, als ein Teil der mehr oder weniger zufällig erzeugten Speisefische gefangen und verzehrt wird. Durch eine planmäßige Bewirtschaftung der Meere könnte die Aufzucht von Speisefischen um ein Vielfaches gesteigert werden. Ein Anfang wären die bereits projektierten Fischfarmen in flachen Meeresteilen und Buchten. Das Pflanzenwachstum soll hier durch Düngung gefördert, die uninteressanten Meerestiere sollen systematisch bejagt und ihre Bruten vernichtet werden. Endziel ist die Nutzung der gewaltigen Planktonmasse durch riesige Schwärme wohlschmeckender und schnellwachsender Speisefische.

In den Ländern, in denen auf diese Weise das für die menschliche Ernährung notwendige Eiweiß erzeugt werden wird, soll dann nach Nostradamus' Prophezeiung das Prinzip des Kommunismus wieder verworfen werden.

Prophezeiungen über Aufstieg und Fall des Kommunismus gibt es nicht nur von Nostradamus. Auch die Romane F. M. Dostojewskis sind vielfach prophetische Schau der kommenden Welt. Vieles von dem, was er realistisch geschildert hat, ist eingetroffen. Die Helden der meisten seiner Romane sind Verkünder des Bolschewismus. In seinem Roman *Die Dämonen* spiegelt sich die künftige kommunistische Herrschaft. Einer der Helden des Romans sagt zum Beispiel: »Die Menschheit ist in zwei ungleiche Teile zu teilen. Der kleinere Teil, etwa ein Zehntel der Gesamtheit, erhält allein die persönliche Freiheit und das unbeschränkte Recht über die anderen neun Zehntel. Diese neun Zehntel sollen aber ihre Persönlichkeit vollkommen einbüßen und zu einer Art Herde werden, um bei grenzenlosem Gehorsam durch eine Reihe von Wiedergeburten die ursprüngliche Unschuld wieder zu gewinnen, etwa in der Form des alten Paradieses, wenn sie auch, nebenbei bemerkt, werden arbeiten müssen.«

Über die Ankündigung des Bolschewismus hinaus hat Dostojewski jedoch auch noch weitergesehen. In seinen Visionen werden die derzeitigen Verhältnisse überwunden und ein neues wahres Christentum verkündet.

Edgar Cayce hatte ebenfalls wenige Monate vor seinem Tod (1945) eine Vision über die Zukunft der Sowjetunion [Lit. 30]. In der berühmt gewordenen Prophezeiung kündigt er das Ende oder die Überwindung des Kommunismus in Rußland an und sah das Land sogar zur Hoffnung der Welt werden. Die Vorhersage lautet: »Aus Rußland kommt die

Hoffnung der Welt. Nicht mit dem, was manchmal als Kommunismus oder Bolschewismus bezeichnet wird. Nein. Vielmehr Freiheit, Freiheit. Jeder Mensch wird für seinen Mitmenschen leben. Das Prinzip wurde dort geboren. Jahre werden vergehen, bis es eine konkrete Form annimmt. Doch aus Rußland kommt wieder die Hoffnung der Welt.«

Das ist eine ganz erstaunliche Prophezeiung. Es gibt aber nicht nur Vorhersagen, die auf paranormalem Wege gewonnen wurden, sondern auch rationale Anhaltspunkte dafür, daß es zu einer Erneuerung des Christentums vom Osten her kommen könnte. Die Verhältnisse in Polen deuten darauf hin. Und in einem Interview über die Kirche in Europa führte KARDINAL FRANZ KÖNIG Anfang 1979 aus, daß die Kirche im Osten – geläutert durch jahrzehntelange Verfolgung – zu einer »Missionskirche« geworden sei. Die Suche nach Gott sei im Ansteigen. Er habe Informationen darüber, daß in der jungen Generation Rußlands das religiöse Interesse sehr stark zunehmen würde. Russische Emigranten sprächen offen über eine religiöse Renaissance unter den Intellektuellen Rußlands. In Anspielung auf den aus Polen stammenden Papst meinte er, daß vielleicht »der erste Missionar aus dem Osten vor kurzem in Rom eingetroffen« sei.

Eine urtümliche Gläubigkeit war immer schon tief im russischen Volk verwurzelt. Das zeigt unter anderem auch jene Legende über ALEXANDER I. – ob sie nun wahr oder doch nur Legende ist –, jenen Zaren also, der nach dem Sieg über Napoleon als Befreier Europas gefeiert wurde: Glanz und Macht als nichtig erkennend, soll der Zar auf dem Höhepunkt seines Ruhms dem Volk seinen Tod vorgetäuscht und sich Gefangenentransporten nach Sibirien angeschlossen haben. Gleich seinen Weggenossen soll er sich schlagen und mißhandeln haben lassen, um ohne Vorzug und Milderung alle Schrecken und Leiden einer Verbannung zu ertragen und auf diese Weise seine Schuld am Volke zu sühnen. Studien moderner russischer Historiker und die Öffnung der ehemals kaiserlichen Archive durch die Sowjetregierung sollen die Wahrheit dieser Legende bewiesen haben.

13
Wird die Erde mit einem größeren Himmelskörper zusammenprallen?

Einige Sensitive sahen die Erde mit einem größeren Himmelskörper zusammenprallen, wobei Erdbeben, Flutwellen und niedergehender Trümmerhagel die Menschheit dezimierten und neue Machtverhältnisse schufen.

Von JAKOB LORBER stammt zum Beispiel die folgende Prophezeiung [Lit. 18]: »Eine ungeheure Gefahr schwebt auf die Menschheit zu, nur einer kann euch erretten ... Eine Naturkatastrophe wird die Erde heimsuchen und die Kämpfenden auseinanderreißen. Nur kurz wird dieser Vorgang dauern, aber er wird eine völlig veränderte Weltlage schaffen.«

Weiter heißt es dann noch: »Die Erde wird fortbestehen, wie sie nach Noah [also nach der Sintflut] fortbestanden hat, und wird meine helleren Kinder tragen ...«

Die New Yorker Sensitive VERONIKA LUEKEN hatte Anfang der siebziger Jahre ähnliche Visionen: Sie sah, wie ein größerer Himmelskörper in die Erdatmosphäre eintrat und dabei auseinanderbrach. Teile des Asteroiden stürzten zur Erde nieder. Die Luft erhitzte sich, so daß Atmen nicht mehr möglich war, und durch die Gravitationskräfte des Asteroiden und die niedergehenden Bruchstücke wurden gewaltige Flutwellen in Gang gesetzt. Die Sensitive sah den aus Metall und Fels zusammengesetzten Kleinplaneten auf seiner Bahn in der Weite des Weltraums sich allmählich nähern und dabei heller und größer werden. Zwei Wochen soll er für alle sichtbar sein und dann am Ende als riesige Kugel mit Feuerschweif einen breiten Pfad über den Himmel ziehen – »sehr schnell wirbelnd, Feuer speiend, gerade wie eine niederstürzende Sonne«. Feuer schießt heraus, rot und orange. Der Himmel verfärbt sich grellweiß, Klötze von geschmolzenem Felsgestein und Teile des Schweifes brechen weg. Gewaltige Explosionen sind zu hören. Ein Stück des Planetoiden fällt in den Atlantik. Brausen und Krachen ertönt. Die Wellen erheben sich und fegen über die Küste hinweg. Beben erschüttern die Erde. Alles zittert. Menschen stürzen auf die Straße, andere schließen die Fenster. Nebel senkt sich herab. Es wird dunkel, obwohl es Tag ist. (Die Finsternis dauert drei Tage.) Die Autos fahren langsamer und halten an. Insassen rennen in Panik umher. Es ist so finster, daß man seine Hand nicht vor Augen sehen kann. Staub rieselt nieder, und große Felsbrocken beginnen zu fallen. Schreie, Blut und leblose Körper überall. Die Luft ist schwer und erstickend. Ein starker Wind erhebt sich. Es wird sehr heiß, und es ist ihr, als ob sie verbrenne. Veronika sah dann noch, wie der Asteroid, von der Erde abgelenkt, sich wieder der Sonne zuwandte.

Eine eindringliche Vision! Wie ernst ist sie zu nehmen? Soll die Menschheit »nur« aufgerüttelt werden, so daß sie sich »bessert«, oder kann tatsächlich ein großer Weltraumkörper den Kollisionskurs mit der Erde einschlagen?

Um ein Gespür hierfür zu bekommen, sollen einige Fakten aufgezählt werden, welche die Wissenschaft über Meteoritenabstürze zusammengetragen hat.

Die Oberfläche des erdnächsten Himmelskörpers, des Mondes, ist von Meteoritenkratern übersät. Das gleiche gilt, wie die Raumsonde Voyager 1 1979/80 im Vorbeiflug erkundete, für die Monde des Saturn und Jupiter. Mit einer Ausnahme waren alle einem intensiven kosmischen Bombardement ausgesetzt. Auch Merkur, der sonnennächste und nach Pluto kleinste Planet, enthüllte 1974 vor den Kameras von Mariner 10 eine von Meteoritenkratern zernarbte Oberfläche.

Unter dem niedergehenden Trümmerhagel waren auch größere Himmelskörper. Auf Minas, einem Mond des Saturn, klafft zum Beispiel ein Krater von hundertdreißig Kilometern Durchmesser. Auch unser Mond ist allem Anschein nach mit einem ähnlich großen Asteroiden zusammengeprallt. Es entstand der als Mare Imbrium bezeichnete Riesenkrater von zweihundert Kilometern Durchmesser. Lava strömte aus mehr als hundert Kilometern Tiefe herauf und überflutete weite Gebiete, wie die vom Mondschiff Apollo 12 mitgebrachten Materialproben nahelegen. Auf der Erde sind Meteoritenkrater relativ selten. Aber es wäre ein Trugschluß anzunehmen, daß die Erde deshalb weniger häufig von Meteoriten getroffen wurde.

Da ihre Gravitationskräfte weiter in den Raum hinausreichen, sollte die auf die Oberflächeneinheit bezogene Anzahl der in die Atmosphäre eintretenden Meteoriten noch größer sein. Verwitterung, Abtragung und die Überdeckung mit jüngeren Ablagerungen haben lediglich die Spuren der Meteoritenabstürze verwischt. Ein Teil der kleineren Meteoriten ist allerdings aufgrund der Reibungshitze in der Atmosphäre verglüht. Erde wie Mond stehen unter einem beständigen Beschuß von Meteoriten. In jeder sternklaren Nacht kann man Dutzende von Sternschnuppen beobachten. Täglich fallen etwa fünf bis sechs Tonnen Meteoritenstücke bis zu einigen Kilogramm Gewicht auf die Erde. Der Gewichtszuwachs der Erde aufgrund des herunterrieselnden kosmischen Staubes ist noch um ein Vielfaches größer, und von Zeit zu Zeit stürzen auch größere Himmelskörper auf die Erde. In geologischen Zeiträumen gemessen, kreuzen relativ häufig große Meteoriten die Erdbahn. Berechnungen der Astronomen zufolge stößt die Erde im statistischen Mittel einmal in einer Million Jahren mit einem Riesenmeteoriten zusammen, dessen Masse vor Erreichen der Erdatmosphäre größer war als zehn Milliarden Tonnen. Die Masse soll dann beim Flug durch die Atmosphäre zum Teil abschmelzen oder verdampfen, ehe der Himmelskörper auf die Erde stürzt.

Vom Blickpunkt einer Rasse oder Gattung aus gesehen ist die Erde deshalb kein allzu sicherer Ort. Asteroiden entfalten nämlich nicht nur ein Feuerwerk am Himmel und reißen tiefe Löcher in die Erdkruste, sondern vernichten auch alles Leben in weitem Umkreis und können bei ausreichender Größe das höhere Leben ganzer Kontinente auslöschen. Wenn Verwitterung, Abtragung und Überdeckung die Spuren der Verwüstung auch relativ rasch wieder verwischen, so hat man heute doch bereits schon eine ganze Reihe größerer

Meteoritenkrater ausfindig gemacht. In den beiden letzten Jahrzehnten sind vierzig bis fünfzig Einschlagskrater mit Durchmessern von mindestens zehn Kilometern auf den Kontinenten als sicher, wahrscheinlich oder möglich ausgemacht worden. Einige davon haben einen Durchmesser bis zu hundert Kilometern. Wieviel Riesenmeteoriten in die Ozeane eingeschlagen sind, weiß niemand, denn bisher gelang es nicht, sichere Spuren solcher Einschläge zu finden. Da die Fläche der Weltmeere aber mehr als doppelt so groß ist wie die des Festlandes, sollten es mindestens hundert gewesen sein.

Der wohl am gründlichsten erforschte Einschlagskrater ist das Nördlinger Ries, eine Landschaft, eingebettet als runde Ebene mit aufgeworfenen Rändern, zwischen der Fränkischen und Schwäbischen Alb. Der Durchmesser beträgt zwanzig bis fünfundzwanzig Kilometer. Hier findet man an vielen Stellen glasähnliche Schmelzflüsse, ein dem Lava ähnliches Gestein. Außerdem ist das Gestein in der Tiefe, wie Bohrungen gezeigt haben, völlig zerklüftet. Unverletzten Fels vermutet man aufgrund geophysikalischer Messungen erst in fünf bis sechs Kilometern Tiefe. Aus den Informationen, welche die Bohrungen lieferten, und aus dem Durchmesser des Riesenkraters sind die Größe des eingeschlagenen Meteoriten sowie die beim Einschlag aufgetretenen Energien und Kräfte näherungsweise abgeschätzt worden. Die Katastrophe könnte etwa folgendermaßen abgelaufen sein: Ein Gesteinsbrocken von fünfhundert bis tausend Metern Durchmesser rast mit einer Geschwindigkeit von etwa hunderttausend Kilometern pro Stunde auf die Erde zu. Er durchschlägt die Lufthülle, wobei ein Teil seiner Masse abschmilzt oder verdampft und reißt beim Aufprall ein zwei bis zweieinhalb Kilometer tiefes Loch von vier bis sechs Kilometern Durchmesser, das sich dann aber Sekunden später durch Ausgleichsbewegungen zu einer größeren, aber weniger tiefen Mulde erweitert. Die Bewegungsenergie des Himmelskörpers, die einer Zerstörungskraft von ungefähr einer Million gleichzeitig gezündeter Atombomben des Hiroshima-Typs entspricht, wandelt sich größtenteils in Wärme um, und es entstehen Temperaturen bis zu dreißigtausend Grad. Der

Meteorit und mit ihm vier bis fünf Kubikkilometer der Erdkruste verdampfen und werden zusammen mit über hundert Kubikkilometern festem Auswurf in einer riesigen atompilzartigen Wolke hochgeschleudert, die weit in die Stratosphäre vorstößt (hundertfünfzigmal mehr als beim Ausbruch des St. Helen 1980 in den USA). Die festen Bestandteile prasseln dann, begleitet und gefolgt von Wolkenbrüchen, in den Krater und seine Umgebung zurück. Trümmermassen wurden achtzig Kilometer und weiter ins Umland gestreut und bilden dort bis zur halben Entfernung heute noch eine dreißig bis vierzig Meter mächtige, geschlossene Decke.

Hinter diesen Zahlen verbirgt sich ein apokalyptisches Geschehen, das alle bekannten Katastrophen weit übertrifft. Die Druck- und Hitzewelle hat in einem noch vielfach größeren Umkreis alles höhere Leben vernichtet. Wenn ein ähnlich großer Meteorit heute dort einschlüge, so würde von der Bundesrepublik Deutschland nicht viel übrigbleiben.

Der viel kleinere Tunguska-Meteorit, der 1908 in Sibirien niederging und für die Reisenden der Transsibirischen Eisenbahn in Kansk in Sonnengröße von Süden nach Norden über den Himmel fuhr, verbrannte die Taiga auf einer Strecke von zwanzig Kilometern und knickte auf einer anschließenden Strecke von vierzig Kilometern die Baumstämme wie Schilf. Gewaltige Donnerschläge ertönten, die Erde erbebte, und eine Luftdruckwelle warf die Hütten der Tungusen um und drückte noch in fünfundsechzig Kilometern Entfernung Türen und Fenster ein.

Im Vergleich zu den am Himmel kreisenden Asteroiden war auch der Ries-Meteorit noch relativ klein. Wenn ein größerer Himmelskörper mit der Erde zusammenprallt, kann der Vernichtungsradius Tausende von Kilometern betragen, insbesondere, wenn der Asteroid ins Meer stürzt. Mehrere hundert Meter hohe Flutwellen erheben sich dann aus dem Meer und rollen über die Küsten hinweg. Der amerikanische Nobelpreisträger Harold C. Urey [Lit. 40] hat die Folgen eines Zusammenpralls der Erde mit einem größeren Weltraumkörper abgeschätzt. Er hat sich dabei an dem berühmten Halleyschen Kometen orientiert, der 1985/86 wieder in die Nähe der Erde kommen wird oder vielleicht auch schon den Kollisionskurs mit der Erde eingeschlagen hat. Urey setzte seine Masse mit tausend Milliarden Tonnen an. In Wasser umgerechnet ist das ein Würfel von zehn Kilometern Kantenlänge. Die beim Zusammenprall mit der Erde freiwerdende Energie würde ausreichen, die gesamte Atmosphäre der Erde auf etwa zweihundert Grad zu erhitzen. Die freiwerdende Energie entspricht andererseits aber auch fünfhunderttausend Erdbeben der Stärke 9. Wenn ein Weltraumkörper dieser Größe auf die Erde trifft, sind Zerstörungen apokalyptischen Ausmaßes zu erwarten.

Gewaltige Erdbeben, die mehrfach durch die Erde rollen, riesige Flutwellen, die selbst Berge unter sich begraben, wenn der Weltraumkörper ins Meer stürzt. Von hohen Gebäuden bleibt keines stehen. Bergrutsche und Lawinen verschütten ganze Landschaften. Erdspalten brechen auf. Selbst mit der Aktivierung vulkanischer Kräfte, mit dem Hervorbrechen riesiger Lavaströme aus dem Erdinnern glaubt Urey rechnen zu müssen. Die Zunahme der Lufttemperatur könnte es Mensch und Tier unmöglich machen zu atmen.

Bei einem auf die Erde stürzenden Himmelskörper könnte es sich also durchaus um »die ungeheure Gefahr« handeln, die nach dem Gesicht von Jakob Lorber »auf die Menschheit zuschwebt«. Infolge der Zerstörungen und der Vernichtung von Menschenleben können sich die Machtverhältnisse von einem Augenblick auf den andern grundlegend ändern, so daß, wie von Jakob Lorber vorhergesagt, »eine völlig veränderte Weltlage geschaffen wird«. Die Vorhersage, daß die Erde nach der Katastrophe »nur noch meine helleren Kinder tragen wird«, könnte ein Hinweis darauf sein, daß die Katastrophe in erster Linie Erdteile mit farbiger Bevölkerung treffen wird. Daß mit den »helleren Kindern« die Guten im Sinn Noahs überleben werden, ist nicht anzunehmen.

Aggressionen waren während der Evolution für das Überleben notwendig. Gut und Böse, wie immer es definiert sein mag, sind deshalb in jedem Menschen vorhanden, und die Welt wird nicht besser, wenn zu einem bestimmten Zeitpunkt die vermeintlich Schlechten »geschlachtet« werden. Diese Auffassung hat schon Kurt Tucholski in einem Gedicht verspottet, in dem es heißt: »Die Bösen werden geschlachtet, und die Welt wird gut.«

Urey hat die Hypothese aufgestellt, das Ende der verschiedenen geologischen Epochen, die durch bestimmte Pflanzen- und Tiergattungen gekennzeichnet waren, sei jeweils durch den Zusammenprall eines Kometen oder Asteroiden mit der Erde hervorgerufen worden.

Um seine Hypothese zu belegen, hat Urey die geologischen Zeitperioden mit dem relativ exakt datierbaren Alter von glasartigen Gesteinsstücken, sogenannten Tektiten, verknüpft, die beim Einschlag großer Meteoriten als geschmolzenes Gestein in die Atmosphäre geschleudert wurden oder, nach neueren Theorien, abgesprühtes Oberflächenmaterial des einschlagenden Himmelskörpers darstellen. (Tektiten werden übrigens mitunter auf Mineralienausstellungen angeboten.) Es besteht eine relativ gute Übereinstimmung. Das könnte bedeuten, daß Asteroidenabstürze tatsächlich zu den rätselhaft großen Faunenschnitten der Vergangenheit mit ihrem Massensterben ganzer Tierarten geführt haben.

Das auffälligste Massensterben vollzog sich am Ende der Kreidezeit vor fünfundsechzig Millionen Jahren, als in kurzer Zeit alle Dinosaurier, zusammen mit etwa der Hälfte der Pflanzen und anderen Tieren, von der Erdoberfläche verschwanden. Das große Sterben am Ende dieser Epoche wird heute von einer Gruppe von Wissenschaftlern mit dem Absturz eines Asteroiden in Verbindung gebracht. In den geologischen Ablagerungen aus jener Zeit findet sich nämlich eine dünne, mit Meteoritenstaub angereicherte Schicht, die (bis Ende 1980) bei Bodenuntersuchungen in Neuseeland, im nördlichen pazifischen Raum und an sechs Stellen in Europa nachgewiesen wurde. Am Meeresgrund findet sich unter dieser Schicht die am Ende der Kreidezeit ausgestorbene Meeresfauna und -flora.

Man nimmt an, daß die Erde zum Zeitpunkt des Massensterbens von einem Asteroiden getroffen wurde, der als Gesteins- und Eisenkörper von etwa zehn Kilometern Durchmesser mit einer Geschwindigkeit von etwa neunzigtausend Kilometern in die Lufthülle der Erde eintrat. Ein Teil der gewaltigen kinetischen Energie bewirkte, daß sich die Gesteinsmassen des Asteroiden in der Stratosphäre pulverisierten. Der Staub breitete sich aus und bildete eine dichte, strahlungsundurchlässige Schicht, so daß die Erde jahrelang weniger Sonnenlicht erhielt, als etwa einem Zehntel des vollen Mondlichtes entspricht. Als Folge davon gingen Land- und Wasserpflanzen ein, nur Samen überlebten. Da keine Nahrung mehr nachwuchs, starben viele Tierarten aus.

Den Krater von etwa 175 Kilometern Durchmesser, den der Asteroid beim Aufschlag in die Erdkruste gerissen haben muß, hat man bisher noch nicht gefunden. Aber vielleicht ist der Meteorit auch ins Meer gestürzt.

Auch in Zukunft werden größere Weltraumkörper mit der Erde zusammenprallen. Wann das sein wird, können die Astronomen nicht beantworten. Das kann schon morgen sein, aber auch erst in tausend Jahren oder später. Der Ort, von dem die meisten Meteoriten und Asteroiden herkommen, liegt, nach Weltraummaßstäben gemessen, ganz in der Nähe. Es ist der Ring der Planetoiden zwischen Mars und Jupiter. Die hier kreisenden Gesteinsbrocken sind wahrscheinlich die Bruchstücke eines zerplatzten Planeten, von denen der größte etwa die Dimensionen von England hat. Einige dieser Bruchstücke haben sehr exzentrische Bahnen. So ist der Kleinplanet Hermes der Erde bereits einmal bis auf 354.000 Kilometer nahegekommen. Mitunter verlassen Meteoriten und auch größere Weltraumkörper ihre alte Umlaufbahn und schlagen neue Bahnen ein. Eine solche Bahn kann der Kollisionskurs mit der Erde sein. 1971 umrundete zum Beispiel der Asteroid Toro (fünf Kilometer Durchmesser), von dem man vorher nichts wußte, in Schleifen die Sonne, wobei er abwechselnd von Erde, Mars und Venus aus seiner Bahn gelenkt wurde. Überrascht waren die Astronomen auch, als am 7. März 1973, völlig unerwartet, der Komet Kohoutek mit Kurs Richtung Erdbahn ausgemacht wurde. Am 26. November des gleichen Jahres kreuzte er dann die Erdbahn als ein riesiger Haufen kosmischen Materials, durchmischt mit Eis und von einer Staub- und Gaswolke eingehüllt.

Es ist der Fall denkbar, daß ein großer Asteroid nicht sofort zur Erde stürzt, sondern, ähnlich wie der Mond, zunächst in eine Umlaufbahn gezwungen wird. Wenn seine Bahn in den oberen Schichten der Atmosphäre verläuft, wird er durch den Luftwiderstand allmählich abgebremst und nähert sich immer mehr der Erde. Je geringer der Abstand wird, um so mehr wachsen die Flutwellen, die er aufgrund seiner Gravitationskräfte auf der Erde in Gang setzt. Wenn die Masse des Asteroiden schon nur ein Zehntausendstel der Mondmasse beträgt, so treten Flutwellen auf, gegenüber denen sich die schlimmsten, heute landeinwärts brechenden Sturmfluten gerade nur als Kinderspiel abheben. (Die um die Sonne kreisenden größeren Planetoiden haben Massen, die sogar ein Hundertstel der Mondmasse und mehr ausmachen.) Von der Größe dieser Flutwellen kann man sich eine Vorstellung machen, wenn man die Kräfte, die der Asteroid auf die Erde ausübt, mit denen des Mondes vergleicht, die ja auf der Erde Ebbe und Flut bewirken.

Wenn ein Asteroid mit einem Zehntausendstel der Mondmasse in einem Abstand von tausend Kilometern die Erde umkreist, so wird seine Hubkraft etwa fünfzehnmal so groß sein wie die des Mondes. Wenn er sich dann der Erde bis auf hundert Kilometer nähert, so wird seine Hubkraft auf das Tausendfache anwachsen. Hinter solchen Vergleichszahlen verbirgt sich ein katastrophales Geschehen von kaum faßbarer Größe und Gewalt – der heutige Gezeitenablauf in vertausendfacher Auswirkung. Bereits eine hundertfache Verstärkung der tobenden Elemente übertrifft alles, was aus der Gegenwart bekannt ist: Hunderte von Kilometern sich landeinwärts erstreckende Wattengebiete, heranjagende Wellen von mehrfacher Eiffelturmhöhe. Schließlich würden die Meereswellen über die Kontinente hinwegrollen und sich an den fernen Gebirgen in hoch ansteigenden Brandungsgischten brechen. Die bewohnbaren Gebiete würden beträchtlich zusammenschrumpfen. Schiffahrt wäre unmöglich. Da die Gravitationskräfte des umlaufenden Asteroiden nicht nur auf das Wasser, sondern auch auf die feste Erde wirken, würde die Erde an vielen Stellen aufbrechen und glühende Lavamassen ausspeien. Die Erde würde nicht aufhören zu beben.

Die Vorhersage des Nostradamus aus der Vorrede zu seinen Prophezeiungen, daß »sich kein Land finden läßt, das nicht von Wogen bedeckt ist«, könnte in Erfüllung gehen. Weiter spricht er dann von einem ununterbrochen niedergehenden »Feuer- und Gesteinshagel«.

Mit den gleichen Kräften, die der Asteroid auf die Erde ausübt, würde die Erde natürlich auch den Asteroiden angreifen: Kraft gleich Gegenkraft. Diesen Kräften würde der Kleinplanet nicht standhalten. Er würde zerbrechen und nicht als Ganzes der Erde zufallen, sondern diese nur in Stücke zerrissen und zerfetzt erreichen, ähnlich wie die Raumstation Skylab, die Mitte 1979 zur Erde stürzte. Vier- bis fünfhundert Bruchstücke der Raumstation von der Größe eines Einfamilienhauses gingen auf einem mehrere tausend Kilometer langen und hundertfünfzig Kilometer breiten Streifen auf die Erde nieder. Darunter waren zwei Riesenbrocken im Gewicht von rund zwei Tonnen, die nach den Schätzungen der NASA nahezu unversehrt die Erdoberfläche erreichten. Getroffen wurde allerdings niemand. Der Absturz erfolgte über dem Stillen Ozean und dünn besiedeltem Land in Australien.

Ähnlich wie Saturn und Jupiter würde auch die Erde beim Zerbrechen des Asteroiden vorübergehend einen oder mehrere Ringe bekommen, bestehend aus den Trümmerstücken des auseinandergerissenen Kleinplaneten. Da die größeren Brokken schneller umlaufen als die kleinen, würde innerhalb der Ringe eine Sortierung eintreten. Durch den Luftwiderstand würden die Gesteins- und Eisen- und eventuell auch Eisbrokken allmählich abgebremst und nach und nach abstürzen. Die kleineren würden verglühen und die großen in den betroffenen Gebieten einen Gesteins- und Eisenschlackenhagel verursachen, der die Städte vernichten und ganze Landstriche verwüsten würde, sofern das nicht schon von den Meereswellen besorgt wurde.

Die Menschen, welche die Überschwemmungen überlebt hätten, würde nun dieses kosmische Bombardement dezimieren. Die am Himmel kreisenden Geschosse würden wahrscheinlich aus einer bevorzugten Richtung kommen. Im Lee von Bergmassiven würden deshalb Menschen überleben können.

Die Vorhersage des NOSTRADAMUS aus der an seinen Sohn gerichteten Vorrede zu seinen Prophezeiungen scheint ein solches Geschehen anzukündigen: »... jedoch wird Feuer in solcher Fülle vermischt mit Steinen fallen, daß man an keinem Ort bleiben kann, wenn man nicht erschlagen werden will.«

Den Einsturz des Himmels, als welcher der andauernd niedergehende Gesteins- und Eisenschlackenhagel auch aufgefaßt werden kann, schildert auch der Mythos eines Indianerstammes vom Oberlauf des Amazonas. Wenn ihr Volk ausstirbt, so heißt es, wird ein mythischer Held einen gewaltigen Gabelstock, der bis dahin den Himmel stützte, einreißen, und dann wird der Himmel einstürzen, und alles wird vergehen.

Seit einigen Jahren werden die Urwälder des Amazonas in großem Umfang gerodet, und der erwähnte Stamm ist schon stark zusammengeschrumpft, so daß sein vollständiges Aussterben wahrscheinlich nur noch eine Frage weniger Jahrzehnte ist.

Auch die *Offenbarung* des JOHANNES kündigt ein solches Geschehen an, in dem Kapitel nämlich, in dem es heißt, daß die Sterne vom Himmel fallen werden. In 6,12-15, heißt es: »... da entstand ein gewaltiges Erdbeben« [wenn sich der Asteroid der Erde nähert und seine Gravitationskräfte auf die Erde wirken], »und die Sonne wurde schwarz wie ein härener Sack, und der ganze Mond wurde zu Blut« [eine Verfinsterung von Sonne und Mond durch in der hohen Atmosphäre kreisende Staubmassen, die beim Zerfall des Asteroiden freigesetzt werden], »und die Sterne fielen auf die Erde ...« [die Bruchstücke des Asteroiden fallen auf die Erde], »und der Himmel entschwand wie ein Buch, das zusammengerollt wird, und alle Berge und Inseln wurden von ihrer Stelle gerückt« [möglicherweise eine Erdachsenverlagerung infolge des auf die Erde stürzenden Himmelskörpers; die Orte auf der Erde verschieben sich gegenüber den Positionen der Sterne und insbesondere auch der Sonne; das plötzliche scheinbare Verrücken der Sterne am Himmel könnte den Eindruck erwecken, als ob eine Buchrolle eingerollt würde]. »Und die Könige der Erde und die Würdenträger und die

Kriegsobersten und die Reichen und die Mächtigen und jeder Sklave und Freie verbargen sich in den Höhlen und Felsen[klüften] der Berge« [vor den niederstürzenden Bruchstücken des Asteroiden und den Überschwemmungen suchen die Menschen Schutz im Gebirge].

In der *Apokalypse* 8, 8-11, heißt es weiter: »... Und es wurde [etwas] wie ein großer feuerglühender Berg ins Meer geworfen« [ein größeres Bruchstück der sich auflösenden Planetoidenkernmasse, die in Reibungsglut gerät]. »Und der dritte Teil des Meeres wurde zu Blut« [das bei der Verbrennung entstehende Eisenoxyd färbt die küstennahen Meeresteile rot], »und der dritte Teil der Geschöpfe im Meer, die beseelt sind, starb, und der dritte Teil der Schiffe wurde vernichtet... Und es fiel vom Himmel ein großer Stern herab, der wie eine Fackel brannte, und er fiel auf den dritten Teil der Flüsse und auf den dritten Teil der Wasserquellen... und viele Menschen starben von dem Wasser, weil es bitter geworden war« [die herabstürzenden Gesteine und niedergehenden Stäube könnten chemische Verbindungen enthalten, welche die Gewässer vergiften]. »Und es wurde der dritte Teil der Sonne und der dritte Teil des Mondes und der dritte Teil der Sterne geschlagen, daß der dritte Teil von ihnen verfinstert wurde und der Tag zu einem Drittel kein Licht habe und die Nacht ebenso« [die Verfinsterung von Sonne, Mond und Sternen durch die in der hohen Atmosphäre kreisenden Staubmassen, die sich beim Zerfall des Asteroiden mit der Luft vermischen].

Bei einer derartigen globalen Katastrophe würden wahrscheinlich nur die Menschen in den Hochgebirgen der Erde überleben. Diese würden dann die Erde neu besiedeln.

Die Wahrscheinlichkeit, daß ein größerer Himmelskörper mit der Erde zusammenprallt, ist nach der genannten Abschätzung der Astronomen nicht sehr groß. Man könnte sogar vermuten, daß die Zeiträume zwischen den einzelnen Zusammenstößen so groß sind, daß die Menschheit nicht lange genug existieren wird, um Zeuge eines solchen Zusammenpralls zu sein.

Dem widersprechen allerdings die Visionen mancher Seher. Danach wird die Menschheit den Zusammenprall der

Erde mit einem größeren Himmelskörper erleben. Wann wird das sein?

Es ist ungewöhnlich, daß Visionen ein Geschehen ankündigen, das sehr weit entfernt in der Zukunft liegt, und die Seher meinen auch, daß die Katastrophen schon bald über die Menschheit hereinbrechen werden.

Die amerikanische Hellseherin JEANE DIXON erwartet die Katastrophe bereits in den nächsten Jahren. Ihre Prophezeiung lautet [Lit. 41]: »Für die mittachtziger Jahre sehe ich den Niedergang eines Kometen auf die Erde voraus. Folge des gewaltigen Kometenaufpralls auf einen unserer Ozeane werden Erdbeben und Flutwellen sein. Der Aufschlag des Kometen wird sich als eine der schlimmsten Naturkatastrophen des zwanzigsten Jahrhunderts herausstellen.«

Ein Ereignis, das im Mittel nur einmal in einer Million Jahren auftritt, kann sich durchaus schon morgen ereignen. Vielleicht sind kosmische Katastrophen auch gar nicht so selten, wie es zunächst scheint.

Manche Asteroiden dürften die Erde sozusagen nur gestreift haben oder explodierten auch einfach, ohne Krater zu hinterlassen, wie zum Beispiel der Tunguska-Meteorit 1908 in Sibirien. Für eine größere Häufigkeit kosmischer Katastrophen sprechen auch die Arbeiten IMMANUEL VELIKOWSKYS, der aufgrund seines Studiums alter Mythen zu der Überzeugung gelangt ist, daß es vor etwa dreitausend Jahren zu einem Beinahezusammenstoß zwischen der Erde und einem Kometen gekommen ist. Die über die ganze Erde verbreiteten Großflutsagen, zu denen der biblische Sintflutbericht mit seiner Beschreibung einer mit Wolkenbrüchen kombinierten Riesenflut gehört, lassen sich so am einfachsten erklären.

Nach Velikowsky ist die Erde zweimal durch den Kometenschweif hindurchgeflogen. Teile der Erdoberfläche wurden so erhitzt, daß sie sich verflüssigten; das Meer kochte und verdunstete. Es regnete heiße Steine, Stürme fegten über die Erde hin, und während des Tages wurde es finster, und Feuer fiel vom Himmel. Während der Komet seine größte Erdnähe erreichte, wurden durch seine Anziehungskraft enorme Flutwellen ausgelöst, durch die Reibung Atmosphäre, Erde und Meer stark erhitzt und die Partikel und Gase des Kometenschweifes mit der Erdatmosphäre vermischt. Die Partikel schirmten das Sonnenlicht ab, so daß es finster wurde. Infolge der an dem Kometen angreifenden Gravitationskräfte der Erde brach der Komet auseinander, und Bruchstücke fielen unter Feuererscheinungen auf die Erde. Aufgrund der störenden Gravitationskräfte des Kometen soll sich des weiteren die Umlaufbahn der Erde geändert haben sowie die Länge des Tages und des Jahres, außerdem die Neigung der Erdachse, so daß es zu einer Verschiebung der Jahreszeiten kam.

Velikowsky hat darüber hinaus eine Reihe von Vorhersagen gemacht, von denen ein Teil inzwischen durch die Wissenschaft bestätigt wurde. Das ist als Beweis dafür angesehen worden, daß an seinen Theorien etwas dran ist. Sein Buch *Welten im Zusammenstoß* [Lit. 42] ist deshalb auch als erster Schritt zu neuen naturwissenschaftlichen und historischen Erkenntnissen bezeichnet worden. Inzwischen gibt es Dutzende von revolutionären Studien.

Die Ideen Velikowskys haben als Denkanstöße gewirkt. Nach und nach hat auch die Wissenschaft den Gedanken wieder aufgegriffen, daß weltweite Katastrophen die Geschichte der Erde und die Evolution des Lebens mitbestimmt haben.

14
Wird die Menschheit mit extraterrestrischen Kulturen in Verbindung treten?

Seit einigen Jahrzehnten ist der Mensch dabei, in den Weltraum vorzustoßen. Mit den Satelliten Sputnik und Explorer im erdnahen Weltraum hat es begonnen. Raumsonden entrannen dem irdischen Schwerefeld und erkundeten Mond, Mars und Venus. Dann der bisherige Höhepunkt: das Betreten des Mondes durch Menschen. Armstrong, in seinem unförmigen Raumanzug, stieg aus der Raumfähre zur wüstenhaften Oberfläche des Mondes hinunter, tat unbeholfen die ersten Schritte vorwärts und sagte: »Ein kleiner Schritt für einen Menschen, aber ein großer für die Menschheit.«

Inzwischen sind die am Himmel kreisenden Satelliten kaum noch zu zählen, und Raumsonden haben bereits die erdfernen Planeten Jupiter und Saturn und deren Ringe und Monde an den Grenzen unseres Sonnensystems erkundet. Sie haben dabei mehr herausgefunden als herkömmliche astronomische Forschung in Jahrhunderten. Darüber hinaus hat sich eine Raumindustrie entwickelt: Der Erdbeobachtung dienende Satelliten liefern Informationen für die Rohstoffsuche, Wettervorhersage und den Umweltschutz; sie erstellen Ernteprognosen und vermessen die Erdoberfläche. Den größten technischen und ökonomischen Erfolg aber haben die Kommunikationssatelliten, welche die Menschen enger miteinander verbinden. Die Nachrichtensatelliten-Industrie produziert bereits Einkünfte von vielen hundert Millionen Dollar jährlich. Diese Erträge könnten durch neue Technologien noch übertroffen werden. Es zeichnet sich nämlich ein Umsturz in der wissenschaftlichen und industriellen Raumnutzung ab. Der Raumtransporter Columbia hat ihn 1981 eingeleitet: eine wieder verwendbare Transportmaschine von über siebzig Tonnen Eigengewicht mit einer Nutzlast von fast dreißig Tonnen, die nach ihrem Raumflug unversehrt wieder auf der Erde gelandet ist. Eine neue Generation von Riesenraumschiffen soll nun die alten Einwegraketen ablösen. Die Transportkosten können um etwa achtzig Prozent gesenkt werden.

Wenn der Routinebetrieb eines Raumschiffes zwischen Erde und Weltall gelingt, dann tritt die industrielle Raumnutzung in eine neue Phase. Die industrielle Erzeugung von Produkten und Waren im All kann beginnen. Einer Reihe von Industrieprozessen bieten nämlich die Schwerelosigkeit und das im All herrschende Vakuum große Vorteile, zum Beispiel für Kristallzüchtung, Flüssigprozesse und bestimmte Zweige der Materialwissenschaften. Noch bedeutsamer erscheint die Möglichkeit, die Menschheit eines Tages mit Sonnenenergie aus dem All zu versorgen.

Der Mensch könnte seine Aktivitäten im Weltraum aber noch verstärken. ADRIAN BERRY hat dargestellt [Lit. 35], wie er und andere Autoren sich die Eroberung des Weltalls vorstellen. Für die neunziger Jahre wird der Bau fliegender Städte vorhergesagt, die nach und nach Durchmesser von vielen Kilometern erreichen und als Arbeitsplatz und Wohnung für Tausende von Menschen dienen. Bis zum 23. Jahrhundert schließlich soll eine Region ungefähr auf der Umlaufbahn der Erde um die Sonne aus einem endlosen Strom von massiven Wohn- und Industriestrukturen bestehen, von denen aus, unbehindert durch Gravitationskräfte, mit geringem Energieaufwand Raumflüge unternommen werden. Nach der Vorstellung von ARTHUR C. CLARKE [Lit. 43] wird der Mensch dereinst lernen, die Asteroiden zu reiten, wie wir heute Pferde reiten. Die Asteroiden können nämlich die Rohstoffe für die Raum-Industrialisierung und möglicherweise auch für die Erde liefern. Der Mond soll nach Clarkes Prognose »im 21. Jahrhundert ein Aktivposten sein, wertvoller als die Weizenfelder von Kansas oder die Ölquellen von Oklahoma«. Etwa vom Jahre 2050 ab soll man von der Erde aus mit dem Fernglas die erleuchteten Kuppeln menschlicher Ansiedlungen auf der verdunkelten Fläche des nächtlichen Mondes sehen können, vorausgesetzt der Mensch verlegt seine Aktivitäten wegen des Meteoritenfalls nicht unter die Mondoberfläche.

Die Entwicklung soll aber noch wesentlich weitergehen. Vom Mond und den Siedlungen im Weltraum aus werde der Mensch auch nach den Planeten in unserem Sonnensystem greifen. Pläne für ihre Umgestaltung und Terra-Bildung sind bereits ersonnen worden. Von dem Astronomieprofessor und Weltraumforscher CARL SAGAN [Lit. 44] stammt der Plan, die Venus für den Menschen bewohnbar zu machen. Die lebensfeindlichen Umweltbedingungen auf der Venus, nämlich die große Hitze und der hohe atmosphärische Druck sind auf die kohlensäurereiche Atmosphäre zurückzuführen. Das Kohlendioxyd und die Wolkendecke halten einen großen Teil der von der Sonne eingestrahlten Wärme zurück. Es handelt sich um den sogenannten Treibhauseffekt.

Die Venus könne ein so lebensfreundlicher Planet werden wie die Erde, behauptet Sagan, wenn es nur gelingt, die Kohlensäure in ihre Bestandteile Kohlenstoff und Sauerstoff aufzuspalten. Das aber soll mit Hilfe von Algen möglich sein, wenn diese an einigen Stellen in die Venus-Atmosphäre injiziert werden. Sagan denkt dabei an Algen, die in über 300 Grad heißen Quellen auf der Erde leben und Kohlendioxyd in Sauerstoff und Kohlenstoff aufspalten. Mit Raketen zur Venus gebracht, könnten sie sich in der wolkenreichen Atmosphäre explosionsartig vermehren und die Kohlensäure aufspalten. Sagan nimmt an, daß die Vermehrungsquote so rapide anwächst, daß man vielleicht schon nach einem Jahr von der Erde aus die Venusoberfläche durch Teleskope erkennen kann. Mit dem Absinken der Kohlendioxydkonzentration werden auch die Temperaturen sinken. Regen wird fallen und die heute geschlossene Wolkendecke sich allmählich auflösen, die Temperaturen werden noch weiter absinken. Der auf die Venusoberfläche niedergehende Regen wird nicht mehr verdampfen, sondern sich allmählich in den tieferen Lagen zu Meeren und Seen ansammeln. Schließlich soll eine Temperatur erreicht werden, welche widerstandsfähigen Tieren und Pflanzen der Erde die Existenz ermöglicht.

Die Umgestaltung der Venus wird, falls sie möglich ist, als ein Anfang angesehen. Der Mensch soll schließlich sogar den

Jupiter für seine Zwecke in Anspruch nehmen. Selbst mit den Mitteln der heutigen Technik schon sei es möglich, ihn zu zerlegen. Die Bruchstücke werde man in sonnennähere Umlaufbahnen verschieben und zu erdähnlichen Planeten zusammensetzen. In einer späteren Phase werde der Mensch seine Aktivitäten sogar noch über die sonnenfernsten Planeten hinaus in die Milchstraße verlegen, sobald es gelinge, abgekürzte Wege durch die Unermeßlichkeit des interstellaren Raumes zu finden.

Daß die Besiedlung des Weltraums und die bereits projektierten Weltraumkolonien keineswegs Utopien vereinzelter Wissenschaftler, sondern in nicht zu ferner Zukunft realisierbar sind, hat EMIL-HEINZ SCHMITZ in seinem Buch *Unsterblichkeit im All* dargetan, in dem er eine imposante Fülle wissenschaftlichen Materials zusammengetragen hat [Lit. 45].

Gibt es Prophezeiungen, die für oder gegen einzelne der genannten Projekte sprechen? Es existieren Prophezeiungen, die mit der Raumfahrt in Verbindung gebracht werden können. Sie sind allerdings nicht sehr zahlreich, wie das aus verschiedenen Gründen, die nichts mit der Realisierbarkeit dieser Projekte zu tun haben, auch nicht anders zu erwarten ist.

In Quatrain 9, 65, scheint NOSTRADAMUS die Landung des ersten Menschen auf dem Mond angekündigt zu haben. Die Vorhersage lautet: »Er wird kommen und sich an den Rand von Luna begeben, wo er genommen und auf fremdes Land gesetzt werden wird. Die unreife Frucht wird Gegenstand großer Skandale, großen Tadels sein, die anderen werden sehr gepriesen werden.«

Luna ist im Italienischen die Bezeichnung für den Mond und muß in dem Vierzeiler auch wörtlich als der Mond aufgefaßt werden. Die erste Zeile kann mit der ersten Phase der Mondlandung in Verbindung gebracht werden, in der das Raumschiff die vorgesehene Umlaufbahn um den Mond erreicht. In der zweiten Phase (zweite Zeile) wird der Astronaut dann von dem Landegefährt aufgenommen und auf die Mondoberfläche gesetzt. Die Bezeichnung »unreife Frucht« entspricht dem Umstand, daß die Raketentechnik für das Betreten des Mondes noch nicht ausgereift war. Die

Amerikaner nahmen das hin, um den Russen zuvorzukommen und als erste auf dem Mond zu sein. Skandal und Tadel hat es in Verbindung mit den Pannen und Todesfällen gegeben, die von beiden Nationen hingenommen werden mußten. Darüber hinaus kann die dritte Zeile auch in Verbindung mit der Kritik gesehen werden, die von den amerikanischen Steuerzahlern an dem kostenaufwendigen Raumfahrtprogramm geübt wurde. Aus der letzten Zeile folgt schließlich, daß Nostradamus sich anscheinend auch des Wettrennens zwischen zwei Parteien bewußt war, nämlich zwischen der NASA bzw. der USA auf der einen und der Sowjetunion und deren Raumfahrtzentrum auf der anderen Seite. Die NASA erntete nach der erfolgreichen Mondlandung überschwengliches Lob, die Russen aber dürften nur schwer verwunden haben, daß ihnen die Amerikaner die Lorbeeren wegschnappten, zumal sie selber ja das Raumfahrtzeitalter mit ihrem Sputnik begonnen hatten.

Auch der Vierzeiler 6, 5, kann mit der erdnahen Raumfahrt in Verbindung gebracht werden. Er lautet: „Eine sehr große Hungersnot, verursacht durch eine pestilenzartige Welle wird ihren langen Regen [?] längs des Arktischen Poles ausdehnen. Samarobrin einhundert Meilen [in Frankreich damals 445 Kilometer] von der Hemisphäre entfernt; sie werden leben ohne Gesetz und ohne Regierung.«

Die Zeile »Samarobrin einhundert Meilen von der Hemisphäre entfernt«, deutet auf eine bemannte Weltraumstation hin, wie sie von den Amerikanern wie auch den Russen in Betrieb genommen werden. Der Name erinnert an den russischen Kosmonauten Gagarin und könnte russischen Ursprungs sein. Der Quatrain scheint eine (Pflanzen?) Seuche anzukündigen, welche die Nordhalbkugel heimsucht.

Es ist vermutet worden, daß es sich um einen Bakterienkrieg handelt, der von einer bemannten Raumstation ausgeführt wird, indem die Kampfmittel durch Geschosse in tiefer liegende Teile der Atmosphäre gebracht werden. Hiermit überein stimmt möglicherweise die Vorhersage des Spielbernd aus dem achtzehnten Jahrhundert. Sie lautet: »Es wird Gift regnen auf das Feld, wodurch ein großer Hunger in das Land kommt.« Diese Vorhersage steht im Zusammenhang mit Prophezeiungen, in denen er Krieg und Entvölkerung des Bergischen Landes ankündigte [Lit. 22].

Vielleicht ist die Seuche, die NOSTRADAMUS vorhergesehen hat, aber auch natürlichen Ursprungs, und ihre Ausbreitung und die Wirkungen der Gegenmaßnahmen werden vom All aus beobachtet, so wie heute Satellitenphotos Auskunft über die Ernteerträge in den verschiedenen Ländern liefern. Die Ernteausfälle scheinen eine so große Hungersnot zu verursachen, daß es zu anarchischen Zuständen kommt.

Auch die beiden ersten Zeilen in Quatrain 1, 84, können mit den Aktivitäten des Menschen im Weltraum in Verbindung gebracht werden. Sie lauten: »Wenn der Mond in tiefen Finsternissen verdunkelt ist, dann schreitet sein Bruder rostfarbig vorbei.«

Mit dem »Bruder des Mondes« könnte eine größere Weltraumstation gemeint sein, die sich in einer Umlaufbahn um den Mond befindet. Wenn die Weltraumstation beleuchtet wird, während sie bei ab- bzw. zunehmendem Mond den im Dunkeln liegenden Teil des Mondes überquert, dann müßte sie von der Erde aus gegen den dunklen Hintergrund des Mondes als »rostroter« wandernder Punkt zu erkennen sein.

Wahrscheinlich wird einmal in der Nähe des Mondes eine solche Weltraumstation als Raumhafen entstehen. ARTHUR C. CLARKE schreibt in seinem Buch *Die Eroberung des Weltraums:* »Falls der Mond Raketentreibstoffe liefern kann, so wird er zu einem Schlüssel zu den Planeten werden.« Jedes Raumschiff, das sich auf einer interplanetaren Fahrt befindet, wird in eine Umlaufbahn um den Mond gehen, um sich dort mit Treibstoff zu versorgen. Die Transportkosten werden nämlich um den Faktor 10 niedriger liegen, als wenn der Brennstoff von der Erde mitgenommen werden muß. Das hängt damit zusammen, daß die Fluchtgeschwindigkeit, die für das Verlassen des Mondes notwendig ist, wegen der geringen Anziehungskraft des Mondes um den Faktor 4 niedriger liegt. Die für diese Fluchtgeschwindigkeit aufzubringenden Energien unterscheiden sich sogar um den Faktor 14. Des weiteren können die Frachtgüter bei der geringeren Anziehungskraft und der fehlenden Atmosphäre leicht in den

Raum hinausgeschossen werden, wie das mit Hilfe neuartiger »Kanonen« neuerdings auch für die Erde geplant ist.

Die Behälter mit ihrem Inhalt werden längs einer horizontalen oder allmählich ansteigenden Bahn von einigen Kilometern Länge beschleunigt und in eine Umlaufbahn hinaus geschleudert. Eine Rakete ist nicht notwendig. Auf dieser Umlaufbahn wird dann wahrscheinlich ein Raumhafen mit einer interplanetaren Tankstelle entstehen, wo die Brennstoffvorräte für die Raumschiffe bereitgestellt werden.

Heute, nachdem Raketen auf dem Mond gelandet sind und die Zusammensetzung des Mondgesteins bekannt ist, zeichnet sich bereits ein Weg ab, aufgrund dessen der Mond tatsächlich die Schlüsselrolle übernehmen kann, von der Clarke in seinem 1953 erschienenen Buch spricht. Das Mondgestein enthält große Mengen Sauerstoff. Zusammen mit dem Wasserstoff, der von der Erde aus geliefert werden müßte, kann er den Brennstoff für die herkömmlichen chemischen Raketen liefern. Ein großer Vorteil wäre dabei, daß der Wasserstoff nur einen Massenanteil von etwa einem Achtel von dem bei der Verbrennung entstehenden Produkt Wasser hat.

Eine Raumstation als »Bruder des Mondes«, wie Nostradamus das anscheinend vorhergesehen hat, wird also wahrscheinlich tatsächlich einmal in Mondnähe errichtet werden. Bei fortschreitender technologischer Entwicklung dürfte der Mensch schon in relativ naher Zukunft die Raumfahrt in unserem Sonnensystem mit Leichtigkeit beherrschen. Die Gründe hierfür sind, abgesehen von den Gefahren, die unserer Erde drohen, nur zum Teil Prestigegründe oder wirtschaftlicher Art. Haupttriebfeder ist der Unternehmungsgeist des Menschen, der ihn auch mit nur geringer Aussicht auf materiellen Gewinn in die Eiswüsten der Pole und die Felsstürze der Hochgebirge treibt.

Wenn einmal im Routinebetrieb bemannte Raumschiffe zwischen den Planeten, Monden und Asteroiden unseres Sonnensystems verkehren, dann wird menschlicher Unternehmungsgeist eines Tages auch über Jupiter, Saturn und Pluto hinaus in den interstellaren Raum vorstoßen. Ein Anstoß, dies zu tun, besteht, langfristig gesehen, auch darin, dem Kältetod unserer Sonne zu entgehen. Die Entfernungen, die zurückgelegt werden müssen, sind gewaltig. Allein bis zum nächsten Sonnensystem beträgt die Entfernung fünf Lichtjahre. Aber der Mensch wird auch dies bewältigen, wahrscheinlich mit Hilfe neuartiger Antriebssysteme, sei es im Tiefschlaf oder als autarke Weltraumkolonie, die viele Jahre unterwegs ist, so daß möglicherweise erst die Kinder oder Enkel das Ziel erreichen. Die Technologien hierfür sind im Prinzip heute schon vorhanden.

Es existiert eine Prophezeiung, die eine wesentliche Verbesserung des Antriebssystems der Weltraumfahrzeuge ankündigt. Sie stammt von der Amerikanerin Jeane Dixon und lautet [Lit. 41]: »Man wird Entdeckungen auf dem Gebiet des Antriebs machen und die magnetischen Kräfte des Kosmos ausnutzen und dadurch imstande sein, mit unerhörter Leichtigkeit von einem Planeten zum anderen zu fliegen.«

P. Anderson ist der Ansicht, daß sich der Mensch allmählich über die ganze Galaxis ausbreiten wird. Wie er abgeschätzt hat, soll sich nach einer gewissen Anlaufzeit die »Front der Expansion« mit der Geschwindigkeit von einem Lichtjahr pro Jahrhundert vorwärtsschieben. Der Kern der Galaxis könnte dann in etwa hunderttausend Jahren erreicht werden [Lit. 46].

Von Wissenschaftlern ist auch abgeschätzt worden, daß drei bis fünf Prozent der Sterne in unserer Galaxis bewohnbare Planeten sind. Das sind rund fünf Milliarden. Auf einigen von ihnen dürfte sich, wie sich nach der Wahrscheinlichkeitsrechnung ergibt, wie auf der Erde intelligentes Leben entwickelt haben. Relativ gesehen werden es wenige sein, in absoluten Zahlen jedoch sehr viele. Auf der Erde hat die Entwicklung vom Einzeller bis zum Menschen etwa zwei Milliarden Jahre in Anspruch genommen. Den heutigen Menschen gibt es längstens seit etwa hunderttausend Jahren. Auf vielen dieser fremden Welten werden die Bedingungen für die Entwicklung intelligenten Lebens günstiger gewesen sein als auf der Erde. Intelligente Lebensformen wird es infolgedessen dort schon länger geben, zum Teil vielleicht schon seit Millionen von Jahren. Viele Zivilisationen werden uns in der technologischen Entwicklung weit voraus sein, und eine ganze Reihe davon wird auch einen ähnlichen Unternehmungsgeist wie die Menschen besitzen und längst den Vorstoß in die Galaxis unternommen haben.

Allerdings ist wahrscheinlich dennoch kaum mit extraterrestrischen Besuchern zu rechnen. Hierfür spricht eine Abschätzung von CARL SAGAN, der von bestimmten Annahmen über die Anzahl von Planeten mit intelligenten Lebensformen ausgeht und jenem Teil davon, der technische Zivilisationen hervorgebracht hat. Wird die Lebensdauer einer technischen Zivilisation mit zehn Millionen Jahren veranschlagt, dann ist das Ergebnis, daß derzeit etwa eine Million technischer Zivilisationen in unserer Galaxis existieren. Wenn nun jede dieser technischen Zivilisationen jedes Jahr ein Raumschiff ins All schickt und jedes dieser Raumschiffe einmal im Jahr in Kontakt mit einem interessanten Ziel kommt, dann erreicht doch nur etwa alle zehntausend Jahre ein extraterrestrisches Raumschiff die Erde. Der Besuch von Extraterrestriern auf der Erde wäre demnach sehr selten. Das erscheint widersprüchlich, wenn man sich die große Zahl von einer Million Raumschiffen vergegenwärtigt, die nach dieser Annahme jedes Jahr zu einer Expedition ins All aufbrechen. Aber dieser Widerspruch existiert nur scheinbar. Es käme doch kaum zu solchen Besuchen, weil es in unserer Galaxis, in der die Anzahl der Sonnen nämlich noch größer ist, über hundert Milliarden interessanter Ziele gibt. Und die Wahrscheinlichkeit, daß Besatzungen fremder Raumschiffe offiziellen Kontakt aufnehmen, ist wegen des großen Risikos und der Verständigungsschwierigkeiten noch wesentlich geringer.

Wenn man die Voraussagen der bekannten Seher durchgeht, findet man denn auch keine, die mit einem solchen Besuch in Verbindung gebracht werden könnte. Falls aber ein solcher Besuch in nicht allzu weit entfernter Zukunft stattfände, so wäre das eine solche Sensation, daß sie wahrscheinlich hätte vorhergesehen werden müssen.

Es gibt jedoch noch eine andere Möglichkeit der offiziellen Kontaktaufnahme mit intelligenten extraterrestrischen Lebensformen, ohne daß diese die Erde besuchen oder wir ihren Heimatplaneten, nämlich die Kontaktaufnahme mit Hilfe von Radiowellen oder anderen Kommunikationssystemen, die weiter fortgeschritten sind. Eine Verständigung mit

Hilfe von Radiowellen wäre bereits heute möglich. Radiowellen breiten sich mit Lichtgeschwindigkeit im Raum aus und können leicht jede Art von Information aufnehmen. Carl Sagan hält es durchaus für möglich, daß es Zivilisationen gibt, die Signale in unsere Richtung aussenden. Die technischen Mittel sind vorhanden, selbst Signale aus sehr großen Entfernungen zu entdecken. Ihre Entzifferung ist natürlich schwierig, jedoch nicht unmöglich. Wenn die Erde einmal selber solche Botschaften aussenden wird, so wird sie sich auf Gemeinsamkeiten zwischen technischen Zivilisationen stützen. Das sind Wissenschaft und Mathematik. Von mathematischen Schemata und Sätzen will man dann zu komplizierteren Begriffen übergehen. Hierfür gibt es bereits Konzepte. Schließlich können sogar Bilder in Radiobotschaften umgesetzt werden. Wenn der Schlüssel mitgeliefert wird, können sie rekonstruiert werden.

Die Suche nach extraterrestrischen Intelligenzen ist von den USA und der UdSSR bereits aufgenommen worden, allerdings noch nicht sehr intensiv. Die Bemühungen werden eines Tages verstärkt fortgesetzt werden. Der Seite, der als erster die Kontaktaufnahme gelingt, könnte die Weltherrschaft zufallen. Außerdem wird man anfangen, auch selber Botschaften durch Funk ins All hinauszusenden. Ein kleiner Anfang, der allerdings auf einer anderen Ebene liegt, wurde bereits gemacht. Der Raumsonde Voyager 1, die Ende 1980 an Saturn vorbei den Grenzen unseres Sonnensystems zustrebte, wurden Informationen über die Menschheit mitgegeben: spielende Kinder, eine Frau, die Laub zusammenrecht, die Darstellung eines Geschlechtsaktes, das Pochen des menschlichen Herzens – solche Botschaften von der Erde, in Bild und gespeichert auf einer Tonplatte, sind auf dem Weg zu ihrem möglichen Empfänger.

Gegen die Aussendung von Signalen ist der Einwand erhoben worden, daß wir nicht auf unsere Existenz aufmerksam machen sollten, um nicht eventuell Invasoren anzulokken. Aber dieses Argument zieht nicht. Wir machen ja seit der Erfindung des Radios ununterbrochen auf uns aufmerksam, denn ein Teil der Radiowellen breitet sich durch die reflektierenden Schichten der Ionosphäre ins Weltall aus.

Etwa fünfzig Lichtjahre weit sind die ersten Radiowellen bereits gekommen.

Wenn irdische Radioteleskope eines Tages Botschaften extraterrestrischer Intelligenzen aus dem All auffangen, so wird das ohne Zweifel einen Wendepunkt in der Geschichte der Menschheit darstellen. Wissenschaft und Technik werden davon, auf lange Sicht gesehen, in starkem Ausmaß befruchtet werden. Vielleicht wird man uns sogar mitteilen, wie eine technische Zivilisation verhindert, daß sie sich selber vernichtet.

Carl Sagan hat Spekulationen über die ferne Zukunft sehr weit entwickelter Zivilisationen angestellt. Er ist der Auffassung, daß sie dann schon längst mit vielen gleichartigen Zivilisationen in anderen Sonnensystemen in Kontakt stehen und mit Hilfe weitentwickelter Kommunikationssysteme technische Erfahrungen und philosophische Einsichten austauschen. Die verschiedenen Kulturen in der Galaxis werden sich dann mit der Zeit aneinander angleichen, so wie das gegenwärtig auch zwischen den verschiedenen Kulturen auf der Erde der Fall ist. Ein solcher galaktischer Kulturkreis mit ähnlichen Zivilisationen und vergleichbaren technischen Errungenschaften wird eine große Anzahl völlig verschieden aussehender Organismen einbeziehen, die eine ganz andere biochemische und kulturhistorische Entwicklung hinter sich haben. Bestimmte fortgeschrittene Kulturen werden sich natürlich dabei wie auch auf der Erde stärker durchsetzen als andere schwächer entwickelte. Der Angleichungsprozeß wird lange Zeiträume in Anspruch nehmen. Er wird jedoch stattfinden, vorausgesetzt, die technologischen Kulturen existieren lange genug. Die Gründe dafür sind ähnlicher Art wie die für den Homogenisierungsprozeß zwischen den verschiedenen Kulturen auf der Erde. Wenn die technologische Kultur auf der Erde kein vorzeitiges Ende findet, so wird die Menschheit wahrscheinlich ebenfalls einmal an einem solchen Homogenisierungsprozeß zwischen den verschiedenen Kulturen unserer Galaxis teilnehmen.

Einer Prophezeiung, die eine solche Angleichung ankündigt, kann man gleichzeitig entnehmen, daß die technologische Entwicklung auf der Erde noch lange Zeit weitergehen wird. Tatsächlich stammt von NOSTRADAMUS eine Prophezeiung, die sich dem Empfang kosmischer Botschaften und dem Vorgang der Angleichung unserer Kultur auf der Erde an extraterrestrische Kulturen zuordnen läßt. Es handelt sich um den Quatrain 3, 2, der auf den ersten Blick zum Religiösen und Mystischen hin zu tendieren scheint. Nostradamus könnte selber der Ansicht gewesen sein, daß seine paranormale Wahrnehmung diesen Bereich beträfe, oder aber er hat seine Aussage aus Furcht vor der Inquisition auf diese Weise getarnt. Wie vieles, was dem Menschen früherer Zeiten als göttlich und übernatürlich erschien, inzwischen dem Bereich des Natürlichen zugeordnet wird, so dürfte auch dieser Quatrain nichts mit Übernatürlichem zu tun haben, sondern Dinge der materiellen Welt betreffen.

Der Quatrain lautet: »Das göttliche Wort wird der Substanz, welche Himmel und Erde umfaßt, in mystischer Tat verborgenes Gold geben. Wenn Körper, Seele und Geist alle Macht haben, wird alles unter den Füßen des Menschen so sein wie droben im Himmel.«

Viele unserer technischen Errungenschaften würden den Menschen früherer Jahrhunderte wie Märchen und Wunder erscheinen, wie etwas, das nur durch eine Gottheit bewirkt werden kann. Für Nostradamus, der ein frommer Mensch war, stand die Erde noch im Mittelpunkt des Kosmos. Kometen kündeten Unheil an, und die Sterne wurden von Engeln bewegt. Die großen astronomischen Entdeckungen eines Kepler und Kopernikus waren noch nicht gemacht. Die Vorstellung von extraterrestrischen Zivilisationen dürfte Nostradamus deshalb fremd gewesen sein, oder aber er hat sie für sich behalten, weil die Inquisition sie als Gotteslästerung aufgefaßt hätte.

Das All, in dem diese Zivilisationen zu Hause sind, wurde als der Sitz der Gottheit aufgefaßt. Wenn Nostradamus in der ersten Zeile des Quatrains von dem »göttlichen Wort« spricht, so ist damit wahrscheinlich tatsächlich eine Botschaft aus dem All, übersandt von einer galaktischen Zivilisation, gemeint. Eine aus dem All stammende Botschaft wird von einem Antennensystem aufgefangen. Sie werden einem solchen Antennensystem quasi eingegeben. Nun lassen sich die heute bekannten Antennensysteme allerdings nicht als eine Substanz beschreiben, die Himmel und Erde umfaßt; wohl aber stellen sie Objekte dar, die, auf dem Boden verankert und von hier aus gesteuert, in den Luftraum hineingreifen, also sozusagen im Himmel wie auf der Erde beheimatet sind.

Die Informationsübermittlungssysteme der Zukunft werden sich wahrscheinlich beträchtlich von den heutigen unterscheiden. Es könnte sein, daß der in den Himmel ragende Teil außerhalb der Lufthülle im Weltraum angesiedelt wird und daß das System mehr als eine Substanz denn als ein Objekt aufzufassen sein wird. Fortgeschrittene Zivilisationen dürften Übertragungskanäle benutzen, von denen man auch in Jahrhunderten auf der Erde noch nicht einmal träumen wird – wie es den Eingeborenen vergangener Kulturen unserer Erde unmöglich war, sich andere Kommunikationskanäle vorzustellen als ihre Trommeln. Auch auf der Erde wird die Entwicklung weitergehen. Es werden neue physikalische Gesetzmäßigkeiten entdeckt und neue Technologien entwickelt werden, und eines der neuen Kommunikationssysteme könnte sich als eine Substanz umschreiben lassen, die »Himmel und Erde umfaßt«.

Die aus dem All erhaltene Botschaft soll dann, weiter nach Nostradamus, »verborgenes Gold« enthalten. Wie ist das zu verstehen?

Ohne Zweifel wird es ein sehr aufregendes Ereignis sein, wenn die ersten Botschaften extraterrestrischer Intelligenzen aufgezeichnet werden. Wenn man wahrscheinlich auch relativ rasch erkennen wird, daß es sich um Signale handelt, die von intelligenten Lebewesen aus dem All übermittelt werden, so dürfte deren Entschlüsselung doch wesentlich längere Zeit in Anspruch nehmen. Die Menschen werden begierig auf die Entschlüsselung warten und sich sehr viel davon erhoffen. Die Umschreibung »verborgenes Gold« könnte daher den Sachverhalt richtig treffen. Die Übermittlung von Informationen wird dann wahrscheinlich, von kurzen Unterbrechungen abgesehen, kontinuierlich weitergehen. Es wird eine Kommunikation aufgenommen werden, die der menschlichen Kultur ungeahnte neue Impulse geben wird. Allmählich wird der Anschluß an eine vermutlich bereits existierende galaktische Kulturgemeinde gefunden werden. Parallel dazu dürfte auf der Erde eine Entwicklung einsetzen, die Körper, Seele und Geist in Harmonie entfalten läßt.

Mit der Übernahme der in Millionen Jahren auf Tausenden von Planeten von intelligenten Lebensformen gesammelten Erkenntnisse würden dann »Körper, Seele und Geist alle Macht gewinnen«. Die Erde würde sich an die extraterrestrischen Kulturen anpassen, wie auch umgekehrt diese Zivilisationen die eine oder andere Errungenschaft des Menschen übernehmen würden. Es würde eine Homogenisierung der Kulturen stattfinden, bis »unter den Füßen des Menschen« auf der Erde alles so ist wie im Himmel, im All. Auf diese Weise hätte sich dann die Vorhersage des Nostradamus erfüllt.

Die folgende Aussage des indischen Sensitiven und Philosophen Sri Aurobindo [Lit. 47] bezieht sich ebenfalls auf einen Informationsaustausch zwischen kosmischen Kulturen. Sie lautet: »... unsere Bemühungen werden auf Planeten, die uns unbekannt sind, und in Welten, die noch nicht erschaffen wurden, ihre Früchte tragen.«

Der Informationsaustausch wird Sri Aurobindo zufolge durch außersinnliche Wahrnehmung zustande kommen. Die Erfahrung und das Wissen eines jeden einzelnen gehen nach den Vorstellungen der indischen Philosophie nicht verloren, sondern werden (in der sogenannten Akasha-Chronik) gespeichert und können durch außersinnliche Wahrnehmung abgerufen werden.

Wie modernste parapsychologische Forschung, beispielsweise Milan Rýzl in seinem revolutionären Werk *Der Tod und was danach kommt,* dargelegt hat [Lit. 48], ist dieses Modell für uns Erdbewohner grundsätzlich richtig, wobei es nur von untergeordneter Bedeutung ist, daß anstatt der altindischen Vorstellung der Akasha-Chronik heute eine »überphysikalische, höherdimensionale Welt des Geistes« postuliert wird. Ob aber auch Verbindungen zwischen kosmischen Kulturen aufgrund außersinnlicher Wahrnehmung möglich sind – also über Lichtjahre hinweg und zwischen wahrscheinlich grundverschiedenen Organismen –, muß sich erst noch herausstellen.

15
Werden Erde, Sonne und Weltall dereinst in einem Weltenbrand vergehen?

Die Erde wird nicht immer der Planet mit der ungeheuren Vielfalt pflanzlichen und tierischen Lebens bleiben, auf dem Zonen »ohne« Leben, nämlich die extremen Kälte- und Trockenwüsten, die Ausnahme bilden. Die klimatischen Bedingungen werden sich einmal so verändern, daß Wasser entweder überhaupt nicht mehr oder nur noch fest oder gasförmig vorkommt und Leben, wie wir es kennen, nicht mehr existieren kann. Schließlich wird auch die Erde selber zerstört werden; beim Zusammenprall mit größeren Himmelskörpern wird sie zermalmt werden, und auch die Sonne und das Weltall werden untergehen oder sich vollkommen verändern.

Die Wissenschaftler haben eine Reihe von Theorien über das Schicksal von Erde, Sonne und Weltall aufgestellt. Im folgenden werden diese Prognosen mit den Voraussagen bewährter Seher verglichen. Wenn beide Quellen die gleichen Katastrophen ankündigen, wird man eher mit ihnen rechnen müssen. Zunächst sollen die Wissenschaftler zu Wort kommen.

Das Geschehen auf der Erde, soweit es für das Leben von Bedeutung ist, ist abhängig von einer gleichbleibenden Sonneneinstrahlung. Das Schicksal des Lebens auf der Erde ist infolgedessen eng mit dem der Sonne verknüpft: Eines Tages werden die Brennstoffvorräte der Sonne zur Neige gehen, und die Strahlung der Sonne wird so schwach sein, wie die fernen Sterne. Die Erde wird dann keine Wärme und kein Licht mehr erhalten; auch der Mond wird die Erde nicht mehr in sein mildes Licht tauchen, und ebenso werden der helle Morgenstern, der rötliche Mars und die anderen

Planeten in unserem Sonnensystem ihr von der Sonne erborgtes Licht verlieren. Die wichtigste Voraussetzung für das Leben auf der Erde ist dann nicht mehr erfüllt.

Aber bevor die solaren Brennstoffe ganz zu Ende gehen, wird die Sonne nach den Erkenntnissen der Astrophysiker noch ihre Strahlung erhöhen und sich zum »roten Riesen« aufblähen und auf diese Weise schon allem Leben auf der Erdoberfläche ein Ende setzen. Allenfalls in hermetisch abgeschlossenen Bergwerken und Schächten können dann noch Menschen leben. Die Oberfläche der Erde können sie nur in Raumanzügen betreten.

Der Brennstoff der Sonne ist Wasserstoff, der sich im Kern der Sonne durch den Prozeß der Kernfusion in Helium verwandelt. Wenn der Wasserstoffvorrat zu Ende geht, wird sich die Sonne allmählich immer mehr ausdehnen. Ganz langsam wird dieser Prozeß vor sich gehen. Aber schließlich wird die Sonne einen viel größeren Teil unseres Himmels einnehmen. Als riesiger Feuerball wird sie über den Himmel wandern und die Erde mit einer ungeheuren Strahlungsflut überschütten. Ihre Oberfläche wird sich der Bahn des Merkur nähern und den Merkur verschlingen. Und noch weiter wird sie sich aufblähen, und wahrscheinlich werden auch Venus und Erde den Weg ins Sonnenfeuer nehmen. Nur die äußeren Planeten werden verschont bleiben.

Lange vorher wird durch die allmählich fortschreitende Erwärmung das Leben auf der Erdoberfläche völlig absterben. Schließlich werden sogar die Ozeane verdampfen und zusammen mit der Atmosphäre in den Weltraum entweichen. Nach weiteren Millionen Jahren, bevor sie Jupiter und Saturn erreicht, wird die aufgeblähte Sonne dann einen Kollaps erleiden und zu einem winzigen erdgroßen sogenannten »weißen Zwerg« zusammenschrumpfen. Bevor der Brennstoffvorrat der Sonne zu Ende geht, sollen allerdings noch rund fünf Milliarden Jahre vergehen, denn die Sonne befindet sich nach den Angaben der Astrophysiker noch »im besten Alter«.

In diesen sogar geologisch langen Zeiträumen werden viele andere Katastrophen die Erde treffen. Einige von ihnen könnten ebenfalls das Leben auf der Erde und auch die Erde selber vernichten. So könnte die Erde zum Beispiel durch die Begegnung mit einem fremden Stern der Sonne entrissen und aus dem Sonnensystem hinauskatapultiert werden. Die Sonnenscheibe würde dann immer kleiner werden und ihre Strahlung sich immer mehr abschwächen, während die Erde ihren Weg hinaus in den Weltraum nähme. Die Folge wäre eine völlige Vergletscherung der Erde und ein Ende des Lebens infolge Kälte und Eis. Auf der Erdoberfläche würde es so kalt werden, daß sich selbst die Atmosphäre verflüssigte.

Die Erde könnte aber auch in die Sonne stürzen. Dafür sprechen folgende Gründe: Die Erde bewegt sich bei ihrem Umlauf um die Sonne in deren Magnetfeld. Da sie auch ein eigenes Magnetfeld hat, schneiden sich ständig die beiderseitigen Kraftlinien. Das führt zu der sogenannten Magnetbremsung. Wenn sich ein leitfähiger Körper in einem Magnetfeld bewegt, werden nämlich in dem Leiter Ströme induziert, deren Magnetfeld dem anderen entgegengesetzt ist. Als leitfähiger Körper sind im Fall der Erde die Ionosphäre und der Erdkern anzusehen. Durch das Magnetfeld der Sonne werden hier beim Umlauf der Erde um die Sonne Ströme erzeugt. Die diesen Strömen entsprechende Energie wird zum Teil der Bahnenergie der Erde entzogen. Mit anderen Worten: Die Erde wird auf ihrer Bahn um die Sonne in geologisch langen Zeiträumen allmählich abgebremst. Ihre Fliehkraft verringert sich. Bleibt die Anziehungskraft der Sonne gleich, dann muß sich die Erde der Sonne nähern. Die Erdbahn verformt sich zu einer immer enger werdenden elliptischen Spirale, deren Endpunkt in der Sonne liegt. Die Annäherung wird immer größer, und schließlich stürzt die Erde in die Sonne.

Vorher würde natürlich die zunehmende Sonneneinstrahlung das Leben auf der Erdoberfläche vernichten. Der Effekt wäre ähnlich, wie wenn sich die Sonne allmählich aufbläht, weil ihre Brennstoffvorräte zu Ende gehen. Einen Anhaltspunkt dafür, daß sich die Erde allmählich der Sonne nähert, sieht der Geologieprofessor HANS GEORG WUNDERLICH [Lit. 34] darin, daß die Temperaturen auf der Erde über lange geologische Zeiträume hinweg quasi konstant geblieben sind, obwohl der Wärmestrom aus dem Erdinnern nachgewiesenermaßen exponentiell auf die heute sehr niedrigen Werte abgesunken ist. Wenn nun die Temperaturen auf der Erde in etwa gleich geblieben sind, dann kann nur eine vermehrte Sonneneinstrahlung den Minusbetrag ausgeglichen haben. Eine entsprechende Zunahme der Sonneneinstrahlung könnte aber am ehesten durch eine Verkürzung des Abstandes zwischen Erde und Sonne zustande kommen, also durch ein Heranrücken der Erde an die Sonne.

Es könnte aber auch das ganze Sonnensystem von einem sogenannten »schwarzen Loch« verschlungen werden. Mindestens einmal täglich werden Wellen von Gravitationsenergie aus verschiedenen Teilen der Galaxis aufgefangen. Diese treffen in heftigen Stößen ein und können nur durch Ereignisse von ungeheurer Gewalt ausgelöst werden. Man schließt daraus, daß ganze Sterne zermalmt und in schwarze Löcher hineingezogen werden. Die Löcher werden »schwarz« oder unsichtbar genannt, weil man ihre Schwerkraft für so groß hält, daß keine Lichtstrahlen mehr entweichen können. Die Materie ganzer Sterne soll dort auf einen Raum kleiner als ein Ball zusammengepreßt sein. Alle Materie, die in das extrem starke Schwerefeld hineingerät, wird in das schwarze Loch hineingezogen. Im Sternbild des Schwans kann man Astrophysikern zufolge vermutlich ein schwarzes Loch in Tätigkeit beobachten. Dort werden Gasmassen allem Anschein nach mit unwiderstehlicher Gewalt von einem hellen Stern zu einem unsichtbaren Punkt hingezogen. Wahrscheinlich handelt es sich bei diesem nicht sichtbaren Gravitationszentrum um ein schwarzes Loch.

Vor allem in den Galaxiskernen soll infolge der Massenanhäufung als natürliches Endstadium der Evolution ein supermassives schwarzes Loch entstehen. Durch Reibung, Strahlung und die gegenseitige Anziehung sollen die Sterne im Kern einer Galaxis auf einen immer enger werdenden Raum zusammenschrumpfen, bis sie dann in einem Gravitationskollaps in sich zusammenbrechen. Man schließt auf die Existenz dieser supermassiven schwarzen Löcher aus der Intensität und den Schwankungen der sehr großen Strahlung der Quasare, die aus einem extrem kleinen Gebiet kommt, das optisch nicht sichtbar ist. Diese Strahlung könnte entstehen, wenn Gas und Sterne aus der Galaxis in ein schwarzes Loch stürzen, dabei auseinanderbrechen oder mit anderen Sternen zusammenstoßen. Nachdem alle Sterne im Einflußbereich eines supermassiven schwarzen Loches in das Superloch hineingestürzt sind, werden keine Strahlungsausbrüche mehr beobachtet. Allerdings strömt immer noch galaktisches Gas fortwährend in das schwarze Loch hinein.

Die Astronomen nehmen an, daß in fast allen großen Galaxien ein inzwischen stille gewordener Quasar sitzt. In mindestens sieben Galaxien fanden sie Hinweise auf ein solches schwarzes Superloch. Die Wissenschaftler halten es für möglich, daß bereits neunzig Prozent der gesamten Materie des Universums in schwarzen Löchern verschwunden ist.

Nach einer anderen Theorie ist ein schwarzes Loch nicht unsichtbar, weil wegen der großen Anziehungskraft kein Licht entweichen kann, sondern einfach deshalb, weil keine Materie mehr da ist, die Licht ausstrahlen könnte. Die Sterne, die dem Prozeß des Gravitationskollaps unterliegen, sollen aus unserem Universum verschwinden und in einem sogenannten Überraum wieder auftauchen. Manche Astrophysiker stellen sich ein System von multiplen Universen vor, von denen jedes mit dem nächsten durch diese schwarzen Löcher und möglicherweise auch noch auf andere Weise verbunden ist.

Einige der Modelle gehen davon aus, daß ein Stern in einem schwarzen Loch verschwindet, ohne daß er den zermalmenden Prozeß des Schwerekollaps durchläuft. Wenn diese Theorie richtig ist, dann können solche Löcher vielleicht auch für die Raumfahrt gefunden werden. Sie stellen möglicherweise Abkürzungen durch das All dar; denn es gibt auch Hinweise darauf, daß Materie an anderer Stelle wieder in unserem Universum auftaucht, es also sozusagen auch »weiße« Löcher gibt.

Es ist nämlich ausgerechnet worden, daß die Galaxis nicht älter als 270 Millionen Jahre alt sein kann, wenn täglich ein Stern verschwindet, womit anscheinend jedenfalls gerechnet werden muß. Tatsächlich wird unsere Galaxis aber auf mindestens viereinhalb Milliarden Jahre geschätzt.

Natürlich ist das alles noch sehr spekulativ und wissenschaftlich auch heftig umstritten. Das Universum birgt noch unendlich viele Rätsel und Überraschungen und hat bisher nur einen Bruchteil seiner Geheimnisse dem Menschen preisgegeben.

Nach den Überlegungen der Astronomen dehnt sich das Universum aus. Man schließt das aus der Rotverschiebung des Lichtes, das von den fernen Galaxien kommt. Diese Rotverschiebung ist um so ausgeprägter, je weiter die Galaxien von unserem eigenen Milchstraßensystem angesiedelt sind. Diese Beobachtung kann so gedeutet werden, daß Sterne und Galaxien sich um so rascher von uns fortbewegen, je weiter sie entfernt sind. Danach ist das Universum vergleichbar mit einem Ballon, der sich immer mehr ausdehnt. Als Ursache für die Ausdehnung wird eine ungeheure Explosion, der sogenannte »Urknall« angesehen, der die ursprünglich in einem gigantischen »kosmischen Ei« zusammengeballte Materie auseinandergetrieben hat. Nach den Überlegungen von Wissenschaftlern ist dabei die Aussendung einer bestimmten Strahlung zu erwarten, die dann einige Jahre später auch entdeckt wurde. Ihre Existenz wird als Stütze der Urknall-Theorie angesehen.

Die Expansion des Universums wird nach den Annahmen und Gleichungen ALBERT EINSTEINS nicht bis in alle Ewigkeit andauern, sondern die Massenanziehung der Sterne und Galaxien soll die Expansion eines Tages zum Stehen bringen und sogar dazu führen, daß sich das Universum wieder zusammenzieht. Allerdings haben die Astronomen vorläufig noch nicht soviel Materie im Weltall gefunden, daß deren Gravitationskräfte für eine Umkehr der Expansion ausreicht. Es wird jedoch für möglich gehalten, daß sich ein erheblicher Teil der fehlenden Materie in den beschriebenen schwarzen Löchern verbirgt. In diesem Fall könnten die Gravitationskräfte eines Tages bewirken, daß das ganze Universum mit seinen Milliarden Sonnen, Sonnensystemen und Galaxien in einer ungeheuren Weltkatastrophe zusammenbricht. Dabei würde sich dann alle Materie ungeheuer verdichten. Gleichzeitig würden Zeit und Raum ausgelöscht. Es ist vermutet worden, daß der Zusammenbruch ganz plötzlich erfolgen könnte. Die Gründe, die dafür genannt wurden, erscheinen allerdings nicht sonderlich überzeugend.

Neuerdings hat man entdeckt, daß die Fluchtgeschwindigkeit der Galaxien bei größeren Entfernungen nicht mehr linear zunimmt, sondern rascher. Man schließt daraus, daß die Geschwindigkeit, mit der sich das Weltall ausdehnt, mit der Zeit abgenommen hat. Verfolgt man diese Zahlen rechnerisch in die Zukunft, so scheint sich aus ihnen zu ergeben, daß in etwa dreißig Milliarden Jahren die Expansion zum Stillstand kommt und das Universum dann wieder in sich zusammenfällt, bis es in vierzig Milliarden Jahren erneut zu seiner unvorstellbar großen Anfangsdichte zusammengeschrumpft ist. Danach könnte es wieder auseinanderplatzen, bis es abermals die nächste Kulmination erreicht und von neuem zusammenzustürzen beginnt.

Nach einer neueren Theorie ist der Kosmos »offen«, das heißt, er soll für alle Zukunft expandieren. In diesem ewig expandierenden Kosmos ist das Erlöschen aller Sterne nach dem Fünftausendfachen der bisherigen Dauer des Universums zu erwarten. Aber auch danach erfriert das Universum noch lange nicht in einem Zustand andauernder physikalischer Ruhe, wie im vorigen Jahrhundert angenommen wurde, wenn die Physiker vom Wärmetod des Universums sprachen. Durch Begegnungen mit fremden Sternen sollen die Sterne ihre Planeten verlieren oder sonst die Planeten in die Muttersterne stürzen. Die Protonen sollen zerfallen, die schwarzen Löcher zerstrahlen, die Materie am absoluten Nullpunkt »schmelzen« und schließlich alle Materie sich in Eisen verwandeln. Die Eisensterne aber sollen nach unvorstellbar langen Zeiträumen zu schwarzen Löchern kollaborieren.

Soweit die Theorien der Wissenschaft über das Schicksal von Erde, Sonne und Weltall. Welche von ihnen stehen im Zusammenhang mit den Visionen von Mystikern und Sehern?

Uralte Anschauungen der Inder sprechen gegen die Theorie des »offenen« Kosmos. Alle Zeit, so heißt es nämlich in den alten Mythen, sei ein nie endender Kreislauf von Werden und Vergehen. Am Ende eines jeden Zyklus erlebe das gesamte Universum einschließlich Brahmas und der übrigen Götter sowie der Menschen, Tiere und Dinge einen völligen Zusammenbruch. Darauf folge eine Zeitspanne des Chaos, worauf wiederum ein Brahma geboren werde und der Zyklus erneut beginne.

Dieses wahrscheinlich auf paranormalem Weg erworbene Wissen der indischen Mystiker steht in Übereinstimmung mit der Theorie des »oszillierenden« Universums, wonach sich die Expansion des Universums umkehren und das Universum in einer ungeheuren Weltkatastrophe zusammenstürzen wird. Die Zeitspanne des Chaos entspricht der Zeitspanne, in der die Materie des Universums zu unvorstellbar großer Dichte zusammengeballt als kosmisches Ei existiert. Zeit und Raum sollen dann nach den Gleichungen von ALBERT EINSTEIN nicht mehr existieren. Der neue Zyklus beginnt dann wieder mit dem »Urknall« und der erneuten Expansion des Universums. Alles beginnt wieder von vorne. Aber vielleicht entsteht dann eine bessere Welt.

Das jedenfalls wird in dem »Gesicht der Seherin« behauptet, ein Gesicht, das in der *Edda,* der Sammlung altgermanischer Götter- und Heldensagen, enthalten ist. Nach dieser Schau werden Erde, Himmel und Gestirne in einem Weltenbrand vergehen, worauf dann unter des Lichtgottes Baldr Herrschaft eine neue schönere Welt entsteht.

In dem Gedicht, das endzeitliche Zustände beschwört, wird auch gesagt, daß das Land im Meer versinke. Es ist sehr gut möglich, daß dies geschieht, bevor die Sonne sich aufbläht und dann erlischt bzw. die Erde in die Sonne stürzt. Zwei Drittel der Erde sind ja von Wasser bedeckt. Die mittlere Tiefe der Meere beträgt fast 4000 Meter, während die mittlere Höhe des Festlandes nur knapp 900 Meter beträgt. Denkt man sich das Bodenrelief der Erde eingeebnet, so reicht die vorhandene Wassermenge aus, die gesamte Erde mit einem 2430 Meter tiefen Ozean zu bedecken.

Nun sind in Sonne und Frost, Regen und Wind und der Meeresbrandung dauernd gesteinszerstörende und -abtragende Kräfte am Werk, die das Festland allmählich tieferlegen und einebnen. In der erdgeschichtlichen Vergangenheit wurden des öfteren schon ganze Gebirge von den Flüssen als

Geröll und Schlamm ins Meer transportiert. Allerdings sind an anderer Stelle durch Kräfte des Erdinnern auch neue Gebirge emporgewachsen. Irgendwann in der Zukunft aber könnten die gebirgsbildenden Aktivitäten im Erdinnern durch die allmählich fortschreitende Erkaltung und Erstarrung des Erdkerns abgeklungen sein, so daß dann nur noch die zerstörenden und abtragenden Kräfte wirken und allmählich alles Land im Meer versinken lassen könnten. Große Teile des Festlandes können aber auch schon im Meer versinken, wenn die Lavaförderung in den mittelozeanischen Rücken zunimmt und der Meeresboden allmählich in die Höhe wächst, wie das wahrscheinlich während der erdgeschichtlichen Vergangenheit immer dann der Fall war, wenn die Meere große Teile der Kontinente überfluteten.

Das Ende des Sonnensystems und des Universums ist jedoch auch nach diesem der »Seherin« zugeschriebenen Gesicht der *Edda* ebensowenig endgültig wie in den altindischen Mythen – oder nach der Urknall-Theorie. Nach Ablauf der Katastrophe entstehen neue Planeten, eine neue Erde, nachdem die in dem kosmischen Ei zusammengeballte Materie nach dem nächsten Urknall erneut expandiert. Vielleicht sind die Naturgesetze dann etwas anders gelagert, so daß dann tatsächlich eine »bessere« Welt entstehen kann.

Die Vision vom »Weltenbrand« findet man in ähnlichen Vorstellungen auch in anderen Kulturkreisen. So ist zum Beispiel die Endzeitlehre der zoroastrischen Religion Altpersiens von einem Weltuntergang durch Verbrennung geprägt. Ferner ist die Idee eines Endes der Welt in Feuer auch der Philosophie eines HERAKLIT VON EPHESOS (550 – 480 v. Chr.) inhärent. Weissagungen vom Weltende und Vorstellungen von einer durch Feuer und Wasser verursachten Katastrophe werden, obschon weniger deutlich, auch aus Quellen der Kelten berichtet.

Auch NOSTRADAMUS spricht in der an seinen Sohn gerichteten Vorrede zu seinen Prophezeiungen vom »großen Brand« des Universums. Die Prophezeiung vom Ende der Welt durch Feuer – womit insbesondere das Ende des Planeten Erde gemeint sein dürfte – kann man bis zu einem gewissen Grade in Übereinstimmung mit den Berechnungen der Wissenschaftler sehen, wonach sich die Sonne zu einem »roten Riesen« aufblähen und die Erde verschlingen wird. Sie könnte aber auch bedeuten, daß die Erde schon vorher in die Sonne stürzen wird. Auf jeden Fall spricht sie dagegen, daß die Erde durch die Begegnung mit einem fremden Stern aus unserem Sonnensystem hinauskatapultiert wird.

16
Wird die Menschheit einmal glücklicher leben?

Uns geht es doch anscheinend um vieles besser als den Menschen früherer Generationen, dennoch sind wir nicht glücklicher. Im Gegensatz zu den Menschen früherer Zeiten haben wir immer genügend zu essen – noch jedenfalls. Schnelle Transportmittel stehen uns zur Verfügung. Wir reisen in weit entfernte Gegenden, während unsere Vorfahren über den Bannkreis ihres Jagdgebietes und später den ihres Kirchturmes kaum hinauskamen. Aus Leitungen fließt Wasser, aus anderen Energien. Wir drehen an Knöpfen, und es wird warm, wir drücken andere Knöpfe, und es wird hell, oder wir werden informiert und unterhalten. Fast alles, was Menschen je gedacht und herausgefunden haben, ist in Büchern festgehalten und jedem zugänglich. Offensichtlich ist unser Leben wesentlich leichter und bequemer, sind wir um ein Mehrfaches reicher und in gewissem Sinne auch mächtiger als die Menschen früherer Generationen, dennoch sind wir kaum zufriedener noch gar glücklicher. Das Gegenteil ist der Fall. Die Anzahl der Selbstmorde in den Städten beweist es. Sie ist wesentlich größer als auf dem Lande, wo sich die Menschen noch nicht so weit von der ursprünglichen Lebensweise entfernt haben.

Viele Menschen sind unausgefüllt, unzufrieden, unglücklich. Mit Konsum versuchen sie die Leere in sich zu füllen. Aber der Preis, den sie dafür bezahlen, ist zu hoch. Es sind die Stunden ihres Lebens. Es ist ihr Glück.

Eingesperrt in Büros und Fabriken müssen sie ihre besten Kräfte für Tätigkeiten opfern, die nicht ihren Neigungen entsprechen. Die meisten verdienen mehr Geld, als sie für ihre wirklich echten Bedürfnisse benötigen. Die Kleidung könnte länger getragen werden, statt eines großen starken Wagens täte es ein Kleinwagen, die Nahrungsmittel könnten einfacher, die Ferien billiger sein. Manche fragen sich, warum sie sich so abmühen und sehnen sich nach einem glücklicheren Leben. Nur wenige finden jedoch die Möglichkeit oder auch die Kraft, ihr Leben zu ändern.

Einige der Hauptursachen, warum viele Menschen trotz allen Überflusses nicht glücklich sind, haben mit der Herauslösung des Menschen aus der Tierreihe und seiner Kulturgeschichte zu tun. Die Natur hat den Menschen in Jahrhunderttausenden an ein Leben als Wildbeuter und Sammler angepaßt. Das ist ein Leben in enger Verbindung mit der Natur und in relativ großer Freiheit und Unabhängigkeit, wenn auch nicht frei von Gefahr, Mangel und Not. Aber Mühen, Gefahren und Entbehrungen steigern nur die Lebensintensität. Nach den Berichten der Völkerkundler leben die Jägervölker glücklich und unbeschwert. Der Prähistoriker HERBERT KÜHN vertritt sogar die Ansicht, die Epoche des Wildbeutertums sei das in den Mythen beschriebene Paradies, an das die Menschheit sich wie durch einen Nebel hindurch erinnere. Millionen von Jahren streiften unsere Vorfahren frei durch Tundra, Steppe und Wald, und das Land war noch unberührt und jungfräulich. Die Luft war erfüllt von den Gerüchen der Natur, der Pflanzen und der Erde. Geräusche verursachten nur der Wind, das Wasser und die Stimmen der Menschen und Tiere. Die Zwiesprache mit der Natur war noch nicht unterbrochen. Ein Mann konnte sich selber ernähren und die Dinge, die er zum Leben brauchte, selber herstellen. Er fertigte sich die Waffen an, mit denen er auf die Jagd ging und baute sich auch sein Haus selber.

Der Einklang mit der Natur, wie ihn die Jägervölker empfunden haben müssen, wurde mit eindrucksvollen Worten in einer Rede dargestellt, die der Indianerhäuptling SEATTLE vom Stamme der Duwarishindianer 1855 vor Franklin Pierce, dem vierzehnten Präsidenten der Vereinigten Staaten, hielt [Lit. 49], bevor er mit seinem Volk in das ihm zugewiesene Reservat ging. Die Jagdgebiete seines Volkes lagen dort, wo heute die Großstadt Seattle mit 550.000 Einwohnern emporgewachsen ist.

In seiner Rede heißt es: »Jeder Teil dieser Erde ist meinem Volk heilig, jede glitzernde Tannennadel, jeder sandige Strand, jeder Nebel in den dunklen Wäldern. Wir sind ein Teil der Erde, und sie ist ein Teil von uns. Die duftenden Blumen sind unsere Schwestern, die Rehe, das Pferd, der große Adler – sie sind unsere Brüder...« Immer wieder betont er: »Die Erde ist unsere Mutter.« Und: »Was die Erde befällt, befällt auch die Söhne der Erde. Wenn Menschen auf die Erde spucken, so bespucken sie sich selbst. Denn das wissen wir: Die Erde gehört nicht den Menschen, der Mensch gehört der Erde . . . die der rote Mann liebt wie das Neugeborene den Herzschlag seiner Mutter.«

Anscheinend war dem Häuptling, diesem Vertreter des ursprünglichen Lebens, die Entwicklung des Menschen auf ein Leben in enger Verbindung mit der Natur hin bewußt.

Der Mensch war an die damalige Umwelt als Jäger und Sammler angepaßt. Er lebte im Einklang mit seinen ererbten Verhaltensweisen und war glücklich. Heute ist diese Harmonie verlorengegangen. Im Laufe seiner Kulturgeschichte hat sich der Mensch nämlich eine veränderte Umwelt geschaffen. Diese ist zwar in vieler Hinsicht zweckmäßig und vorteilhaft, steht jedoch im Widerspruch zu angeborenen Verhaltensweisen, denn die Eigenschaften des Menschen sind über die Jahrtausende hinweg die gleichen geblieben. In seinem Herzen ist er immer noch der alte frei schweifende Jäger, doch in den Betonwüsten der Städte sind Unabhängigkeit, Freiheit, die enge Verbindung mit der Natur und die Geborgenheit in der Sippe verlorengegangen. Der Mensch paßt in zunehmendem Maße nicht mehr in die von ihm geschaffene Welt hinein, in die Straßenschluchten der Städte mit ihrem Lärm und all den Abgasen, in die geschlossenen Räume, in denen er ähnlich wie ein Maulwurf den größten Teil seines Lebens verbringt – es fehlt nur noch die Dunkelheit.

Daß die Abkehr von der ursprünglichen Lebensweise das Unglück des Menschen bedeutet, war auch dem Häuptling Seattle bewußt. In seiner Rede heißt es nämlich: »Was ist der Mensch ohne die Tiere! Wären alle Tiere fort, so stürben die Menschen an großer Einsamkeit des Geistes . . .« Und weiter heißt es: »Wenn die Büffel alle geschlachtet sind, die wilden Pferde gezähmt, die heimlichen Winkel des Waldes schwer vom Geruch vieler Menschen und der Anblick reifer Hügel geschändet von redenden Drähten – wo ist das Dickicht? Fort! Wo der Adler? Fort! Und was bedeutet es, Lebewohl zu sagen dem schnellen Pony und der Jagd? Das Ende des Lebens – und der Beginn des Überlebens.«

Eine Rückkehr zu einem Leben als Jäger und Sammler ist aber nicht möglich. Die Menschheit müßte sich fast um den Faktor 1000 verringern. Um sich von der Jagd ernähren zu können, benötigt nämlich eine Sippe eine Fläche, auf der heute einige Dörfer ihr Auskommen haben. Außerdem erscheint es ja auch wenig sinnvoll, auf die wirklich echten Errungenschaften der Zivilisation verzichten zu wollen, wie zum Beispiel die Abnahme täglicher Plackerei, die ärztliche Versorgung, die Steigerung der Lebenserwartung auf das Doppelte, die größere Einsicht in die Zusammenhänge der Naturabläufe und anderes mehr. Bleibt uns wegen dieser Vorteile nichts übrig, als die Unzufriedenheit in Kauf zu nehmen, daß wir nicht mehr so leben können wie früher? Nein! Die Verbindung mit der Natur muß nicht für immer unterbrochen bleiben, und die verlorene Freiheit und Unabhängigkeit kann wenigstens zum Teil zurückgewonnen werden. Allerdings sind dabei Widerstände zu überwinden, denn Profit- und Machtstreben bestimmter Gruppen sind am Werk, uns noch stärker zu manipulieren und abhängig zu machen. Wenn wir auch kaum zu einer Jägerexistenz zurückkehren können, so besteht doch die Möglichkeit, Lebensweise und Umwelt wieder mehr an die genetisch festgelegten Verhaltensweisen anzupassen. Die Kluft zwischen erblich vorprogrammierter und tatsächlicher Lebensweise muß verringert werden, dann wird der Mensch auch wieder glücklicher leben.

Was muß getan werden, um den Weg in dieses neue Paradies zu finden? Man erhält einen Hinweis auf diese Frage, wenn man sich überlegt, welche Verhaltensweisen in der jüngeren Altsteinzeit und davor während des Zeitraumes der Menschwerdung zweckmäßig waren: Der Mensch lebte in enger Verbindung mit der Natur, den Pflanzen und den

Tieren. Nur dort, wo er in das Grün der Natur blickte, wo Pflanzen und Tiere vorhanden waren, konnte er existieren. Wo diese fehlen, nämlich in den Steinwüsten der Städte, empfindet er das Gefühl des Mangels.

In der Welt, an die der Mensch angepaßt ist, verfügt er über mehr Freiheiten, als sie in unserer streng reglementierten Arbeitswelt gewährt werden. Der Mensch will sich nämlich seine Ziele immer wieder selber neu setzen, um sein Schicksal aus eigener Entscheidung zu bestimmen. Diesem Urtrieb des Menschen trägt die Arbeitswelt nur wenig Rechnung. Die im Laufe der kulturgeschichtlichen Entwicklung immer weiter getriebene Arbeitsteilung hat den Menschen von komplexen, vielfach undurchschaubaren Systemen abhängig gemacht und ihn entmündigt.

Eine weitere Eigenschaft, die dem Menschen der Altsteinzeit überleben half, war die Fähigkeit, sich etwas auszudenken und herzustellen, also schöpferisch tätig zu sein. Die Gefahren des Verhungerns, Erfrierens, Erschlagen- und Gefressenwerdens sanken dadurch ganz erheblich. Der Mensch besitzt ja keine natürlichen Waffen und ist ohne technische Hilfsmittel sowohl langsamer als das Wild, von dem er lebte, als auch die Raubtiere, die ihm nachstellten.

Wegen des großen Vorteils, der mit den technischen Fertigkeiten und Betätigungen verbunden war, hat die Evolution im Menschen einen starken Drang entwickelt, etwas Nützliches zu schaffen. Dieser Drang ist nach den Erkenntnissen der Psychologen neben dem Sexualtrieb einer der stärksten Antriebe im ererbten menschlichen Verhalten. (Ihm verdankt auch dieses Buch seine Entstehung.) Kann der Mensch sie nicht ausleben, so wird er unzufrieden und unglücklich.

Um den ererbten menschlichen Verhaltensweisen Rechnung zu tragen, muß die Arbeitswelt umgestaltet werden. Die Einführung der gleitenden Arbeitszeit, Mitbestimmung am Arbeitsplatz, Arbeitszeitverkürzung und die Einführung überschaubarer Technologien sind erste Schritte auf diesem Wege.

In welche Richtung eine positive Entwicklung gehen könnte, verraten auch die Modelle, die von fortschrittlichen

Unternehmern bereits praktiziert werden. Dazu gehören u. a. die Beteiligung am Gewinn sowie die stufenweise Herabsetzung der Arbeitszeit älterer Arbeitnehmer. Die tägliche Arbeitszeit wie auch die Lebensarbeitszeit sollte jeder in bestimmten Grenzen einmal selber bestimmen können. Die Arbeit muß außerdem soweit wie möglich von Herrschaftsstrukturen befreit werden.

Um dem Aggressionstrieb Rechnung zu tragen, der ebenfalls in den Erbanlagen verankert ist, sollte dem Menschen darüber hinaus Gelegenheit gegeben werden, etwas zu wagen, sich zu erproben und zu bewähren. Was im einzelnen alles zu tun ist, kann heute noch niemand sagen. Um die gangbaren Wege herauszufinden, wird man experimentieren müssen.

Soweit die rationalen Überlegungen, wie die Menschheit glücklicher leben kann. Wird die Menschheit auf diesem Wege vorankommen? Wird die Summe an Glück, die auf den einzelnen entfällt, in einer zukünftigen Welt größer sein als heute? Oder wird das Gegenteil eintreten? Werden totalitäre Herrschaftssysteme den Menschen auch in seiner Freizeit gängeln und einschränken, Diktaturen den Menschen versklaven und ausbeuten und Verhältnisse schaffen, wie sie in dem Roman *1984* von GEORGE ORWELL beschrieben wurden. Auch diese Möglichkeit besteht.

Was sagen die Seher? Nach einer Vorhersage der SEHERIN VON PRAG wird die Menschheit einmal ihr Tagewerk in vier Stunden erledigen. Das ist eine Prophezeiung, die hoffen läßt. Totalitäre Staaten würden sich mit der in dieser Zeit erbrachten Arbeitsleistung nicht zufriedengeben. Der beträchtliche Gewinn an Freizeit kann zu einem Leben in größerer Freiheit und Unabhängigkeit führen.

Der Mensch wird sich seine Ziele in stärkerem Maße wieder selber setzen können. Wem beispielsweise sein derzeitiger Broterwerb nicht behagt, der kann neben seiner Arbeitszeit den Beruf erlernen, der mehr seinen Neigungen und Fähigkeiten entspricht. Die angekündigte Verkürzung der Arbeitszeit könnte erreicht werden durch die dritte industrielle Revolution, nämlich die Einführung von Minicomputern zur Automatisierung von Arbeitsvorgängen. Dieser Prozeß ist seit einigen Jahren angelaufen. Er wird Arbeitsplätze freimachen und zu kürzeren Arbeitszeiten führen. Nach einer weiteren Vorhersage dieser Seherin werden die Kleider einmal aus Erde hergestellt werden und ein Leben lang halten. Solche Produktionstechniken entsprechen nicht mehr der Wegwerfmentalität von heute! Wahrscheinlich wird die Erschöpfung der Ressourcen die Menschheit zum Umdenken veranlassen.

Dem amerikanischen Astrologen und Seher N. McIntosh zufolge soll im Wassermann-Zeitalter »unser gequältes, krankheitserregendes, mechanisches Zeitalter einem Zeitalter der Heiterkeit weichen«.

Prophezeiungen des Nostradamus erwecken ebenfalls die Hoffnung, daß die Menschheit einmal glücklicher leben wird. Im Quatrain 2, 13, ist zum Beispiel vom Glück der Seele im Zusammenhang mit spirituellen Erfahrungen die Rede.

Eine Rückkehr zu neuer Religiosität dürfte dem Menschen tatsächlich einen Teil seines verlorenen Glücks zurückbringen. Das Unglücklichsein des Menschen in unserer Zeit hängt zweifellos nicht nur mit seiner äußeren Lebensweise zusammen, sondern auch mit dem Verlust der Religion. Glaubenslosigkeit führt zu einem sinnentleerten Leben und Nihilismus. Das ist das Gefühl, daß es nichts mehr gibt, für das es sich zu leben oder zu sterben lohnt. Der Gedanke an den Tod kann den Atheisten nur lähmen, für den religiösen Menschen aber ist der Tod das Tor zu einem Leben in anderen Dimensionen.

17
Wird die menschliche Religiosität absterben oder sich erneuern?

Diese Frage – die sich heutzutage uns allen aufdrängt – ist klar gestellt. Für beide Alternativen gibt es rationale Argumente: Vom Sterben der traditionellen Religiosität und damit der Religionen zeugen leere Kirchen und Kirchenaustritte. Für eine Erneuerung der Religiosität spricht die Fülle neuer religiöser Bewegungen, die in den letzten fünfzig oder hundert Jahren in aller Welt entstanden sind und nun auch in Europa Anhänger gewinnen. Sind sie nur ein letztes Aufflackern menschlicher Religiosität oder bedeuten sie mehr?

Naturwissenschaft und Technik haben die Religionen zurückgedrängt. Die Wissenschaft hat den Kirchen manches Terrain abgerungen. Der Mensch wurde mächtiger. Gleichzeitig aber sank seine Stellung, die er in der Welt einzunehmen glaubte. Die Lehre von der Sonderstellung des Menschen im Kosmos wurde als Legende entlarvt. Erde und Sonne, die Erzeuger seines biologischen Körpers, sind nicht Mittelpunkt des Kosmos, sondern angesiedelt am Rande einer der vielen Galaxien mit Milliarden ähnlicher Himmelskörper. Und der Mensch selber ist auch nicht das einzigartige Wesen, als das ihn insbesondere das Christentum herausgestellt hat. Seine Herkunft aus der Tierreihe ist nicht mehr wegzuleugnen, und seine Vernunft und Willensfreiheit sind wahrscheinlich etwas durchaus Gewöhnliches für ein Lebewesen, das in der Stammesgeschichte am Platz des Menschen steht.

Intelligentes Leben existiert in vielfältigen Formen und Entwicklungsstufen auf vermutlich Hunderttausenden von Planeten. Anstatt den Menschen im Besitz einer unsterblichen Seele zu sehen, wird das Gehirn des Menschen von den Neurophysiologen, wenn auch nicht von allen, schließlich als kybernetisch organisierte Struktur aus Nerven und Zellen aufgefaßt, deren Geistigkeit nur eine unselbständige Begleiterscheinung ist.

Wie die Lehre der Religionen von der Sonderstellung des Menschen widerlegt wurde, so haben Naturwissenschaft und Technik auch Gott zurückgedrängt. Die einst Gott zugeschriebene Macht wird in wachsendem Maße durch die Menschen selbst ausgeübt. Die Beherrschung von Nuklearkräften und der Griff nach den Sternen haben diese Entwicklung ins Gigantische gesteigert. Raumsonden und die Rauchpilze von Nuklearexplosionen künden von der Macht und dem Können des Menschen.

Wie Gott als Machtsymbol in den Seelen der Menschen an Bedeutung verloren hat, so auch als »Platzhalter des Unbekannten«, als der er in der Geschichte häufig beansprucht wurde. In dieser Rolle wurde er durch Naturgesetze verdrängt, nach denen alles kausal determiniert erscheint. Die Bilder, die man sich von Gott gemacht hatte, sind nach und nach unglaubwürdig geworden. Vielfach waren es nur einfache Vorstellungen, vergleichbar mit derjenigen, die im Zukken der Blitze und Rollen des Donners das Wirken eines Gottes sah. Die Unvereinbarkeit mit modernem Wissen ließ solche Vorstellungen absterben. Hinzu kommt im Christentum noch der Widerspruch zwischen der guten Schöpfung und ihren offensichtlichen Mängeln. Wer wagt nach Auschwitz und Hiroshima noch zu behaupten, daß die Schöpfung gut sei? Das Sein hat Licht- und Schattenseiten, andernfalls würde es den Menschen auch nicht fordern und könnte er sich nicht bewähren. In einem Paradies gibt es keine Höherentwicklung. Und ein Widerspruch besteht auch zwischen der Behauptung, daß Gott seine Geschöpfe über alles liebt, sich gleichzeitig aber auch den Teufel und die Hölle hält, in der ewige Verdammnis möglich ist.

An die Stelle eines Schöpfungs- und Entwicklungsplanes hat der »wissenschaftliche« Mensch den blinden Zufall gesetzt. Geburt und Tod sind ihm sinnloses Spiel der Natur, das ihn erst zum Leben, dann zum Tode verdammt. Die

Religionen erscheinen ihm als Urdummheit der Menschheit, auf die er, aufgeklärt wie er ist, verzichten kann.

Aber wie früher die Wissenschaft den Atheismus begründen half, so liefert sie heute Hinweise darauf, daß die Religionen in ihrem Kern doch richtig sind. Die Aussagen der Wissenschaftler und der Mystiker über die Struktur der Welt haben sich einander angeglichen. Der amerikanische Physiker LAWRENCE LE SHAN hat Aussagen von Mystikern und modernen Physikern einander gegenübergestellt. In vielen Fällen ist es nicht möglich zu erkennen, welche der Aussagen von einem Mystiker und welche von einem Physiker stammen. Insbesondere die Forschungsergebnisse der Parapsychologie sprechen dafür, daß an den Behauptungen der Religionen im Kern ein gemeinsames Wahres ist (siehe auch Kapitel 18). Ihre Erkenntnisse werfen ein neues Licht auf das Wesen des Menschen und seine Stellung im Kosmos. Sie zeigen, daß der Mensch nicht an seiner Hautoberfläche endet. Sein Bewußtsein vermag außerhalb des biologischen Körpers an beliebigen Punkten im Raum und in der Zeit wirksam zu werden. Im Falle von Telepathie und Hellsehen überwindet es den Raum, im Falle von Präkognition und Retrokognition auf unerklärliche Weise auch die Zeit. Auch die Ergebnisse der Reinkarnations- und Sterbeforschung legen nahe, daß etwas im Menschen den Tod des grobstofflichen Körpers überlebt.

Vor diesem Hintergrund erscheinen die Wahrheiten der Mystiker und Religionsstifter weniger irreal, ihre Überzeugung, daß es hinter der materiellen Welt noch eine andere gibt und daß diese die eigentliche Heimat des Menschen darstellt, ihre Behauptung, daß der Mensch aus Endlichem und Unendlichem, Zeitlichem und Ewigem zusammengesetzt sei und der Tod nur einen Szenenwechsel bedeute, den – würde man heute sagen – die paranormale Komponente in ihm überlebt.

Wird die neue Weltsicht, wie sie sich aus den Forschungsergebnissen der Parapsychologie ergibt, zu einer neuen Religiosität führen oder kann auch sie das Sterben der Religionen nicht aufhalten? Aufgrund von rationalen Überlegungen ist diese Frage nicht zu entscheiden. Danach ist das eine so gut möglich wie das andere. Deshalb sollen nun die Seher zu Wort kommen.

Jakob Lorber, der wie gesagt in der ersten Hälfte des neunzehnten Jahrhunderts lebte, hat schon damals den Niedergang der Religionen vorhergesagt. Gleichzeitig hat er aber auch ihre Renaissance prophezeit. Die Lorbersche Prophezeiung lautet [Lit. 18]: »Zuerst wird aller Aberglaube mit den Waffen der Wissenschaften und Künste vom Erdboden hinweggeräumt werden. Wohl wird dadurch mit der Zeit eine volle Glaubensleere in der Menschheit bestehen, doch wird dieser Zustand nur höchst kurze Zeit andauern. Dann will ›Ich‹ den alten Baum der Erkenntnis segnen, und es wird mit ihm der Baum des Lebens wieder zu seiner alten Kraft gelangen . . .«

Der erste Teil der Vorhersage, nämlich die Ausbreitung des Atheismus im Gefolge der Wissenschaft, hat sich ohne Zweifel erfüllt. Damit wächst die Wahrscheinlichkeit, daß auch der Prophezeiung zweiter Teil eintreffen wird.

Auch eine Vorhersage von Nostradamus läßt sich in dem Sinne deuten, daß eine religiöse Erneuerung stattfinden wird. Sie ist in dem Quatrain 2, 13, enthalten und lautet: »Der Körper ohne Seele wird nicht mehr ein Opfer sein, der Todestag wird in einen Geburtstag verwandelt. Der göttliche Geist läßt die glückliche Seele das Wort [den Logos] in seiner ewigen Bedeutung erschauen.«

Edgar Cayce hat ebenfalls vorhergesagt [Lit. 30], daß sich die Menschheit vom extremen Materialismus abkehren und wieder mehr auf ihre spirituellen Werte besinnen wird. Diese Vorhersage enthält auch eine Zeitangabe. Die Umkehr soll im Wassermann-Zeitalter stattfinden.

Das Wassermann-Zeitalter ist ein astronomisch-astrologisch bestimmter Zeitabschnitt, der 2160 Jahre umfaßt. In diesem Zeitraum durchwandert die Sonne ein Zwölftel des Tierkreisfeldes. Ähnlich wie ein rotierender Kreisel, der angestoßen wird, beschreibt die Erdachse einen Kreis, nämlich das Tierkreisfeld, das sie in 26.000 Jahren einmal durchwandert. Im Wassermann-Zeitalter liegt zum Zeitpunkt der Frühlingstag- und Frühlingsnachtgleiche, von der Erde aus gesehen, hinter der Sonne das Sternbild des Wassermanns.

Zur Zeit befinden wir uns im Übergangsstadium zwischen dem Fische- und dem Wassermann-Zeitalter. Manche sagen, das Wassermann-Zeitalter hätte schon begonnen, andere legen den Eintritt auf das Jahr 2000 oder noch später. Die unterschiedlichen Auffassungen rühren daher, daß der genaue Zeitpunkt des Eintritts ähnlich schwierig festzulegen ist, wie etwa auch der Zeitpunkt des Tagesanbruchs, den man als den Augenblick des ersten Lichtstrahls im Osten, des Sichtbarwerdens des oberen, aber auch des unteren Sonnenrandes definieren kann.

Das Wassermann-Zeitalter soll nach Cayce dem Menschen das volle Bewußtsein bringen, daß er »mit Gott verkehren« kann. Der Mensch soll sich seiner Verbundenheit mit den Kräften der Schöpfung, mit Gott bewußt werden und von seinen Fähigkeiten Gebrauch machen, sich mit ihm zu vereinigen. Doch nur jene, die dafür bereit und aufgeschlossen sind, sollen auch gewahr werden, was mit ihnen geschieht.

Danach werden die neuen Religionen also eher eine überkonfessionelle Methodenlehre darstellen, die dem einzelnen Wege zu einer persönlichen Gotteserfahrung zeigt. Dogmen dürften dabei kaum noch eine Rolle spielen, desto mehr aber Techniken, die diese Erfahrung vermitteln. Dazu werden unter anderen die Techniken der Meditation gehören, eine andere Art dessen, was man Beten nennt. Regelmäßige Meditationen, wie dies in einfachster Form beim autogenen Training geschieht, haben einen günstigen Einfluß auf Seele und Gemüt des Menschen. Sie bauen Aggressionen und Spannungen ab und sind eine gesunde Grundlage für ein glücklicheres Leben. Wer meditiert, gewinnt Abstand von seinen aktuellen Problemen und kann sie infolgedessen besser lösen.

Falls sich der Reinkarnationsgedanke ausbreitet, wird auch die Höherentwicklung des Menschen in mehreren Leben Inhalt der neuen Religiosität sein. Der Mensch wird sich als Lichtpunkt in der unendlichen glühenden Substanz des Seins begreifen, der allmählich heller wird, das Entstehen und Vergehen von Welten überdauert und schließlich etwas sein wird, was wir uns heute nicht vorstellen können.

Der italienische Theologe und Zisterzienser-Mönch Joachim de Fiore (1130–1202) hat weitblickend radikale religiöse und geistige Erneuerungen vorhergesagt. In seiner *Weissagung des ewigen Evangeliums* kündigt er eine Epoche an, die ganz im Zeichen des Geistes und der Erkenntnis stehen wird [Lit. 50]. Diese neue Ära des Geistes könnte mit dem bevorstehenden Zeitalter des wirtschaftlichen Nullwachstums beginnen. Das ergibt sich aus dem folgenden für das neue Zeitalter angegebenen Merkmal: Die Vita contemplativa werde an die Stelle der Vita activa treten, das heißt, die Menschen werden, anstatt die Erde zu verändern und sich untertan zu machen, sich mehr der Erforschung der geistig-seelischen Innenwelt zuwenden.

Psychologie und Parapsychologie werden sich dann vielleicht als bedeutendste Wissenschaften des Menschen etablieren.

Die Klassensysteme sollen verschwinden. Joachim de Fiores Prophezeiung zufolge wird das neue Zeitalter ganz im Zeichen der Liebe und des Friedens stehen. Alle Menschen sollen Freunde werden.

Dasselbe hat auch Edgar Cayce für das Wassermann-Zeitalter vorhergesagt. In einem seiner Readings heißt es: »Schauen Sie um sich. Wenn Sie jemals einen Augenblick brüderlicher Zuneigung für einen anderen Menschen empfunden, einem anderen einen Gefallen erwiesen oder Geduld gegenüber einem auf Abwege geratenen Kind gezeigt haben, dann wissen Sie schon einiges von dem neuen Zeitalter und was es bringen wird.«

Nach N. Mc Intosh soll sich im Wassermann-Zeitalter die Welt vereinigen. Nationen und Stämme, politische und religiöse Unterschiede sollen verschwinden, die Rassenschranken fallen und alle Menschen die gleiche Sprache sprechen. Die Strafjustiz soll als überflüssig beseitigt, Verbrecher, von denen es nur wenige geben soll, psychisch behandelt werden.

Nach der Voraussage des Joachim de Fiore wird die neue Epoche das christliche Zeitalter ablösen. Die Symbole der Kirche, Sakramente, ja auch die Kirche selbst und mit ihr deren Hierarchie und Klerus sollen verschwinden, dafür aber die Evangelien ihrem Geist nach interpretiert und verwirklicht werden. Etwas Ähnliches sagt auch Mc Intosh für das Wassermann-Zeitalter voraus: Die organisierten Religionen sollen dahinschwinden und ihre Lehren der Vergessenheit anheimfallen.

Es bleibt abzuwarten, ob die Kirchen die Kraft haben, eine derart radikale Umwälzung von innen her zu vollziehen. So etwas ist eher das Werk von Revolutionen. Fiore sah der neuen Epoche denn auch »Heimsuchung und Verfolgung« vorangehen.

18
Sind Geburt und Tod ein sinnloses Spiel der Natur oder gibt es einen Schöpfungs- und Entwicklungsplan?

Seit den Fortschritten der Parapsychologie sind die von den Mystikern behaupteten Dinge nicht mehr nur Glaubenssache, sondern bis zu einem bestimmten Grade auch menschlicher Logik zugänglich. Niemand, der das entsprechende Faktenwissen kennt, wird heute noch behaupten, nur das sei wirklich, was sich mit den Sinnesorganen wahrnehmen oder mit physikalischen Meßinstrumenten nachweisen läßt. Eine solche Behauptung würde heutzutage ganz offensichtlich eine Überschätzung der Reichweite normaler Sinneswahrnehmungen wie auch des menschlichen Denkens darstellen.

Gibt es andere als die uns bekannten Wirklichkeiten?

Es ist schon entwicklungsmäßig bedingt, daß es andere Wirklichkeiten außerhalb der uns bekannten geben kann. Die Gründe sind folgende:

Der Mensch ist Teil der sogenannten materiellen Welt, zu der wahrscheinlich das gesamte Universum, wie es die Astronomen erforschen, gehört. Auf den Dingen dieser materiellen Welt, den leblosen wie den lebendigen, wurde während der zweitausend Millionen Jahre der Evolution die Existenz des Menschen gegründet. Diese Dinge erfüllen die Bedürfnisse des Menschen wie des Einzellers, bieten Nahrung, Geborgenheit und Schutz, können aber auch dem Leben ein abruptes Ende setzen. Kampf ums Dasein, Fressen oder Gefressenwerden, aber auch Liebe mit Leidensbereitschaft – das sind die Prinzipien, denen die Lebewesen im unerbittlichen Überlebensspiel unterworfen sind. Die Art, die

Gattung, die ihren Platz in der Welt nicht zu behaupten vermag, die die Kette der Geschlechter abreißen läßt, scheidet aus dem Spiel aus. Als Sieger überleben die besser Angepaßten, diejenigen, die sich in der materiellen Welt besser zurechtfinden. Von zufälligen Erbveränderungen bleiben die übrig, die auf die Erfordernisse der materiellen Welt am besten zugeschnitten sind. Auf diese Weise hat uns die Evolution (fast) alles beschert, was wir sind und haben: Körper, Sinnesorgane, Denken und Fühlen.

Entsprechend den Anforderungen des Überlebensspiels sind dabei alle unsere Fähigkeiten ganz auf die relevanten Dinge der materiellen Welt ausgerichtet. Was nicht zu der für das Überleben relevanten Kategorie von Dingen gehört, zählt nicht. Es ist nicht unbedingt erforderlich, außerhalb davon Liegendes wahrzunehmen.

Das bedeutet, daß es weite Bereiche der Wirklichkeit geben muß, über welche unsere Sinnesorgane keine Auskunft geben. Die Palette der paranormalen Phänomene zeigt, daß es diese Bereiche tatsächlich gibt. Sensitive aller Kulturkreise behaupten die Existenz eines anderen, von der materiellen Welt unabhängigen Universums des Geistes.

Nichts schließt dabei aus, daß eine solche andere, höhere Welt im gleichen Raum der Erde und des Kosmos angesiedelt ist. Platz ist für eine solche Welt nämlich schon aufgrund der Leere der Materie mehr als genug vorhanden. Denn was uns als feste Materie erscheint, ist nach den Entdeckungen der Kernphysik ein Gespinst von Molekülkernen mit um sie kreisenden Elektronen. Der Abstand zwischen Molekülkern und Elektronen ist vergleichbar mit dem Abstand zwischen Sonne und Planeten.

Die Materie ist so leer wie das Universum, und auch die einzelnen Massenpunkte selbst sind nur gefrorene Energie. Die starken Kernkräften unterworfenen Nukleonen durchrasen mit hohen Geschwindigkeiten den Atomkern und wandeln sich fortlaufend in Energie und wieder zurück in Materieteilchen um. Die Festigkeit der Materie ist die Folge von Kraftfeldern. Wenn die Hand diese Seite umblättert, dann wirkt das Kraftfeld der Moleküle der Hand auf das Kraftfeld des Molekülverbandes des Blattes.

Für andere Formen von »Materie«, die anderen Kraftfeldern unterliegen, ist diese Festigkeit nicht mehr gegeben. Die Hand greift hindurch, Schall wird nicht von ihr reflektiert. Solche Formen der Materie sind auch nicht sichtbar, denn die elektromagnetischen Schwingungen des Lichtes treten nicht mit ihr in Wechselwirkung.

Diese möglichen anderen Formen der Materie werden von unseren Sinnesorganen nicht wahrgenommen. Sie können existieren, ohne daß wir sie bemerken. Paralleluniversen bzw. Parallelrealitäten können sich gegenseitig durchdringen, ohne sich zu behindern. Sie können gleichrangig, aber auch einander übergeordnet sein.

Das Experiment Schöpfung, falls es ein solches Experiment gibt, kann in Parallelrealitäten mit ähnlichen, aber auch völlig unterschiedlichen Naturgesetzen gleichzeitig ablaufen. Für intelligente Wesen oder geistige Entitäten, die in einem solchen höheren Universum »beheimatet« sind, ist unsere Welt wahrscheinlich nicht mehr, als es die ihre für uns ist, nämlich allenfalls ein Traumgebilde. Alles weist jedoch darauf hin, daß der Mensch aufgrund paranormaler Erfahrungen Zugang zu einer höheren Welt des Geistes hat.

Wie der amerikanische Physiker LAWRENCE LE SHAN in seinem Buch *The Medium, the Mystic and the Physicist* gezeigt hat [Lit. 51], gibt es Möglichkeiten, eine Reihe tieferer und unserer Sinneswahrnehmung entzogener Aspekte der Wirklichkeit richtig zu erfassen, obwohl sie allem Anschein nach »nur« auf paranormalen bzw. mystischen Erfahrungen beruhen und den unserer technisch-wissenschaftlichen Zivilisation üblichen Vergleichen mit der äußeren Wirklichkeit bis vor kurzem nicht unterzogen werden konnten. Es liegen ihnen »nur« innere Erfahrungen und keine Analysen »handfester« Fakten zugrunde; dennoch sind sie offenbar richtig, wie sich heute aufgrund modernster Forschungsergebnisse herausstellt.

Es handelt sich dabei um Vorstellungen über die Beschaffenheit der Welt, wie sie schon früh von den indischen Mystikern entwickelt wurden. Diese Mystiker sehen die Welt durchaus auf eine ähnliche Weise, wie sie auch die moderne Physik aufgrund der Quanten- und Relativitätstheorie interpretiert. Die Übereinstimmung in der Weltsicht der so verschiedenen Vertreter zeigte sich u. a. darin, daß bei einer ganzen Reihe von Aussagen nicht unterschieden werden konnte, ob sie von einem Mystiker oder einem modernen Physiker stammen.

Le Shan hat eine Liste mit solchen Zitaten von Mystikern und Physikern zusammengestellt. Es handelt sich hierbei um Aussagen, die bei dem Versuch gemacht wurden, die Natur der Dinge zu beschreiben. Le Shan gab die Liste verschiedenen Leuten – Physikern und heute lebenden Mystikern – um zu sehen, ob diese würden unterscheiden können, welche Aussagen von Mystikern und welche von Physikern stammten. Die »Trefferquote« in diesem Test war ziemlich enttäuschend. Die Physiker rieten zu fünfzig bis sechzig Prozent richtig, die Mystiker zu sechzig bis siebzig Prozent.

Übereinstimmung zwischen den Anschauungen der Physiker und Mystiker liegt in einer Reihe von Punkten vor: Die östlichen Mystiker waren sich zum Beispiel immer schon des für unser Denken widersprüchlichen Charakters der Wirklichkeit bewußt. Sie sind durchdrungen davon, daß es nicht möglich ist, die Wirklichkeit an sich durch die Sprache zu beschreiben. In der modernen Physik tritt nun das Paradoxe der Wirklichkeit offen zutage, beispielsweise in den Fällen, in denen einander widersprechende Modelle benötigt werden, um bestimmte Erscheinungen zu beschreiben.

Parallelen zwischen östlicher Mystik und moderner Physik ergeben sich insbesondere auch bei der Beschreibung des Inneren der Atomkerne. Wie moderne Physik erkannt hat, durchrasen die starken Kernkräften unterworfenen Nukleonen den Kern mit Geschwindigkeiten von vierzig Kilometern pro Sekunde und sind nicht mehr länger unzerstörbar. Fortlaufend wandeln sich Materieteilchen in Energie und Energie in Materieteilchen um. Bewegung und Rhythmus um Atomkern und in der Atomhülle, Bewegung und Rhythmus aber auch im Weltall bei den Planeten, Sonnen und Galaxien. Offensichtlich sind Bewegung und Rhythmus wesentliche Eigenschaften unserer Welt. F. CAPRA spricht deshalb in seinem Buch *Der kosmische Reigen* vom »Tanz des Universums« und vergleicht ihn mit dem Tanz des Schiwa, in dem sich den östlichen Mystikern Bewegung und Rhythmus als Essenz und Grundprinzip der Welt symbolisieren [Lit. 52].

Wie zwischen Materie und Energie, so hat die moderne Physik auch eine enge Verbindung zwischen Raum und Zeit nachgewiesen. Beide sind untrennbar miteinander verknüpft. Die Zeit ist nicht die unabhängige Größe, als die sie uns im Alltagsleben erscheint. Das ist eine Aussage der modernen Physik, gehört aber auch zu den Grunderfahrungen der Mystiker und wird auch durch die parapsychischen Phänomene der Präkognition und Retrokognition, also der ASW in die Zukunft und in die Vergangenheit, schlagend bestätigt.

Ein weiterer Punkt, in dem sich moderne Physik und Mystik aneinander annähern, ist die Bezogenheit und Abhängigkeit der Dinge und Ereignisse voneinander. Die inneren Teile der Atome existieren nicht unabhängig voneinander, sondern sind einbezogen in ein Netzwerk von Wechselbeziehungen. Diese Verwobenheit der Dinge und Ereignisse, ihre gegenseitige Bezogenheit und Abhängigkeit voneinander wird von den östlichen Mystikern für das ganze Universum angenommen, das als großer Organismus aufgefaßt wird, in dem jeder Teil durch das Ganze bedingt ist. In Ansätzen wird eine über das Atominnere hinausgehende wechselseitige Bezogenheit und Abhängigkeit der Dinge und Ereignisse voneinander auch bereits in der modernen Wissenschaft erkannt. So ergibt sich zum Beispiel aus der allgemeinen Relativitätstheorie, daß die Struktur der Raumzeit unauflöslich mit der Verteilung der Materie zusammenhängt.

Die indischen Mystiker erkannten darüber hinaus, daß sich das Universum aus unzähligen Weltsystemen zusammensetzt, die einem dauernden Entstehen und Vergehen unterworfen sind. Die Entfaltung und Wiedereinschrumpfung des Universums bis zur völligen Zusammenballung und Wiederentstehung wird heute auch in der Astronomie in der sogenannten Urknalltheorie diskutiert. Für die Entdeckung der bei dem Urknall aufgetretenen Hintergrundstrahlung – die einige Jahre vorher theoretisch vorhergesagt worden war – wurde 1979 der Nobelpreis verliehen.

Auf dem Gebiet der Biologie nahmen die altindischen Mystiker die Entdeckung Darwins von der allmählichen

Höherentwicklung der Lebewesen vorweg. Auch in Mesopotamien wurde offensichtlich die aufeinanderfolgende Entstehung der Arten richtig erfaßt. Die biblische Schöpfungsgeschichte läßt sich leicht an die moderne Evolutionslehre anpassen, wenn man die »sieben Schöpfungstage« auf der Zeitskala auseinanderzieht. Man muß die Zeit mit dem Faktor 10^{11} multiplizieren. Die Reihenfolge ist richtig: Zuerst kommt die Trennung von Meer und Land. Dann entstehen bzw. werden nach der Schöpfungsgeschichte der Bibel von Gott die Fische erschaffen, als nächstes die Pflanzen, im folgenden die Landtiere und letztlich der Mensch.

Auch die Aussage mittelalterlicher Mystiker, daß die Welt gefrorenes Licht sei, trifft ins Schwarze: Nach der berühmten EINSTEINSCHEN Formel: Energie gleich Masse mal Lichtgeschwindigkeit im Quadrat ($E = mc^2$) ist Energie umwandelbar in Masse und umgekehrt. Danach gilt also, daß die aus Materie bestehende Welt »gefrorene Energie« ist. Licht stellt aber eine Energieform dar, womit sich die Aussage als richtig erweist.

Ein Mystiker und Seher der neueren Zeit, der Ergebnisse der modernen Naturwissenschaft vorweggenommen hat, war JAKOB LORBER [Lit. 18, 22]. Zumindest ein Teil seiner Aussagen hat sich ohne Zweifel als richtig erwiesen. Dieses Wissen konnte zu der Zeit, als Jakob Lorber (1800 – 1864) es zu Papier brachte, keinesfalls auf normale Weise erschlossen werden. Es handelt sich um Erkenntnisse, die den atomaren und subatomaren Bereich, aber auch die Astronomie und die Biologie sowie die technologische Entwicklung betreffen.

Lorber beschreibt zum Beispiel den Doppelcharakter des Lichtes und spricht von den Schwingungen und raschen Bewegungen sowie der kurzen Lebensdauer der Teilchen im subatomaren Bereich, Jahrzehnte bevor die Wissenschaft die Natur des Lichtes erkannte und die Vorstellung vom festen Charakter der Materie verwarf. Die Entstehung des Lichtes beschreibt Lorber beispielsweise folgendermaßen:

»Licht ist eine Emanation, hervorgebracht durch schnelles, ja billionenmaliges Vibrieren der kleinsten Atome in einem Augenblick.« Nach den Erkenntnissen der Physik erzeugen die »kleinsten Atome« – das sind die Elektronen, deren

Masse ja noch um etwa den Faktor 2000 kleiner ist als die Masse des Wasserstoffatoms – Licht, indem sie von einer größeren Umlaufbahn um den Atomkern auf eine niedrigere zurückfallen. Die dabei freiwerdende Energie wird als Lichtquant oder Photon abgestrahlt. In glühenden, Licht abstrahlenden Körpern werden dann die Elektronen sofort wieder auf das höhere Energieniveau angehoben, um innerhalb von Sekundenbruchteilen wieder zurückzufallen und erneut Licht abzustrahlen. Dieser Vorgang läßt sich zweifellos als ein sehr »schnelles Vibrieren der kleinsten Atome« (sprich Elektronen) beschreiben.

Die Bewegung in der Materie beschreibt Lorber folgendermaßen: »Auch in der scheinbar festen Materie ist ebenfalls keine Ruhe, auch in ihr regt sich alles, und zwar mit einer Schnelligkeit, die kein menschlicher Sinn fassen kann.« Diese Aussage ist zweifellos richtig, denn in den Atomen und Atomkernen ist ja, wie bereits beschrieben, alles in Bewegung: Die Elektronen kreisen um den Atomkern und durch den Atomkern rasen die Nukleonen und verwandeln sich in Energie und wieder zurück in Materieteilchen.

Die Wissenschaft hat diese Fakten erst Anfang des zwanzigsten Jahrhunderts, also Jahrzehnte nach Lorbers Tod, experimentell ermittelt. Lorber wußte auch bereits, daß das Weltall nicht nur eine einzige, sondern sehr viele Galaxien enthält, eine Erkenntnis, die sich in der Astronomie erst in den zwanziger Jahren dieses Jahrhunderts allmählich durchsetzte. Jede dieser Galaxien soll nach Lorber um eine sogenannte »Ursonne« kreisen, die den größten Teil der Masse der Galaxie enthält. Tatsächlich haben die Astronomen ein kosmisches Gebilde, das mit dieser »Ursonne« vergleichbar ist, bereits für die Andromeda-Galaxis nachgewiesen. In der Terminologie der Astronomen wird es als Quasar oder Schwarzes Loch bezeichnet. Auch in den Mittelpunkten sieben weiterer Galaxien werden solche Quasare vermutet.

Wie diese Beispiele zeigen, kann ASW – deren solche Mystiker zweifellos befähigt waren – offensichtlich zur Erkenntnis der Wirklichkeit beitragen. Sie dürften darüber hinaus in wesentlich stärkerem Maße als vermutet zur

Wahrheitsfindung dienen und dem Experiment und der Analyse den Weg vorgeben. Wenn ASW-Informationen dann durch Sinneswahrnehmungen bestätigt werden, ist natürlich deren Richtigkeit sichergestellt. Diese Kontrolle ist aber bei durch ASW vermittelten Erkenntnissen über Realitäten jenseits der Grenzen der materiellen Welt natürlich nicht möglich. Aber vielleicht sind diese ASW-Erkenntnisse dann richtig, wenn Sensitive der verschiedensten Zeiten und Kulturkreise, ohne voneinander zu wissen, zu denselben oder einander ähnlichen Aussagen gelangen. Es gibt solche Aussagen. An sie darf natürlich kein ebenso strenger Maßstab angelegt werden wie an Aussagen über die materielle Welt, und zwar einfach deshalb nicht, weil die Strukturen anderer Welten gleichnishaft in Bildern und Modellen, die auf die materielle Welt zutreffen, beschrieben werden müssen.

In erstaunlicher Ausführlichkeit und in faszinierender Weise hat in neuester Zeit die amerikanische Sensitive JANE ROBERTS die Erfahrung »höherer Realitäten« gemacht. Das Ergebnis ist das Buch *Gespräche mit Seth – Von der ewigen Gültigkeit der Seele* [Lit. 53], das Botschaften zum Inhalt hat, die Jane Roberts in Trance zukamen und die von ihrem Mann notiert wurden. In diesen Botschaften spricht sich Seth aus, ein »Energiepersönlichkeitskern, der nicht mehr in der physischen Form zentriert ist«. Angesichts des Inhalts der Texte vergißt der Leser bald die anfänglich wichtig erscheinende Frage, ob Seth nun eine dem Unbewußten der Verfasserin entstammende Dramatisierung oder eine aus einer geistigen Welt höherer Realität sprechende Wesenheit sei.

Seth macht uns jedenfalls das Bewußtsein als offenes, in steter Entwicklung und Wandlung begriffenes System und die Seele – unsere wahre Identität – als hochindividualisierte geistige Energie und multidimensionales Selbst in uns deutlich. Beide sind unabhängig von physischer Form, Zeit und Raum.

Der Reichtum der Seele als Quelle aller Kreativität und Entwicklung ist diesen Seth-Botschaften zufolge »unermeßlich, ihr Potential beinahe unbegrenzt. Die Seele, jede Seele, verfügt über Fähigkeiten der inneren Wahrnehmung. Auf-

grund der inneren Sinne – durch intuitive Einsichten, paranormale Informationen und, sehr oft, durch Traumbotschaften – hat der Mensch Zugang zur universellen Welt höherer, multidimensionaler Realitäten. Mehr noch: Die menschliche Persönlichkeit ist auf dem Nährboden und im höherpsychischen Netzwerk der Seele selbst multidimensional und existiert in verschiedenen Realitäten zugleich«.
Die Botschaften dieses Buches (das nur die erstvorliegende deutsche Übersetzung der auf diese Art zustande gekommenen Bücher Jane Roberts' ist) über Wahrscheinlichkeiten – wahrscheinliche Systeme und wahrscheinliche Welten –, über die Natur von Gut und Böse und religiöse Symbolik sind tatsächlich bestechend – wenn diesen Aussagen auch nur hypothetischer Wert beigemessen werden kann, nachdem, wie gesagt, solche »innere Erfahrungen« über höhere Realitäten nicht beweisbar sind.

Gibt es ein Weiterleben nach dem Tode?

Falls jedoch die Strukturen anderer Welten, wie heute zu vermuten ist, von denen der unseren verschieden sind, so ergibt sich, sozusagen von neuem, die schon tausend- und abertausendmal gestellte Menschheitsfrage, die über die Grenzen der uns bekannten Welt der Materie hinausgeht: Gibt es ein Weiterleben nach dem Tode?

Nach materialistischer Auffassung ist alles, was wir denken und fühlen, eine Funktion der grauen Zellen unseres Gehirns und ebenso wie diese Tod und Zerfall unterworfen. Andererseits glauben Millionen von Menschen, daß unsere Seele oder ein wie auch immer gearteter geistiger Kern unserer Persönlichkeit getrennt und unabhängig vom Gehirn existiert und Tod und Zerfall des menschlichen Körpers überlebt.

Es gibt kaum eine Frage, über die mehr Vorurteile gefällt worden sind: Wer von seiner vollständigen Vernichtung durch den Tod überzeugt ist, überschätzt die Reichweite menschlicher Sinneswahrnehmungen und täuscht sich über die Unfehlbarkeit menschlichen Denkens. Diejenigen aber, die an ein Weiterleben glauben, haben diesen Glauben zumeist einfach im Rahmen ihrer religiösen Überzeugung übernommen. Andererseits ist zu dieser Thematik - abgesehen jetzt von den meist schwerverständlichen Werken großer Mystiker und dogmatisch voreingenommenem religiösem Schrifttum – bereits eine Vielzahl naiv-gefälliger Phantastereien und unwissenschaftlicher Spekulationen veröffentlicht worden: angebliche »Beweise« für ein Weiterleben nach dem Tode, die in Wirklichkeit keine Beweise, sondern bestenfalls nur Hypothesen sind.

Zweifellos aber lassen sich auch gewichtige Überlegungen anstellen, denenzufolge durchaus die Möglichkeit besteht, daß etwas im Menschen den Tod seines Körpers überlebt: Kein Mensch weiß, warum es die Welt, das Sein überhaupt gibt und was sie letztlich überhaupt ist. Allem Anschein nach existieren also Realitäten und wahrscheinlich auch Kräfte, die außerhalb unseres Erfahrungsbereiches liegen. Hierfür werden andere Gesetzmäßigkeiten als die uns bekannten gelten, und unser Denken kann bei dem Versuch, sie zu erfassen, völlig versagen. Unser Denken scheitert ja schon, wenn wir uns das Universum vorstellen sollen. Unbegrenzt in Raum und Zeit können wir es uns nicht denken, und wenn es räumlich und (oder) zeitlich begrenzt sein soll, so fragen wir, was dahinter bzw. danach kommt, stellen also Fragen, die nicht zulässig sind.

Die Mystiker sagen, daß die Seele ein Teil von Gott bzw. der Ursache oder dem Urgrund des Seins sei. Gott liegt außerhalb unseres Erfahrungsbereiches. Das Denken über Gott kommt auf keinen Grund. Unser für die Anforderungen des Überlebens entwickeltes Gehirn ist offenbar nicht dafür eingerichtet, dieses Geheimnis zu begreifen. Doch wird man gewisse Aussagen als zulässig erachten. Viele Menschen denken sich Gott als etwas, das die Ursache, der Urgrund oder auch das Sein in seiner Gesamtheit selber ist. Dieser unbekannten Macht oder Kraft kann man zugestehen, daß sie unzerstörbar und ewig ist. Unserem Denken erscheint das logischer als das Gegenteil. Wenn man nun annimmt, wie das in den Hochreligionen geschieht, daß die Seele ein Teil von Gott ist, dann kann man der Seele ebenfalls diese Eigenschaft zugestehen: daß sie also unzerstörbar ist, daß sie daher Tod und Verfall des Körpers überlebt. Da nun auch eine Vielzahl mystischer und parapsychischer Erfahrungen (was möglicherweise auf dasselbe hinausläuft) dafür sprechen, kommt der Annahme des Weiterlebens nach dem Tode eine relativ hohe Wahrscheinlichkeit zu.

Beim Vergleich der Glaubenswahrheiten der verschiedenen Religionen stößt man zwar auf viele Widersprüche, dennoch lassen sich in ihren mystischen Grunderlebnissen, wie auch in den grenzüberschreitenden paranormalen Erfahrungen der Menschen, über die Jahrhunderte hinweg gewisse Gemeinsamkeiten erkennen, die auf eine Realität jenseits der Grenzen der uns bekannten Welt schließen lassen.

Erstmals heute, dank der Parapsychologie, finden sich auch konkrete Wissensanhaltspunkte, die seitens der Wissenschaft zu dieser brennenden Thematik beitragen werden. Schon 1975 erklärte Milan Rýzl, einer der Pionierforscher der Parapsychologie in seinem interessanten Werk *ASW-Training* die »Krümmung in höhere Dimensionen« folgendermaßen [Lit. 54]:

»Die Erkenntnis, daß die Erde eine Kugelform hat, räumte die aus dem alten Bild einer flachen Erde resultierenden scheinbaren Paradoxa aus. Dank ihrer Krümmung ist die Oberfläche der Erde begrenzt, hat jedoch kein feststellbares ›Ende‹. Genauso kann der alle Galaxien umfassende dreidimensionale Raum in die vierte Dimension gekrümmt sein – wie die Erde gekrümmt ist – und das Weltall begrenzen, ohne daß es Grenzen hat. Diese Vorstellung fand übrigens unter den Astronomen nicht wenig Anhänger. Albert Einstein leitete aus seiner Relativitätstheorie eine Formel ab, die ihm, nach einer ungefähren Schätzung der durchschnittlichen Dichte der Materie im Weltall, eine Schätzung des Gesamtvolumens vom begrenzten gekrümmten Weltall ermöglichte. Er gelangte zu einem phantastischen Wert des Krümmungsradius: elf Milliarden Lichtjahre. Das Bild eines gekrümmten Weltalls bedarf aber vielleicht einer ausführlichen Erklärung. Eine Gerade (die eine einzige Dimension hat: Länge) kann zu einem Kreis gekrümmt werden (der in einer Ebene liegt). Eine Ebene (die zwei Dimensionen hat: Länge und Breite) kann zu einer Kugel gekrümmt werden (die ein fester Körper mit drei Dimensionen ist: Länge, Breite und Höhe). Die

Krümmung eines geometrischen Objekts erfordert immer die Hinzufügung einer Dimension, in welche das Objekt gekrümmt wird. Ein dreidimensionaler Ausschnitt des Raumes wird – wenn man ihn krümmt – in die vierte Dimension gekrümmt.

Es fällt uns schwer, die vierte und mögliche weitere Dimensionen unseres Kosmos zu verstehen. Aber der Grund dafür liegt vielleicht nur in den Grenzen, die unserer Gattung gesetzt sind. Wir sehen die Welt vom Standpunkt eines dreidimensionalen Wesens.

Stellen Sie sich vergleichshalber ein Volk flacher zweidimensionaler Wesen vor – wir können sie uns vielleicht als intelligente flache Würmer denken –, die eine zweidimensionale Ebene bewohnen. Sie werden nur die beiden Dimensionen ihres Raums verstehen, wogegen für sie die uns vertraute dritte Dimension absolut unverständlich ist. Wir können uns dann eine Barriere in ihrem flachen Raum vorstellen, die verhindert, daß sie sehen, was auf der anderen Seite vorgeht. – Nun können wir uns vorstellen, daß eines der Wesen aus diesem oder jenem Grund die dritte Dimension zu begreifen begann und sich einen Ballon baute, der es in die dritte Dimension hinaufhebt. Von diesem höheren Punkt aus sieht es mühelos, was hinter der Barriere passiert. Zu erwähnen wäre hier noch, daß das Talent dieses Wesens vom Standpunkt seiner Artgenossen der ASW gleichkäme.«

Und weiter Rýzl: »Für unsere Wahrnehmung erstreckt sich unser Weltall in einem dreidimensionalen Raum. Ist dieser Raum gekrümmt und ist vor allem der Krümmungsradius groß, dann kann es sein, daß wir die Krümmung gar nicht bemerken – wie wir beispielsweise die Krümmung der Erde nicht bemerken, wenn wir den Garten ums Haus vermessen. Unser Körper und unser Verstand sind von Natur aus auf die dreidimensionale Welt beschränkt.

Die Zeit kann als zusätzliche Dimension der Welt betrachtet werden. Wenn wir dies tun, erhalten wir ein multidimensionales Bild unseres Weltalls: dreidimensionaler Raum, möglicherweise in die vierte Dimension (Schwerkraft) gekrümmt und sich in der fünften Dimension (Zeit) entlang der Achse aus der Vergangenheit in die Zukunft bewegend. Die

›Gegenwart‹ wäre dann nur ein dreidimensionaler Schnitt durch die Zeitachse, genau wie man einen Kreis erhält, wenn man einen Schnitt durch einen Zylinder macht. In diesem Bild sind wir mit unseren materiellen Körpern Gefangene in dem Schnitt ›Gegenwart‹, der sich ständig zur Zukunft hin bewegt. Nur Psi-Energie – ASW – vermag diese Begrenzung zu überwinden und sich in der Zeit genauso zu bewegen wie unsere physischen Körper im Raum.«

Der Forscher beschreibt sodann das Modellbild einer »multidimensionalen Welt«.

Noch weiter aber geht er in seinem 1981 veröffentlichten Werk *Der Tod und was danach kommt* [Lit. 48]. Als Ergebnis seiner jahrzehntelangen Forschungsarbeit legt er in diesem Buch *Daten und Fakten dar, aus denen der Schluß gezogen werden muß,* daß unsere Welt der Materie nur Teil einer von Raum, Zeit und Stofflichkeit unabhängigen »höheren Welt« ist und daß der Mensch in diesem geistigen Universum höherer Dimensionen nach dem Tod weiterlebt – nicht als ein »Geist«, nicht »sein« Geist, aber etwas von jener geistigen Entität, die wir »Seele« nennen.

Neu an Rýzls Buch ist der Umstand, daß sich hier ein Wissenschaftler ins Neuland der orthodoxen Wissenschaften begeben hat und die Problematik mit dem profunden Fachwissen eines kritischen Parapsychologen und der wissenschaftlichen Methodik des Naturwissenschaftlers (Rýzl studierte Chemie und Physik) untersucht. Und auch er betont, daß in entscheidenden Punkten dieser wissenschaftlich gewonnenen Erkenntnisse und auch unter sich die großen Weltreligionen übereinstimmen, so daß »diese in ihrem Kern rehabilitiert erscheinen«.

In dieser von modernster Parapsychologie postulierten »höherdimensionalen Welt« könnte die Seele nach Überschreiten der Todesschwelle weiterhin über die »menschliche« Fähigkeit einer Art Bewußtsein verfügen, wenn das Bewußtsein, wie von manchen Philosophen gefordert wird, unabhängig vom Gehirn (in einem paranormalen Bereich) existiert und das Gehirn »nur« die Kontaktstelle zwischen Bewußtsein und Körper darstellt. Diese Hypothese wird durch eine wissenschaftlich sehr gut abgesicherte paranormale Erscheinung gestützt, die zeigt, daß Bewußtseinsinhalte nicht nur im Gehirn gespeichert werden. Gemeint ist die Psychometrie.

Unter Psychometrie versteht man außersinnliche Wahrnehmung mit Hilfe bzw. anhand eines Gegenstandes. Wenn ASW-begabte Menschen einen Gegenstand in die Hand nehmen, sich entspannen und für ASW-Eindrücke empfangsbereit machen, dann können sie, offenbar stimuliert durch den Gegenstand, Erlebnisse von Menschen nachempfinden, die diese im Zusammenhang mit dem Gegenstand hatten. Das ist eines der am besten funktionierenden Psi-Experimente und häufig nachvollzogen worden, so auch vom Verfasser in Volkshochschulkursen.

Die Teilnehmer versuchten sich dabei an Päckchen, deren Inhalt niemand kannte. Die Versuche gelangen fast immer. Als zum Beispiel zwei der acht Teilnehmer – es waren Frauen – einen gutverpackten Gegenstand entspannt in den Händen hielten und in sich hineinlauschten, hörten sie dumpfe Trommeln und sahen halbnackte Menschen um ein Feuer tanzen. Eine der beiden Frauen sah dann noch einen Waldrand und wußte, daß es sich um Eingeborene eines östlichen Landes handelte. Der anderen kam das Wort »Totem« in den Sinn.

Der Gegenstand war ein winziger Splitter von einem mehrere Meter langen, aus Holz geschnitzten und inzwischen ein wenig morschen Krokodil, das heute in einem Völkerkundemuseum zu besichtigen ist, ursprünglich aber als Symbol für eine Gottheit in einem Kulthaus am Sepik auf Neuguinea stand. Es spielte eine Rolle bei Feierlichkeiten im Zusammenhang mit Kopfjagden, rituellem Kannibalismus und bei der Initiation der Knaben. Der Initiationsvorgang wurde als die Verschlingung des unwissenden Initianden durch die Krokodil-Gottheit und die anschließende Wiedergeburt als eingeweihtes Mitglied der Kultgemeinschaft aufgefaßt.

Der Gegenstand selbst kann übrigens nicht der Speicher der Bewußtseinsinhalte sein, denn wenn im Falle von Psychometrie der ASW-Kontakt erst einmal geknüpft ist, so kann der Gegenstand zerstört werden, ohne daß die ASW-Verbindung verlorengeht.

Psychometrie-Experimente beweisen, daß Bewußtseinsinhalte nicht nur in den Eiweißverbindungen des Gehirns gespeichert werden. Sie existieren noch, nachdem das Gehirn, das sie hervorgebracht hat, längst zerstört ist.

Allerdings ist es nicht sehr wahrscheinlich, daß die Seele, wenn sie in einer jenseitigen Welt weiterexistiert, ebenso denkt und empfindet wie der Mensch hier auf der Erde, wo Denken und Empfinden ja ganz auf das Überleben hin entwickelt wurden. Insbesondere die Informationsübermittlung dürfte auf eine andere Weise funktionieren. Unsere Sinneswahrnehmungen sind u. a. dadurch bestimmt, daß wir in einem »Luftmeer« leben sowie im Einflußbereich eines Sterns, dessen elektromagnetische Strahlen von den Oberflächen der Gegenstände reflektiert werden. Von der Art der Sinneswahrnehmungen ist aber auch unser Denken geprägt: Einfaches Denken vollzieht sich in Bildern, den Informationen, die uns die elektromagnetischen Wellen des Lichtes liefern, komplizierteres Denken in Worten, also in Symbolen, wie sie sich aufgrund der Informationsübermittlung durch Schallwellen ergeben haben.

Unsere Sinnesorgane werden beim Tode zerstört. Es ist nicht wahrscheinlich, daß sie auch in einer jenseitigen Welt existieren. Die Informationsübermittlung wird wahrscheinlich nicht mehr durch Licht- oder Schallwellen erfolgen. Eher könnte ASW eine Rolle spielen, wobei Telepathie vielleicht der Sprache und Hellsehen den optischen Wahrnehmungen entspricht. Die Art der Informationen, der Zweck ihrer Übermittlung sowie die Verschlüsselung könnten ziemlich verschieden sein von allem, was wir kennen.

In den *Upanischaden* heißt es, die transzendente, immaterielle Wirklichkeit sei von einer Art, vor der Sprache und Denken zurückschrecken. Wir können uns vorstellen, daß die jenseitige höhere Welt wahrscheinlich zu dieser Wirklichkeit gehört.

Zu welchem Zweck leben wir?

Ein noch größeres Rätsel des Menschseins als die Frage des Weiterlebens nach dem Tode ist die Frage nach Sinn und Zweck des Lebens. Wenn uns unsere Herkunft verborgen und unser Schicksal nach dem Tode unbekannt ist, können wir rational nicht ergründen, zu welchem Zweck wir leben – ob uns überhaupt Ziele gesetzt sind und, wenn ja, welche, oder ob das Leben nicht einfach nur Selbstzweck ist. Wenn wir diese Fragen auch nicht mit unserem Verstand beantworten können, so gibt es doch Denkmöglichkeiten:

Der Mensch und überhaupt alles intelligente Leben, gleichgültig wo und wann, könnten zufällige Nebenprodukte der Evolution sein. Diese Ansicht wird von einer ganzen Reihe von Biologen vertreten. Die Existenz des Menschen soll danach vor dem Hintergrund des Ewigen genau so wichtig oder unwichtig sein wie die irgendeiner Tiergattung. Dann ist es natürlich letztlich auch belanglos, ob ein Autofahrer morgens eine Katze oder einen Mopedfahrer überfährt oder ob in der dritten Welt statt hunderttausend hundert Millionen Menschen verhungern; und wenn die Sonne eines Tages ihre Strahlung erhöhen und alles Leben auf der Erde vernichten wird, so bedeutet das vor dem Hintergrund des Ewigen vielleicht nicht mehr als die Abtötung der Bakterien auf der Oberfläche eines Gegenstandes durch Erhitzen. Kein Plan gerät dadurch in Verzug, Ziele werden später nicht erreicht – nicht, weil umdisponiert wurde, Ausweichmöglichkeiten vorhanden sind, sondern weil es keine Ziele gibt.

Demgegenüber besteht natürlich auch die Denkmöglichkeit, daß das Leben und insbesondere der Mensch aufgrund eines Schöpfungsplanes entstanden sind. Wenn die Evolution auch vom Zufall beherrscht zu sein scheint, so könnten die Naturgesetze doch so angelegt sein, daß im Zuge der Evolution ganz zwangsläufig intelligentes Leben hervorgebracht wird. Wenn es einen solchen Plan gibt, so könnten sich die Aufgaben der Lebewesen auf den Zeitraum zwischen Geburt und Tod beschränken, aber es könnte auch sein, daß zur Erreichung des Zieles eine ganze Kette von Erdenleben und ein Weiterleben in jenseitigen Welten notwendig sind.

Welche dieser gegensätzlichen Denkmöglichkeiten richtig ist, kann die Ratio nicht entscheiden. Diese Dinge mit dem Verstand ergründen zu wollen, ist allem Anschein nach, wie NIETZSCHE sagt, »ein Flattern gegen ewige Wände«.

Dennoch gibt es Antworten auf die Fragen nach Sinn und Zweck des Lebens. Die Mystiker und Religionsstifter haben sie gegeben. Was aber hat man von diesen Antworten zu halten? Beruhen sie auf paranormalen Einblicken oder stellen sie nur Phantasiegebilde dar? Einige von ihnen entstammen sicher dem Wunschdenken, andere wurden verkündet, damit die Menschheit glücklicher lebe, und wieder andere in die Welt gesetzt, um Herrschaftsstrukturen aufrechtzuerhalten. Einige von ihnen könnten aber Einblicke in tatsächlich vorhandene Strukturen darstellen.

Damit werden jene Denkmöglichkeiten wahrscheinlicher, die mit den Antworten der Mystiker übereinstimmen, die sich fast alle darüber einig zu sein scheinen, daß ein Schöpfungsplan vorliegt und der Mensch eine Aufgabe zu erfüllen hat. Es soll etwas von Gott, etwas Göttliches, in jedem Menschen vorhanden sein, und dieses Etwas soll den Tod des Körpers überleben und irgendwann zu Gott zurückkehren.

Eine alte Tarockkarte vergleicht die Seele des Menschen mit dem Wasser, das von einem Gefäß in das andere umgegossen und zuletzt zurück ins Meer geschüttet wird. Die verschiedenen Gefäße entsprechen Reinkarnationen, das Zurückfließen ins Meer der Rückkehr zu Gott.

Dieses alte Bild entspricht auch einer der durch ein Reading überlieferten Trance-Aussagen von EDGAR CAYCE [Lit. 30]. »Ziel des Menschen ist es«, nach seinen Worten, »sich weiter- und höherzuentwickeln, bis er wieder seinen Geist und seine Seele mit dem vollständigen Ganzen vereinigt, während er sich seiner eigenen Individualität bewußt bleibt... Auch wenn der Mensch bisweilen versagt und zurückfällt, wird er doch Schritt für Schritt aus der Dunkelheit auf das Licht zugehen – geführt vom göttlichen Funken tief in ihm.« Wie sich auf der Erde die Evolution der Lebewesen und des Bewußtseins vollzieht, so soll auch eine Aufwärtsentwicklung der Seele über lange Zeiträume hinweg stattfinden. Wie es in einem alten Gedicht heißt, soll der

Mensch einmal etwas sein, was wir uns heute »nicht vorstellen können«. Das Gedicht stammt von dem persischen Dichter Rumi, der im Mittelalter lebte, und lautet:

Immer und immer wieder
bin ich gewachsen wie Gras;
ich starb als steinernes Wesen
und wurde zur Pflanze.
Ich starb als pflanzliches Wesen
und wurde zum Tier.
Ich starb als tierisches Wesen
und wurde zum Menschen.
Wozu also die Furcht vor einem
Verschwinden durch den Tod?
Das nächste Mal werde ich sterben,
und Flügel werden mir wachsen
wie den Engeln.
Wenn ich höher geschwebt sein
werde als die Engel –
was du dir nicht vorstellen kannst,
das werde ich sein.

Rumi nimmt in seinem erstaunlichen Gedicht eine Art Beschreibung der Evolution vorweg. Er sieht visionär die fortschreitende Höherentwicklung der Lebewesen und auch des Bewußtseins; die letzten Zeilen des Gedichts scheinen außerdem zu besagen, daß die Evolution der Lebewesen noch nicht zu Ende ist, sondern noch weit über dem Menschen der Gegenwart stehende Lebensformen hervorbringen wird.

Welches Ziel hat die Menschheitsentwicklung?

Der Jesuit und Wissenschaftler Teilhard de Chardin (1881–1955) hat als Ziel der Menschheitsentwicklung die vollkommene Gotteserkenntnis genannt [Lit. 55]. Teilhard war davon überzeugt, daß während der gesamten Evolution eine Kraft wirksam war und ist, die von der ersten Urzeugung an in Richtung auf ein vernunftbegabtes Lebewesen gewirkt hat. Auch die menschliche Geschichte soll von dieser Kraft geprägt sein und den Menschen auf eine vollkommene

Gotteserkenntnis hin entwickeln. Die vollkommene Gotteserkenntnis ist nach Teilhard de Chardin das eigentliche Ziel der Evolution, der Punkt Omega, auf den alle Evolutionsenergie hin ausgerichtet ist.

Wenn dieses Ziel erreicht werden soll, dann muß die Entwicklung des menschlichen Gehirns weitergehen. Vielleicht wird der Mensch einmal seine Evolution selber planen. Dann könnte auch die folgende Prophezeiung des NOSTRADAMUS in Erfüllung gehen, die eine der schönsten und kühnsten Vorhersagen über eine zukünftige Menschheit darstellt (Quatrain 2, 13) [Lit. 3]:

»Der Körper ohne Seele wird nicht mehr ein Opfer sein, der Todestag wird in einen Geburtstag verwandelt. Der göttliche Geist läßt die glückliche Seele das Wort [den Logos] in seiner ewigen Bedeutung erschauen.«

Die Vorhersage beginnt damit, daß zu sterben kein Opfer mehr sein wird, also nicht mehr die Ursache für Angst, Leid und Trennungsschmerz. Die zweite Zeile verstärkt diese Aussage noch: Wenn der Todestag in der Worte vollem Sinn in einen Geburtstag verwandelt wird, wie es dort heißt, dann muß der Mensch das ihm nach dem Tod bevorstehende Schicksal kennen und wissen, daß er den Tod des Körpers überlebt. Der letzte Teil der Vorhersage schließlich besagt, daß der Mensch einmal zu einer tieferen Schau von Sinn und Zweck der Welt und des menschlichen Lebens kommen wird, und steht bis zu einem gewissen Grade in Übereinstimmung mit der Prognose Teilhard de Chardins. Aus dem Wissen um das Weiterleben nach dem Tode sowie einer vertieften Weltschau heraus wird sich die Haltung des Menschen dem Tode gegenüber verändern.

Allerdings dürfte dieses Wissen allein nicht die Wirkung haben, die Nostradamus schildert. Nostradamus sagt in dem Quatrain ja sinngemäß, daß der Todgeweihte selber wie auch seine Angehörigen einmal weder Angst noch Bitterkeit, noch Trauer oder Leid angesichts des Todes empfinden werden. Die negative Gefühlseinstellung des heutigen Menschen in bezug auf den eigenen Tod und insbesondere den von nahen Angehörigen kann sich aber nicht durch Einsicht allein in die Freude eines Geburtstages verwandeln. Dazu sind die biologischen Zwänge, die unsere Einstellung zum Tode bestimmen, zu stark.

Die Angst vor dem Tode, verwandt mit der Angst vor Verstümmelung und Zerstörung des Körpers, die Empfindung von Trennungsschmerz, Trauer und Leid beim Tod von Angehörigen gehören mit zu den biologischen Überlebensmechanismen. Der Tod gilt als schreckliches Ereignis. Der Trauernde empfindet die Trauer als Depression, als psychische und körperliche Niedergeschlagenheit, ja sogar als Krankheit. Die Trauer ist um so stärker und hält um so länger an, je enger die Bindung zwischen dem Trauernden und dem Verstorbenen war. Mitunter kann sie sogar zum Tod des Hinterbliebenen führen. Diese Mechanismen können durch keine Religion und auch nicht durch das Wissen um ein Überleben des Todes außer Kraft gesetzt werden. Wie die Erfahrungen zeigen, können die Tröstungen einer Religion allenfalls Gefaßtheit in das Unvermeidliche vermitteln, nicht aber den Trennungsschmerz aufheben und auch nicht die kreatürliche Angst vor dem Tode. Das Gesicht des Nostradamus kann sich infolgedessen nur erfüllen, wenn ein neuer »höherer« Mensch mit anders strukturiertem Geist und Gemüt auf den Plan tritt.

Der Seher hat seine Voraussagen für einen Zeitraum gemacht, der nach historischen Maßstäben überschaubar ist. Die Frage ist nun, auf welche Weise könnte innerhalb dieses beschränkten Zeitraumes der neue höhere Mensch entstehen? Die natürliche Evolution ist dafür zu langsam und geht auch in eine andere Richtung. Das ist nämlich ein Prozeß, der in kleinen Schritten vor sich geht und sehr lange Zeiträume in Anspruch nimmt. Aus vielen durch Mutationen zufällig entstandenen Veränderungen von Körper- und Gehirnaufbau setzen sich diejenigen durch, die für das Überleben von Vorteil sind, durch die also mehr Individuen das fortpflanzungsfähige Alter erreichen. Der von Nostradamus indirekt angekündigte höhere Mensch kann dadurch nicht entstehen.

Es gibt jedoch eine Möglichkeit, die ihn hervorbringen könnte: mit Hilfe genetischer Technologie, also aufgrund unmittelbarer Eingriffe in die menschliche Erbstruktur, um die körperlichen und geistigen Eigenschaften der Nachkommenschaft zu verbessern. Es handelt sich dabei um von den Genetikern entworfene phantastische Zukunftsprojekte. Wenn sie aber einmal verwirklicht werden sollten, werden die Möglichkeiten des Menschen gewaltig gesteigert und die ihm heute gesetzten Grenzen weit hinausgeschoben werden.

Allerdings ist dann auch ungeheurer Mißbrauch möglich. Je höher die Gipfel, um so tiefer die Abgründe. Moderne Sklaven werden gezüchtet werden, die »arm an Geist, aber kräftig und widerstandsfähig« sein werden, wie eine Prophezeiung der Seherin von Prag besagt. Aber das ist nicht alles. Man wird experimentieren müssen, und dabei können Monster entstehen. Sobald die Biologen die genetische Technologie einigermaßen beherrschen, werden sie versuchen, wertvolle Eigenschaften anderer Lebewesen den menschlichen aufzupropfen, ohne daß die spezifisch menschlichen verlorengehen. Das wird natürlich erst nach vielen Anläufen gelingen. Bei diesen Versuchen werden sich wahrscheinlich Dinge ereignen, wie sie heute in der Science-fiction-Literatur beschrieben werden. Sie deshalb für unmöglich zu halten, wäre falsch.

Auch das Phantastische kann sich ereignen: Es werden Halbwesen zwischen Tier und Mensch entstehen. Bei einigen wird das Menschliche, bei anderen das Tierische überwiegen. Es wird die Zeit der Monster anbrechen. Manche dieser Wesen werden mit hoher Intelligenz ausgestattet sein und keine ethischen Überlegungen kennen. Sie werden die Wissenschaftler täuschen und alles daran setzen, ihre Freiheit zu gewinnen. Einmal entkommen, werden sie sich nicht wieder einfangen lassen wollen. Ihre Sexualpartner werden sie unter den Menschen suchen. Die Mythen von Menschen anfallenden Werwölfen, Männer bezaubernden Meeresnixen und Frauen raubenden Ungeheuern könnten Wirklichkeit werden.

Schließlich aber wird der Mensch etwas sein, was wir uns heute noch nicht einmal vorstellen können, und in diesem »Unvorstellbaren« wird unser Bewußtsein weiterwachsen – vielleicht in heute unvorstellbare Dimensionen hinein, wenn die Aussagen der Mystiker richtig sind. Sie könnten es sein.

Literaturverzeichnis

1. BARKER, J. C.: Premonitions of the Aberfan Disaster. JSPR Bd. 44, Nr. 734. 1967.
2. CROTTET, Robert: Verzauberte Wälder. Deutscher Taschenbuchverlag, München, 1979.
3. NOSTRADAMUS, Michel: Prophetische Weltgeschichte. Übersetzt und gedeutet von N. A. Centurio. Turm Verlag, Bietigheim, 1968.
4. NIELSEN, Enno (Herausgeber): Der Spuk im Grabgewölbe – Die merkwürdigsten Fälle aus dem Gebiet des Übersinnlichen von 1800 bis zum Ersten Weltkrieg. Deutscher Taschenbuchverlag, München, 1978.
5. HERODOT: Bücher der Geschichte. Reclam, Stuttgart.
6. FLAVIUS, Josephus: Der jüdische Krieg. Goldmann Verlag, München.
7. BRO, Harmon H.: Traumdeutungen in Trance des größten Propheten der Gegenwart Edgar Cayce. Ariston Verlag, Genf, 3. Aufl., 1980.
8. VERNE, Jules: Reise zum Mond. Fischer Taschenbuch Verlag, Frankfurt.
9. –: Fünf Wochen in einem Ballon. Ebenda.
10. MEYRINK, Gustav: Das grüne Gesicht. Hermann Bauer Verlag, Freiburg i. Br., 1963.
11. GOODMAN, Jeffrey: We are the earthquake generation. Berkley Publishing Corporation, New York, 1979.
12. ANDERSEN, Hans J.: Polwende – Zeitenwende. Wilh. Moestel Verlag, Fürth/Bayern, 1980.
13. OLTMANS, Willem L.: Die Grenzen des Wachstums – Pro und Contra. Interviews über die Zukunft. Rowohlt Taschenbuch Verlag, Hamburg, 1974.
14. The Global 2000 Report to the President. Government Printing Office, Washington, 1980.
15. MEADOWS, Dennis (u. a.): Die Grenzen des Wachstums. Bericht des Club of Rome zur Lage der Menschheit. Deutsche Verlagsanstalt, Stuttgart, 1972.
16. FREMLIN, J. H.: New Scientist 24, 285, 1964.
17. VESTER, Frederic: Bausteine der Zukunft. Fischer Bücherei, Frankfurt, 1968.

18. Eggenstein, Kurt: Der Prophet Jakob Lorber verkündet bevorstehende Katastrophen und das wahre Christentum. Lorber Verlag, Bietigheim, 1975.
19. Carter, Mary Ellen: Prophezeiungen in Trance des größten Propheten der Gegenwart Edgar Cayce. Ariston Verlag, Genf, 3. Aufl. 1980.
20. Die Botschaften der Frau aller Völker. Herausgegeben von Josef Franz Künzli. Miriam Verlag, Jestetten.
21. Gaddi, Vincent H.: American Indian – Myths and Mysteries. New American Library, New York, 1978.
22. Silver, Jules: Prophezeiungen bis zur Schwelle des dritten Jahrtausends. Ariston Verlag, Genf, 1975.
23. Backmund, P. Norbert: Hellseher schauen die Zukunft. Verlag Morsak, Grafenau, 1977.
24. Hübscher, Arthur: Die große Weissagung. Heimeran Verlag, Augsburg, 1952.
25. Harlacher, Wolfgang M.: Die Gesichte des Steinbachers. Esotera, Heft 9/1978, S. 799 ff., Freiburg.
26. Carson, Rachel L.: Der stumme Frühling. Biederstein Verlag, München, 1970.
27. Flohn, Hermann: Stehen wir vor einer Klima-Katastrophe? Umschau Verlag, Frankfurt, 1977, Heft 17, S. 561–569.
28. Hoffstadt, J.: Ein halbes Jahrtausend Marialinden 1478–1978, Eigenverlag, Marialinden/Falkemich, 1979.
29. Gustavson, A.: Merkwürdige Gesichte – Die Zukunft der Völker gesehen vom Eismeerfischer Johansson. Sverigefondens Verlag, Stockholm, 1953.
30. Stearn, Jess: Der schlafende Prophet. Ariston Verlag, Genf, 18. Aufl., 1981.
31. Traube, Klaus: Wachstum oder Askese. Rowohlt Verlag, Reinbek, 1979.
32. Berlitz, Charles: The Mystery of Atlantis. Avon Verlag, New York, 1976.
33. Schmitz, Emil-Heinz: Beweisnot – Glanz und Elend der Astronautengötter. Ariston Verlag, Genf, 1978.
34. Wunderlich, Hans Georg: Das neue Bild der Erde. Hoffmann und Campe Verlag, Hamburg, 1975.

35. Berry, Adrian: Die große Vision der Zukunft des Menschen im Universum. Heyne Verlag, München, 1978.
36. Niessen, Käthe: Enthüllungen einer Hellseherin. Ariston Verlag, Genf, 1974.
37. Hackett, John: Schlachtfeld Deutschland. Bertelsmann Verlag, München, 1978.
38. Philberth, Bernhard: Christliche Prophetie und Nuclear-Energie. Christiana Verlag, Stein, 1972.
39. Fucks, Wilhelm: Formeln zur Macht. Deutsche Verlagsanstalt, Stuttgart, 1978.
40. Boschke, F. L.: Das Unerforschte. Heyne Verlag, München, 1977.
41. Voldben, A.: Die große Weissagung über die Zukunft der Menschheit. Langen Müller, München, 1975.
42. Velikowsky, Immanuel: Welten im Zusammenstoß. Umschau Verlag, Frankfurt, 1978.
43. Clarke, Arthur C.: Die Eroberung des Weltraums. Tauchnitz Verlag, Stuttgart, 1953.
44. Sagan, Carl, und Agel, Jerome: Nachbarn im Kosmos. Deutscher Taschenbuchverlag, München, 1978.
45. Schmitz, Heinz-Emil, Unsterblichkeit im All. Ariston Verlag, Genf, 1978.
46. Anderson, Paul: Gibt es Leben auf anderen Welten? Heyne Verlag, München, 1964.
47. Aurobindo, Sri: Der integrale Yoga. Rowohlt Verlag, Reinbek, 1956.
48. Rýzl, Milan: Der Tod und was danach kommt – Das Weiterleben aus der Sicht der Parapsychologie. Ariston Verlag, Genf, 1981.
49. Rede des Indianerhäuptlings Seattle: Die Erde gehört nicht den Menschen. Umweltmagazin, Würzburg, April 1980.
50. Rosenberg, A.: Joachim von Fiore – Das Reich des Heiligen Geistes. Barth Verlag, München, 1955.
51. Le Shan, Lawrence: The Medium, the Mystic und the Physicist. The Viking Press, New York, 1974.
52. Capra, F.: Der kosmische Reigen. Barth Verlag, München, 1980.

53. Roberts, Jane: Gespräche mit Seth – Von der ewigen Gültigkeit der Seele. Ariston Verlag, Genf, 3. Aufl., 1980.
54. Rýzl, Milan: ASW-Training – Psi-Methoden zur Wekkung und Aktivierung des sechsten Sinnes. Ariston Verlag, Genf, 4. Aufl., 1981.
55. Chardin, Teilhard de: Der Mensch im Kosmos. Walter Verlag, Olten.